PESSOAS ALTAMENTE *sensíveis*

ELAINE N. ARON

PESSOAS ALTAMENTE *sensíveis*

COMO LIDAR COM O EXCESSO
DE ESTÍMULOS EMOCIONAIS E USAR
A SENSIBILIDADE A SEU FAVOR

Título original: *The Highly Sensitive Person*

Copyright © 1997 por Elaine N. Aron
Copyright da tradução © 2021 por GMT Editores Ltda.

Esta edição foi publicada mediante acordo com a
Bookcase Literary Agency e a Kensington Publishing.

Todos os direitos reservados. Nenhuma parte deste livro pode ser utilizada ou reproduzida sob quaisquer meios existentes sem autorização por escrito dos editores.

tradução: Livia de Almeida
preparo de originais: BR75 | Silvia Rebello
revisão: Hermínia Totti e Luis Américo Costa
diagramação: Valéria Teixeira
capa: Filipa Pinto
impressão e acabamento: Bartira Gráfica

CIP-BRASIL. CATALOGAÇÃO NA PUBLICAÇÃO
SINDICATO NACIONAL DOS EDITORES DE LIVROS, RJ

A786p

Aron, Elaine N.
    Pessoas altamente sensíveis / Elaine N. Aron ; tradução Livia de Almeida. - 1. ed. Rio de Janeiro : Sextante, 2021.
    320 p. ; 23 cm.

    Tradução de: The highly sensitive person
    ISBN 978-65-5564-182-0

    1. Sensibilidade (Traço da personalidade). 2. Administração do stress. 3. Stress (Psicologia). I. Almeida, Livia de. II. Título.

21-70735   CDD: 158.2
                               CDU: 159.942

Meri Gleice Rodrigues de Souza - Bibliotecária - CRB-7/6439

Todos os direitos reservados, no Brasil, por
GMT Editores Ltda.
Rua Voluntários da Pátria, 45 – 14.º andar – Botafogo
22270-000 – Rio de Janeiro – RJ
Tel.: (21) 2538-4100
E-mail: atendimento@sextante.com.br
www.sextante.com.br

Para Irene Bernadicou Pettit, Ph.D. – como poeta e camponesa, ela soube plantar esta semente e cuidar dela até seu desabrochar.

Para Art, que ama as flores de um modo especial – mais um amor que compartilhamos.

Acredito, porém, na aristocracia – se esta for a palavra certa e se puder ser usada por um democrata. Não na aristocracia do poder (...) mas (...) dos sensíveis, dos atenciosos. (...) Seus integrantes são encontrados em todas as nações e classes sociais, em todas as faixas etárias, e há entre eles um entendimento secreto quando se encontram. Eles representam a verdadeira tradição humana, a única vitória permanente de nossa estranha raça sobre a crueldade e o caos. Milhares deles perecem na obscuridade, alguns são grandes nomes. São sensíveis e têm empatia com o outro, são atenciosos sem espalhafato. Sua força não está na ostentação, e sim no poder de persistir...

E. M. Forster, "What I Believe" (No que acredito), em *Two Cheers for Democracy* (Dois vivas para a democracia)

SUMÁRIO

INTRODUÇÃO   9

VOCÊ É ALTAMENTE SENSÍVEL? – UM TESTE   18

1 Os fatos sobre a alta sensibilidade: *A sensação (errada) de ter um defeito*   21

2 Para ir mais fundo: *Compreender o seu traço pelo que ele é*   43

3 Saúde e estilo de vida para PAS: *Ame seu bebê/corpo e aprenda com ele*   60

4 A infância e a adolescência ressignificadas: *Aprenda a ser o seu próprio responsável*   88

5 Relacionamentos sociais: *O tropeço na "timidez"*   114

6 Sucesso no trabalho: *Siga a sua felicidade e brilhe*   142

7 Relacionamentos íntimos: *O desafio do amor sensível*   166

8 A cura de feridas profundas: *Um processo diferente para as PAS*   196

9 Médicos, medicamentos e PAS: *Ser um pioneiro nas fronteiras da ciência*   219

10 A alma e o espírito: *Onde está o verdadeiro tesouro* — 239

DICAS PARA PROFISSIONAIS DE SAÚDE QUE TRABALHAM COM PESSOAS ALTAMENTE SENSÍVEIS — 264

DICAS PARA PROFESSORES QUE TRABALHAM COM ALUNOS ALTAMENTE SENSÍVEIS — 266

DICAS PARA EMPREGADORES DE PESSOAS ALTAMENTE SENSÍVEIS — 268

NOTA DA AUTORA — 270

AGRADECIMENTOS — 301

NOTAS — 302

INTRODUÇÃO

"Bebê chorão!"
"Você parece um bicho do mato!"
"Deixa de ser fresco!"
"Você é sensível demais."

Se você é como eu, já ouviu muitas frases como essas ao longo da vida e ficou com a sensação de que devia haver algo muito errado em você. Eu estava convencida de que tinha um defeito fatal que precisava ser escondido e que me condenava a ter uma vida medíocre. Acreditei que havia algo errado comigo.

Na verdade, existe algo muito *certo* em mim e em você.

Se você responder "verdadeiro" a doze ou mais perguntas no teste apresentado nas páginas 18 e 19 ou se a descrição detalhada no Capítulo 1 lhe cair como uma luva, então pertence a um grupo muito especial de ser humano, as Pessoas Altamente Sensíveis – que chamaremos de PAS. E este livro foi feito para você.

Ter um sistema nervoso sensível é uma característica normal, basicamente neutra. É possível que seja hereditária. Ocorre em cerca de 15% a 20% da população. Significa que você está ciente das sutilezas do ambiente que o cerca, o que é útil em muitas situações. Mas também significa que você se sente sobrecarregado com certa facilidade quando permanece tempo demais em um ambiente altamente estimulante, sob o bombardeio de imagens e sons. Portanto, ser sensível tem ao mesmo tempo vantagens e desvantagens.

Na nossa cultura, porém, possuir essa característica nem sempre é considerado algo positivo, e esse fato provavelmente teve um grande impacto em você. Pais e professores bem-intencionados podem ter tentado ajudá-lo a "superar sua hipersensibilidade", como se isso fosse um defeito. As outras crianças nem sempre foram muito compreensivas. Na vida adulta, é possível que você tenha passado por dificuldades para encontrar a carreira certa e os relacionamentos que reforçavam seu amor-próprio e sua autoconfiança.

O que este livro oferece

Este livro fornece informações detalhadas sobre sua característica. Trata-se do resultado de anos de pesquisas, entrevistas abrangentes, experiência clínica, cursos, consultas individuais com centenas de PAS e de uma cuidadosa leitura de tudo que a psicologia já aprendeu sobre esse traço de personalidade. Nos três primeiros capítulos você irá conhecer todos os fatos básicos sobre esse traço, além de descobrir formas de lidar com o excesso de estímulos e com a hiperexcitação do seu sistema nervoso.

Em seguida o livro tece considerações sobre o impacto da sensibilidade em sua história pessoal, sua carreira, seus relacionamentos e sua vida interior. O texto se concentra nas vantagens que você tem e que talvez não tenha percebido, e em conselhos sobre como lidar com os problemas típicos que as PAS enfrentam, como timidez e dificuldade para encontrar um trabalho adequado ao seu jeito de ser.

Será uma viagem e tanto. A maioria das pessoas altamente sensíveis que já ajudei com as informações contidas aqui promoveu mudanças radicais em sua vida – e elas pediram que eu contasse isso para você.

Uma palavra para aqueles sensíveis-mas-nem-tanto

Em primeiro lugar, se você procurou este livro por ser pai, mãe, filho, cônjuge ou amigo de uma pessoa altamente sensível, saiba que é especialmente bem-vindo aqui. O relacionamento com ela vai melhorar muitíssimo.

Em segundo lugar, uma pesquisa realizada com 300 indivíduos de todas as idades, escolhidos de modo aleatório, mostrou que, embora 20% deles fossem extremamente sensíveis, outros 22% eram moderadamente sensíveis. Aqueles que se encaixam na categoria "moderada" também se beneficiarão da leitura.

Aliás, 42% dos entrevistados declararam não ser sensíveis de forma alguma – o que talvez explique por que os altamente sensíveis se sentem em tão completo descompasso com grande parte do mundo. E esses 42% são justamente aquele segmento da população que está sempre aumentando o volume do rádio ou apertando a buzina.

Vale acrescentar que todo mundo pode se tornar altamente sensível em certas ocasiões – por exemplo, depois de passar algum tempo sozinho acampando nas montanhas. E todo mundo se torna mais sensível com a idade. De fato, a maioria das pessoas, admita ou não, provavelmente tem um lado bem sensível que se manifesta em determinadas situações.

E algumas coisas a dizer às "Não-PAS"

Às vezes as não-PAS (ou seja, as pessoas que *não* são altamente sensíveis) se sentem incomodadas pela ideia de que somos diferentes e podem pensar que nos achamos melhores que elas. Algumas dizem: "Está querendo dizer que sou insensível?" Um problema é que a palavra "sensível" também significa compreensivo e perspicaz. PAS e não-PAS podem ter tais qualidades, que são otimizadas quando nos sentimos bem e ficamos abertos às sutilezas. As PAS, quando estão tranquilas, talvez tenham mais chances de captar nuances mais sutis nas situações. Quando hiperexcitadas, porém – o que ocorre com muita frequência –, não são nada compreensivas nem perspicazes. Pelo contrário, nos sentimos sobrecarregadas, esgotadas e precisamos ficar sozinhas. Na verdade, os não-PAS são mais compreensivos e tolerantes em situações caóticas.

Pensei muito no nome que daria a essa característica. Não queria repetir o erro de confundi-la com introversão, timidez, inibição e uma série de rótulos equivocados aplicados por outros psicólogos. Nenhum deles capta os aspectos neutros desse traço de personalidade, muito menos seu lado positivo. "Sensibilidade" marca o traço neutro da maior receptividade a estímulos. Assim, pareceu estar na hora de compensar o preconceito existente contra as PAS com o emprego de um termo que pode ser considerado positivo.

Por outro lado, sei que ser "altamente sensível" não parece nada positivo para algumas pessoas. Sentada na tranquilidade da minha casa enquanto escrevo, num momento em que ninguém fala sobre o assunto, farei uma previsão: este livro provocará uma onda de piadas maldosas e comentários depreciativos. Existe uma enorme energia psicológica coletiva em torno da sensibilidade – quase tão grande quanto aquela dirigida às questões de gênero, com as quais a sensibilidade costuma ser confundida. (Meninos e meninas são sensíveis, mas não se espera que os homens tenham tal característica, mas as mulheres, sim. Os dois gêneros pagam um preço alto por essa confusão.) Por isso, prepare-se. Proteja sua sensibilidade e sua recém-adquirida compreensão a respeito dela, evitando falar no assunto quando isso parecer o mais prudente.

Acima de tudo, aprecie o fato de saber que existem muitas pessoas parecidas com você por aí.

Que bom que nos encontramos!

De que você precisa?

Descobri que as PAS se beneficiam de uma abordagem por quatro vias, que será seguida pelos capítulos deste livro.

1. *Autoconhecimento.* Você precisa compreender o que significa ser altamente sensível. Compreender por completo. E entender como isso se encaixa com suas outras características e como a atitude negativa da sociedade o afeta. Em seguida, precisa conhecer muito bem seu corpo sensível; parar de ignorar seu corpo porque ele parece ser fraco demais ou pouco cooperativo.

2. *Ressignificação.* Você deve ressignificar ativamente boa parte do seu passado à luz da consciência de que veio ao mundo com alta sensibilidade. Muitos de seus "fracassos" eram inevitáveis porque nem você nem seus pais, professores, amigos e colegas o compreendiam. Ressignificar sua experiência passada pode levar a uma sólida autoestima, e a autoestima é especialmente importante para as PAS pois diminui a hiperexcitação diante de situações novas (e, por isso mesmo, altamente estimulantes).

    A ressignificação, porém, não é automática. É por isso que incluo algumas atividades no final dos capítulos que a envolvem.

3. *Cura.* Se ainda não fez isso, você precisa começar a curar suas feridas profundas. Você era uma criança sensível. Problemas familiares

e escolares, doenças infantis e outras questões o afetaram mais do que aos outros. Além disso, você era diferente das outras crianças e é bem provável que tenha sofrido por conta disso.

As PAS, em especial, prevendo os sentimentos intensos que podem ser despertados, às vezes tentam se furtar ao trabalho interior necessário para curar feridas do passado. A cautela e a lentidão são justificadas, mas você estará enganando a si mesmo se deixar o tempo passar.

4. *Ajuda para se sentir bem quando estiver exposto ao mundo e para saber quando se expor menos.* Você pode, deve e precisa se envolver com o mundo. Ele realmente necessita de você. No entanto, você deve ser habilidoso para evitar se expor demais ou de menos. Este livro, isento de mensagens confusas de uma cultura menos sensível, trata da construção dessa habilidade.

Ensinarei também a você o efeito desse traço de personalidade sobre seus relacionamentos íntimos. E falarei sobre psicoterapia – por que as PAS devem fazer terapia, de que tipo e com quem e, em especial, como se diferencia a terapia voltada para pessoas como nós. Depois vou examinar as PAS e o tratamento médico, incluindo informações sobre os medicamentos que costumam ser tomados por PAS. No final do livro saborearemos nossa rica vida interior.

Sobre mim

Sou pesquisadora da área de psicologia, professora universitária, psicoterapeuta e autora de romances. O mais importante, porém, é que sou uma pessoa altamente sensível como você. Com toda a certeza, não estou escrevendo das alturas, inclinando-me para ajudar você, pobre alma sofredora, a superar sua "síndrome". Por experiência própria, conheço nossa característica, suas vantagens e seus desafios.

Quando criança, em casa, eu me escondia do caos da minha família. Na escola, evitava esportes, jogos e a garotada em geral. Que mistura de alívio e de humilhação eu sentia quando minha estratégia tinha sucesso e eu era completamente ignorada!

No início da adolescência, uma colega extrovertida resolveu cuidar de mim. A amizade prosseguiu durante o ensino médio – e eu passava a maior parte do tempo estudando. Na faculdade, minha vida ficou bem mais difícil. Depois de muitos sobressaltos, incluindo um casamento precoce demais que durou quatro anos, finalmente me formei com louvor pela Universidade da Califórnia. Mas passava boa parte do tempo chorando no banheiro e achando que estava ficando maluca. (Minha pesquisa descobriu que se recolher assim, muitas vezes para dar uma boa chorada, costuma ser típico das PAS.)

Durante a pós-graduação, encontrei um lugar escondido em que eu costumava me recolher e chorar, tentando recuperar alguma calma. Segui em frente, mas acabei interrompendo meus estudos ao fim do mestrado, apesar de ter sido muito encorajada a continuar e fazer o doutorado. Precisei de 25 anos para obter informações suficientes sobre a minha personalidade, o que me permitiu compreender minhas reações e concluir o doutorado.

Quando tinha 23 anos, conheci meu atual marido e me acomodei em uma vida muito protegida, centrada na escrita e na criação de um filho. Sentia-me ao mesmo tempo encantada e envergonhada por não estar "lá fora". Tinha uma vaga consciência das oportunidades que estava perdendo de aprender, de desfrutar maior reconhecimento público das minhas habilidades, de me relacionar mais com todo tipo de pessoa. Mas as experiências amargas me diziam que não havia outra opção.

No entanto, alguns eventos perturbadores não podem ser evitados. Tive que passar por um procedimento médico que, segundo presumi, deveria me custar algumas semanas de recuperação. A realidade foi que durante meses meu corpo pareceu reverberar reações físicas e emocionais. Fui obrigada a enfrentar mais uma vez aquele meu misterioso "defeito fatal" que me fazia tão diferente. Comecei a fazer psicoterapia. Depois de me ouvir por algumas sessões, minha terapeuta disse: "Mas é claro que você ficou perturbada com essa situação. Você é uma pessoa altamente sensível." O que é isso?, pensei. Ela me disse que nunca tinha pensado muito no assunto, mas que, a partir de sua experiência, percebia diferenças reais na capacidade das pessoas de tolerar estímulos, assim como na sua abertura para encontrar um significado mais profundo em uma experiência, fosse boa ou ruim. Para ela, essa sensibilidade não tinha qualquer relação com uma imperfeição mental ou com alguma espécie de transtorno. Pelo menos ela esperava que não tivesse, pois também era altamente sensível. Lembro-me de seu sorriso maroto ao dizer: "Sou altamente sensível, assim como a maioria das pessoas que me parecem realmente dignas de se conhecer." Passei vários anos em terapia, nenhum deles desperdiçado, trabalhando com diversas questões da minha infância. Mas o tema central se tornou o impacto dessa característica. Havia aquela minha sensação de ser defeituosa. Havia a disposição dos outros em me proteger, desfrutando em troca da minha imaginação, da minha empatia, da minha criatividade e da minha intuição, algo que eu não valorizava. E havia meu isolamento, como consequência. À medida que ganhei compreensão, fui conseguindo voltar para o mundo. Hoje, encontro grande prazer em fazer parte das coisas, de ser uma profissional e de compartilhar os dons especiais da minha sensibilidade.

A pesquisa por trás deste livro

Como o conhecimento sobre a minha personalidade mudou a minha vida, decidi ler mais sobre o assunto, mas não encontrei quase nada disponível. Pensei que o tema mais próximo pudesse ser a introversão. O psiquiatra Carl Jung escreveu com grande sabedoria sobre ela, chamando-a de uma tendência a se voltar para dentro. O trabalho de Jung, ele mesmo uma PAS, foi de grande ajuda para mim, porém a maior parte dos trabalhos científicos sobre a introversão enfoca os introvertidos como não sociáveis – e foi essa ideia que me fez questionar se a introversão e a sensibilidade não estavam sendo erroneamente igualadas.

Com tão pouca informação para prosseguir, resolvi colocar um anúncio em um boletim distribuído para os funcionários da universidade onde eu dava aulas na época. Pedia para entrevistar qualquer um que se sentisse altamente sensível a estímulos, que fosse introvertido ou tivesse reações emocionais muito rápidas. Em pouco tempo, eu já tinha mais voluntários do que precisava.

Em seguida o jornal local fez uma matéria sobre a pesquisa. Embora não houvesse qualquer indicação de como me localizar, uma centena de pessoas me telefonaram e escreveram, agradecendo-me, querendo ajuda ou simplesmente dizendo: "Eu também sou assim." Dois anos depois, ainda havia pessoas entrando em contato comigo. (As PAS às vezes pensam no assunto por algum tempo antes de tomar uma atitude!)

Com base nas entrevistas (40 delas com duração de duas a três horas cada), elaborei um questionário que distribuí a milhares de pessoas em toda a América do Norte. E também conduzi uma pesquisa por telefone por discagem aleatória com 300 pessoas. O que interessa a você é que tudo neste livro se baseia em pesquisas sólidas, minhas e de outros estudiosos. Como fontes complementares, utilizo minha larga observação de PAS, cursos, conversas, consultas individuais e psicoterapia com elas. Essas oportunidades para explorar a vida pessoal das PAS chegaram à casa dos milhares. Mesmo assim, direi "provavelmente" e "talvez" com frequência maior do que aquela que você costuma encontrar em livros para o público em geral, mas acho que as PAS vão apreciar esse cuidado.

A decisão de fazer toda essa pesquisa, escrever e ensinar me tornou uma espécie de pioneira. Mas isso também faz parte do perfil de uma PAS. Frequentemente somos os primeiros a ver o que precisa ser feito. À medida que aumenta a confiança em nossas virtudes, talvez mais de nós se façam ouvir – à nossa maneira sensível.

Instruções ao leitor

1. Volto a repetir que, embora eu me dirija ao leitor como sendo uma PAS, este livro foi escrito também para alguém que busca compreender as PAS, seja como amigo, parente, conselheiro, empregador, educador ou profissional de saúde.
2. Este livro o leva a se ver como alguém com uma característica comum a muitos. Ou melhor, ele cria um rótulo para você. O lado bom é que você pode se sentir normal e se beneficiar da experiência e da pesquisa feitas com outros. Qualquer rótulo, porém, deixa de lado a sua singularidade. Cada PAS é completamente diferente da outra, apesar do traço em comum. Por favor, lembre-se disso ao avançar na leitura.
3. Enquanto estiver lendo este livro, é provável que enxergue tudo em sua vida sob a perspectiva da alta sensibilidade. Isso é esperado. Na verdade, é exatamente essa a ideia. A imersão total ajuda a

aprender qualquer idioma novo, inclusive uma maneira nova de falar de si mesmo. Se outras pessoas ficarem um pouco preocupadas, excluídas ou incomodadas, peça paciência. Um dia o conceito terá sido absorvido e você passará a falar menos no assunto.
4. Este livro inclui algumas atividades que considero úteis para as PAS. Confie na sua intuição e faça o que parecer adequado.
5. Qualquer uma das atividades pode provocar sentimentos intensos. Se isso acontecer, recomendo que você procure ajuda profissional. Se está em terapia no momento, este livro deve se encaixar bem no seu trabalho. As ideias que você encontrará aqui podem até encurtar o tempo de terapia necessário ao levá-lo a imaginar um novo eu ideal – não o ideal da cultura, mas o seu, alguém que você pode ser e que talvez já seja. Mas lembre-se de que este livro não substitui um bom terapeuta quando as coisas ficam intensas ou confusas.

Este é um momento emocionante para mim, pois imagino que você esteja virando a página e entrando neste novo mundo que é meu, seu, nosso. Depois de passar tanto tempo achando que era um caso único, é bom ter companhia, não é?

VOCÊ É ALTAMENTE SENSÍVEL?
Um teste

Responda a cada item de acordo com seus sentimentos. Responda "Verdadeiro" se a afirmação for pelo menos um pouco verdadeira para você. Responda "Falso" se não for muito verdadeira ou se for totalmente falsa.

Pareço atento às sutilezas ao meu redor.	V	F
O humor das outras pessoas me afeta.	V	F
Costumo ter muita sensibilidade à dor.	V	F
Acho que preciso me recolher durante dias agitados, ir para a cama, para um quarto escuro ou para qualquer lugar onde possa ter um pouco de privacidade e me afastar dos estímulos.	V	F
Sou particularmente sensível aos efeitos da cafeína.	V	F
Fico facilmente perturbado com coisas como luzes intensas, odores fortes, tecidos ásperos ou sirenes próximas.	V	F
Tenho uma vida interior rica e complexa.	V	F
Sinto desconforto com ruídos em alto volume.	V	F
As artes ou a música me emocionam profundamente.	V	F
Sou conscencioso.	V	F
Assusto-me com facilidade.	V	F
Fico perturbado quando tenho muito a fazer em pouco tempo.	V	F

Quando as pessoas se sentem desconfortáveis em um ambiente físico, costumo saber o que deve ser feito para que fiquem mais confortáveis (como uma mudança na iluminação ou uma troca de assentos).	V	F
Fico irritado quando tentam me botar para fazer muitas coisas ao mesmo tempo.	V	F
Faço um grande esforço para evitar erros ou esquecimentos.	V	F
Faço questão de evitar filmes ou programas de televisão violentos.	V	F
Fico agitado de um modo desagradável quando muitas coisas estão acontecendo à minha volta.	V	F
Sentir muita fome provoca intensas reações em mim, perturbando minha concentração ou meu humor.	V	F
Sinto-me abalado pelas mudanças em minha vida.	V	F
Percebo e aprecio perfumes, sabores, sons e trabalhos artísticos delicados e refinados.	V	F
Dou alta prioridade a organizar minha vida de modo a evitar situações perturbadoras ou avassaladoras.	V	F
Quando preciso competir ou ser observado enquanto realizo uma tarefa, fico tão nervoso e agitado que tenho um desempenho pior do que o normal.	V	F
Quando era criança, meus pais ou meus professores pareciam me considerar sensível ou tímido.	V	F

Sua pontuação

Se você respondeu "Verdadeiro" a doze ou mais questões, é provável que seja altamente sensível.

Mas, com franqueza, nenhum teste psicológico é tão preciso a ponto de pautar sua vida. Se apenas uma ou duas questões forem verdadeiras para você, mas se forem *extremamente verdadeiras*, você talvez tenha razão em se considerar altamente sensível.

Continue a leitura e se você se reconhecer na descrição detalhada de uma pessoa altamente sensível, encontrada no Capítulo 1, considere-se uma. O restante do livro o ajudará a se compreender melhor e a aprender a viver bem no mundo de hoje, em que a sensibilidade tem estado um pouco em falta.

CAPÍTULO 1

OS FATOS SOBRE A ALTA SENSIBILIDADE

A sensação (errada) de ter um defeito

Neste capítulo você aprenderá os fatos básicos sobre a sua característica e como ela o torna diferente das outras pessoas. Você também descobrirá outras facetas da sua personalidade e será alertado sobre a visão que sua cultura tem de você. Mas primeiro deve conhecer a história da Kristen.

Ela achou que era louca

Kristen foi a vigésima terceira entrevistada na minha pesquisa sobre PAS. Ela era uma estudante universitária inteligente e perspicaz. Mas bem no início da nossa conversa sua voz começou a tremer.

"Sinto muito", sussurrou ela. "Na verdade, me inscrevi para vê-la porque a senhora é uma psicóloga e eu precisava falar com alguém que pudesse me dizer...", sua voz vacilou. "Eu sou *louca*?" Eu a observei com olhar solidário. Era óbvio que se sentia desesperada, mas nada do que dissera até então havia me dado qualquer impressão de doença mental. A essa altura, porém, eu já ouvia pessoas como Kristen de um modo diferente.

Ela insistiu, como se estivesse com medo de me dar tempo para responder. "Sinto-me tão diferente. Sempre me senti. Quero dizer, minha família era ótima; minha infância foi quase idílica até que tive que ir para a escola. Embora mamãe diga que sempre fui um bebê mal-humorado."

Kristen respirou fundo. Eu disse algo reconfortante e ela prosseguiu: "Mas na pré-escola eu sentia medo de tudo. Até da aula de música. Quando distribuíam panelas e potes para a gente bater, eu botava as mãos nas orelhas e chorava."

Ela desviou os olhos, já marejados. "No ensino fundamental, sempre fui a queridinha da professora. Mas me chamavam de 'avoada'."

O fato de ser "avoada" a levou a passar por uma série perturbadora de testes médicos e psicológicos, inclusive para retardo mental. Ela acabou sendo inscrita em um programa para crianças superdotadas, o que não me surpreendeu.

No entanto, a mensagem era: "Há algo de errado com essa criança." Testaram sua audição. Normal. No quarto ano, fizeram-lhe uma varredura cerebral para checar a hipótese de que sua introversão tivesse relação com crises de ausência. Seu cérebro era normal.

O diagnóstico final? "Dificuldade para filtrar estímulos". O resultado, porém, foi fazer com que uma criança acreditasse ter um defeito.

Especial mas profundamente incompreendida

O diagnóstico estava correto até certo ponto. As PAS absorvem todas aquelas sutilezas que os outros deixam passar. Mas o que parece ser comum para os outros, como música alta ou multidões, pode ser altamente estimulante e, portanto, estressante para as PAS.

A maioria das pessoas ignora sirenes, luzes fortes, odores estranhos, desordem e caos. Tudo isso é perturbador para as PAS.

Ao final de um dia em um shopping ou um museu, a maior parte das pessoas sente cansaço nos pés mas está pronta para uma nova rodada de agitação quando se sugere uma festa noturna. PAS precisam de solidão e sossego depois de um dia assim. Sentem-se chacoalhadas, superagitadas.

A maioria das pessoas entra em um aposento e talvez repare no mobiliário, em quem está presente – nada além. Já as PAS podem ter uma noção instantânea do estado de espírito das pessoas, das amizades e inimizades, do frescor ou da estagnação do ar, da personalidade de quem arrumou as flores.

Para uma pessoa altamente sensível, entretanto, é difícil perceber que ela tem alguma habilidade notável. Como comparar experiências íntimas? Não é nada fácil. Em geral, você percebe que parece incapaz de tolerar o mundo tanto quanto os outros. Você se esquece de que pertence a um grupo que, com frequência, demonstra grande criatividade, percepção, paixão e zelo – qualidades altamente valorizadas pela sociedade.

No entanto, tudo faz parte do mesmo pacote. Nosso traço de sensibilidade também nos torna reservados, introvertidos, com necessidade de mais tempo de solidão. Como as pessoas sem o traço (a maioria) não entendem isso, elas nos veem como tímidos, assustadiços, fracos ou, o maior de todos os pecados, antissociais. Com medo desses rótulos, tentamos ser como os outros. Mas isso nos leva à hiperagitação e ao sofrimento. Assim, acabamos *rotulados* de neuróticos ou loucos, primeiro pelos outros e depois por nós mesmos.

O ano perigoso de Kristen

Mais cedo ou mais tarde, todos passam por experiências de vida estressantes, mas as PAS apresentam reações mais intensas a esses estímulos. Ao encarar essas reações como parte de alguma falha básica, você amplia a tensão que já está presente em qualquer momento de crise. Em seguida vêm os sentimentos de desesperança e de impotência.

Kristen, por exemplo, enfrentou uma dessas crises no ano em que começou a faculdade. Tinha frequentado uma escola secundária particular pequena e nunca havia se afastado muito de casa. De repente estava vivendo entre desconhecidos, disputando cursos e livros com multidões, e sempre superestimulada. Em seguida ela se apaixonou, muito depressa e com muita intensidade (como acontece com as PAS). Pouco depois viajou ao Japão para conhecer a família do namorado, evento que, de antemão, Kristen tinha bons motivos para temer. Foi enquanto estava no Japão que, em suas palavras, ela "surtou".

Kristen nunca se considerou uma pessoa ansiosa, mas de repente, no Japão, ela foi tomada pelo medo e não conseguia dormir. Depois ficou deprimida. Assustada com as próprias emoções, sua autoconfiança despencou. O namorado dela, muito jovem, não conseguiu lidar com sua "maluquice" e quis terminar o relacionamento. A essa altura, ela havia voltado para a faculdade, mas temia um novo fracasso. Kristen estava à beira do abismo.

Ela olhou para mim depois de contar o resto de sua história aos soluços.

"Foi aí que ouvi falar dessa pesquisa sobre pessoas sensíveis e pensei: será que sou assim? Não sou, eu sei. Eu sou?"

Eu respondi que não podia ter certeza absoluta a partir daquela rápida conversa, mas acreditava que sim, que sua sensibilidade em combinação com tantas tensões poderia explicar seu estado de espírito. E assim tive o privilégio de explicar Kristen para Kristen – uma explicação que obviamente chegava com muito atraso.

Para definir a alta sensibilidade – dois fatos para lembrar

FATO 1: Todo mundo, PAS ou não, se sente melhor quando não está nem muito entediado nem muito excitado.

Um indivíduo terá o melhor desempenho em qualquer tipo de tarefa, seja em uma conversa ou em uma final de copa do mundo, se seu sistema nervoso estiver moderadamente alerta e estimulado. Um nível muito baixo de excitação leva a pessoa a ficar entediada, ineficaz. Para mudar esse estado físico, tomamos um pouco de café, ligamos o rádio, telefonamos para um amigo, puxamos conversa com um completo desconhecido, mudamos de carreira – qualquer coisa!

No outro extremo, a estimulação excessiva do sistema nervoso deixa qualquer um angustiado, desajeitado e confuso. Não conseguimos pensar, o corpo perde a coordenação, nos sentimos fora de controle. Temos também muitas maneiras de corrigir a situação. Às vezes descansamos, às vezes desligamos a cabeça. Alguns bebem álcool ou tomam um ansiolítico.

O nível ideal de estimulação fica em algum lugar entre esses dois extremos. O fato de haver necessidade e desejo de chegar a um "nível ideal de estímulo" é, na verdade, uma das descobertas mais fundamentais da psicologia. Aplica-se a todos, até mesmo aos bebês. Eles odeiam se sentir entediados ou sobrecarregados.

FATO 2: Existe uma considerável diferença na forma como o sistema nervoso das pessoas pode ser afetado em uma mesma situação, sob um mesmo estímulo.[1]

A diferença é, em grande parte, hereditária e algo bem concreto e recorrente. Na verdade, pode ser observada em todos os animais superiores –

camundongos, gatos, cães, cavalos, macacos, humanos. Dentro de uma espécie, o percentual dos que são muito sensíveis à estimulação é em geral o mesmo, cerca de 15% a 20%. Assim como alguns indivíduos são maiores ou menores dentro de uma espécie, existem aqueles que são mais sensíveis. Na verdade, por meio de uma cuidadosa criação dos animais, com cruzamento entre os sensíveis, é possível dar vida, em poucas gerações, a uma linhagem sensível. Em suma, entre as características de temperamento inatas, essa costuma causar as diferenças mais drásticas e observáveis.[2]

As boas notícias e as não tão boas

Essa diferença de excitabilidade faz com que você perceba níveis de estimulação que outras pessoas não percebem.[3] Isso se aplica quando falamos de sons e visões sutis ou de sensações físicas como a dor. Não é que seus sentidos, como a audição ou a visão, sejam mais aguçados (muitas PAS usam óculos). A diferença parece se encontrar em algum ponto do caminho até o cérebro ou no próprio cérebro, num processamento mais cuidadoso das informações.[4] Refletimos mais a respeito de tudo. E separamos as coisas em categorias mais estritas. Sabe aquelas máquinas que classificam as frutas pelo tamanho? Nós separamos em dez tamanhos diferentes, enquanto os outros separam em dois ou três.

Essa maior consciência de aspectos sutis tende a tornar você mais intuitivo, o que significa simplesmente captar e trabalhar as informações de maneira semiconsciente ou inconsciente. Como resultado, muitas vezes você "simplesmente sabe", sem perceber como isso acontece. Além disso, esse processamento mais profundo de detalhes sutis faz com que você pondere mais sobre o passado ou o futuro. Você "simplesmente sabe" como as coisas ficaram do jeito que estão ou como vão ficar. É o tal "sexto sentido" de que tanto se fala. Pode se enganar, claro, assim como seus olhos e ouvidos podem se enganar, mas sua intuição costuma acertar o suficiente para que as PAS tendam a ser visionários, artistas altamente intuitivos ou inventores, bem como indivíduos mais escrupulosos, cautelosos e sábios.

A desvantagem do traço aparece em níveis mais intensos de estimulação. O que é *moderadamente* excitante para a maioria das pessoas é altamente excitante para as PAS. O que é *altamente* excitante para a maioria das pessoas faz com que uma PAS fique esgotada, até atingir um ponto de desligamento denominado "inibição transmarginal". A inibição transmarginal foi discutida pela primeira vez por volta da virada do século XIX para o século XX pelo fisiologista russo Ivan Pavlov, que estava convencido de que a mais básica das diferenças hereditárias entre as pessoas era a rapidez com que atingiam esse ponto de paralisação e que aqueles que sofrem essa paralisação mais depressa têm um tipo de sistema nervoso fundamentalmente diferente.

PAS ou não-PAS, ninguém gosta de ser excessivamente estimulado. A pessoa se sente fora de controle e o corpo inteiro avisa que está com dificuldades. A hiperexcitação costuma impedir que se atinja o melhor desempenho e naturalmente também é um sinal de perigo. Um excessivo temor à hiperexcitação pode ter sido incutido em todos nós. Como um recém-nascido não tem condições de correr nem lutar, nem mesmo de reconhecer o perigo, é melhor que ele berre diante de qualquer situação nova, de qualquer estímulo, para que os adultos possam notar e vir salvá-lo.

Como o corpo de bombeiros, na maioria das vezes as PAS reagem a alarmes falsos. Mas, se nossa sensibilidade for capaz de salvar uma vida uma única vez, a característica demonstra ter suas compensações genéticas. Sem dúvida, quando o nosso traço nos conduz à hiperexcitação, é um transtorno. Mas isso faz parte de um pacote que apresenta muitas vantagens.

Mais informações sobre estímulos

Estimulação é qualquer coisa que desperta o sistema nervoso, que obtém sua atenção, que faz com que os nervos disparem mais uma rodada das pequenas cargas elétricas que transportam. Costumamos pensar em estimulação como algo que vem de fora, mas é claro que pode vir também do próprio corpo (como a dor, a tensão muscular, a fome, a sede ou o desejo sexual) ou das memórias, das fantasias, dos pensamentos e dos planos.

Os estímulos podem variar de intensidade (como o volume de um som) ou em duração. Algo pode ser mais estimulante por ser inesperado, como acontece quando alguém se assusta com um grito ou uma buzina, ou por sua complexidade, como em uma festa em que escutamos quatro conversas ao mesmo tempo, além da música.

Com frequência conseguimos nos habituar aos estímulos. Mas às vezes achamos que nos acostumamos e que não estamos incomodados e aí, de repente, nos sentimos exaustos e percebemos o motivo: no nível consciente acreditávamos estar tolerando algo que na verdade nos exauria. Mesmo uma estimulação moderada e familiar, como um dia de trabalho, pode levar uma PAS a sentir necessidade de ficar quieta à noite. A essa altura, qualquer "pequeno" estímulo a mais pode ser a gota d'água.

A estimulação é ainda mais complicada porque o mesmo estímulo pode ter diferentes significados para pessoas diferentes. Um shopping center lotado na época das compras de Natal talvez desperte em alguém lembranças de momentos felizes de compras em família e alimente o espírito natalino. Outra pessoa, porém, talvez tenha sido obrigada a sair para fazer compras quando não queria ou tenha tentado comprar presentes sem ter muito dinheiro nem saber bem o que adquirir. Ela pode ter lembranças infelizes das festas de fim de ano e por isso sofrer intensamente nas visitas aos shoppings durante essa época.

VALORIZE SUA SENSIBILIDADE
Pense nas tantas vezes em que sua sensibilidade poupou você ou outra pessoa de sofrimentos, grandes perdas ou até da morte. (No meu caso, eu e minha família estaríamos mortos se eu não tivesse despertado com a primeira centelha de fogo no telhado de uma velha casa de madeira onde estávamos morando.)

Geralmente, quando não temos controle sobre a estimulação, ela se torna mais perturbadora. Mais ainda quando sentimos que somos vítimas de alguém. Embora seja agradável ouvir nossa própria música, quando a ouvimos pelo aparelho de som do vizinho ela pode ser irritante e, se já pedimos anteriormente que abaixassem o volume, ela se torna uma invasão hostil. Talvez este livro aumente um pouco seu nível de irritação, à medida que você comece a compreender que faz parte de uma minoria cujos direitos a uma menor estimulação costumam ser ignorados.

É óbvio que ajudaria se fôssemos esclarecidos e desprendidos de todas essas associações para que nada pudesse nos atingir. Não surpreende que tantas PAS se interessem pelos caminhos da espiritualidade.

A excitação é realmente diferente da ansiedade e do medo?

É importante não confundir excitação com medo. O medo cria excitação, mas isso também acontece com muitas outras emoções, inclusive alegria, curiosidade ou raiva. Podemos ainda ficar hiperexcitados por conta de pensamentos semiconscientes ou por baixos níveis de agitação que não criam nenhuma emoção óbvia. Com frequência, não temos consciência do que nos excita, como uma situação ou um barulho inesperados ou as muitas coisas que nossos olhos veem.

Na verdade, existem várias maneiras de *se excitar* e ainda outras maneiras de se *sentir excitado*, e elas diferem de tempos em tempos e de pessoa para pessoa. A excitação pode se manifestar como um rubor, um tremor, batimentos cardíacos acelerados, mãos trêmulas, pensamento nebuloso, estômago embrulhado, músculos tensos ou transpiração em diferentes partes do corpo. As pessoas nessas situações não costumam ter consciência de algumas ou de todas essas reações no momento em que ocorrem. Por outro lado, há quem diga se sentir excitado sem apresentar qualquer um daqueles sintomas. Mesmo assim, o termo descreve algo que todas essas experiências e todos esses estados físicos compartilham. Como o termo "estresse", excitação é uma palavra que realmente comunica algo que todos nós entendemos, mesmo que seja algo que varie muito. E naturalmente o estresse tem grande relação com a excitação: nossa reação ao estresse é a excitação.

Assim que sentimos essa agitação, queremos dar um nome a ela, saber sua origem para reconhecer o perigo. E muitas vezes pensamos que ela se deve ao medo. Não percebemos que nosso coração talvez esteja agitado pelo simples esforço de processamento dos estímulos extras. Em outros casos, as pessoas presumem que estamos com medo, em função da nossa evidente excitabilidade, e passamos a presumir o mesmo. Aí, concluindo que provavelmente estamos com medo, ficamos ainda mais excitados. E acabamos por evitar situações semelhantes no futuro, ao passo que talvez pudéssemos nos acostumar a elas, tentando nos acalmar e encará-las. Vamos voltar a falar da importância de não confundir medo e excitação no Capítulo 5, ao tratar da "timidez".

Sua característica o torna especial

Há muitos frutos que nascem do traço da sensibilidade. Sua mente funciona de um modo diferente. Lembre-se de que o que mostraremos a seguir é *uma média*.[5] Ninguém tem todas essas características, mas, quando somos comparados aos não-PAS, a maioria de nós é:

- Melhor em encontrar os erros e em evitar cometê-los.[6]
- Altamente escrupulosa.[7]
- Capaz de profunda concentração. (*Mas somos melhores quando não há distrações.*)[8]
- Especialmente boa nas tarefas que exigem vigilância, precisão, velocidade e a detecção de diferenças mínimas.[9]
- Capaz de processar materiais em níveis mais profundos – o que os psicólogos chamam de "memória semântica".[10]
- Capaz de refletir com frequência sobre os próprios pensamentos.[11]
- Capaz de aprender sem ter consciência de que aprendeu.[12]
- Profundamente afetada pelas emoções e pelo estado de espírito de outras pessoas.

Existem, é claro, muitas exceções, em especial no que se refere ao fato de sermos escrupulosos. E não queremos ser hipócritas. Muito mal pode ser cometido sob a justificativa de se tentar fazer o bem. Na verdade, todos esses frutos têm máculas. Somos muito habilidosos, mas infelizmente, quando estamos sendo observados, cronometrados ou avaliados, muitas vezes não conseguimos exibir nossa competência. Nosso processamento mais profundo talvez faça parecer, a princípio, que não estamos acompanhando os acontecimentos, mas com o tempo compreendemos as situações e nos lembramos de mais detalhes que a maioria das pessoas. Pode ser por isso que as PAS aprendem línguas com mais facilidade[13] que os outros (embora a excitação possa tornar a pessoa menos fluente na hora de falar).

Aliás, refletir mais do que os outros sobre os próprios pensamentos não é uma atitude egocêntrica. O que ocorre é que, se nos perguntarem o que se passa na nossa cabeça, somos menos propensos a dizer que estamos cientes do mundo à nossa volta e mais inclinados a mencionar nossas reflexões interiores ou meditações. Isso não significa, no entanto, que estejamos menos propensos a indicar que pensamos em outras pessoas.

Nosso corpo também é diferente. A maior parte de nós tem um sistema nervoso que nos torna:

- Especialistas em coordenação motora fina.[14]
- Bons quando é necessário ficar imóvel.[15]
- "Pessoas matutinas". (*Neste caso, existem muitas exceções.*)[16]
- Mais afetados por estimulantes como a cafeína, a menos que estejamos acostumados com eles.[17]
- Mais voltados para o lado direito do cérebro (menos lineares, mais criativos e sucintos).[18]
- Mais sensíveis ao que está no ar. (*Sim, isso quer dizer que temos mais alergias respiratórias e cutâneas.*)[19]

De modo geral, nosso sistema nervoso parece projetado para reagir a experiências mais sutis, o que também torna nossa recuperação mais lenta quando é preciso reagir a estímulos intensos.

As PAS, porém, não permanecem em estado de excitação o tempo inteiro. Não permanecemos "cronicamente excitadas" na vida cotidiana ou durante o sono.[20] Estamos apenas sujeitas a ficar mais excitadas com estimulação nova ou prolongada. (Ser uma PAS *não é* o mesmo que ser "neurótico" – isto é, em ansiedade constante sem nenhum motivo aparente.)

Como pensar nas diferenças

Espero que já esteja encarando sua característica em termos positivos. Mas sugiro realmente que procure considerá-la como algo neutro. Ela se torna uma vantagem ou uma desvantagem dependendo da situação. Como o traço existe em todos os animais superiores, deve ter valor em muitas circunstâncias. Intuo que ele tenha sobrevivido em determinado percentual dos animais mais complexos pelo fato de ser útil que pelo menos alguns estejam sempre atentos a sinais sutis. Algo entre 15% e 20% parece a proporção correta para estar sempre alerta ao perigo, a novos alimentos, às necessidades dos jovens e dos enfermos e aos hábitos de outros animais.

É claro que também é bom ter no grupo um bom número de integrantes que não estejam tão atentos a todos os perigos e às consequências de cada ato. Sem pensar duas vezes, eles saem correndo para explorar todas as novidades ou para lutar pelo grupo ou pelo território. Todas as sociedades precisam dos dois tipos. E talvez haja ainda mais necessidade dos *menos* sensíveis pois um número maior deles tende a ser morto! Tudo isso é especulação, naturalmente.

Outra intuição minha, porém, me faz crer que a raça humana se beneficia mais com as PAS do que outras espécies. As PAS fazem mais daquilo que torna os humanos tão diferentes dos outros animais. Imaginamos possibilidades. Nós, humanos, e PAS em especial, temos uma consciência aguçada do passado e do futuro. Acima de tudo, se a necessidade é a mãe da invenção, as PAS precisam passar bem mais tempo tentando inventar soluções para os problemas humanos porque são mais sensíveis à fome, ao frio, à insegurança, à exaustão e às doenças.

Às vezes dizem que aqueles que têm o nosso traço são supostamente menos felizes ou menos capazes de encontrar a felicidade.[21] Verdade, podemos parecer infelizes e temperamentais, pelo menos para as não-PAS, pois passamos muito tempo pensando em coisas como o significado da vida e da morte e em como tudo é tão complicado – pensamentos que estão longe de ter respostas únicas e objetivas. Como a maioria das não-PAS não parece apreciar refletir sobre esses assuntos, presumem que devemos estar infelizes com tantas ponderações. E com certeza não ficamos mais felizes quando as pessoas nos dizem que estamos infelizes (de acordo com a definição *delas* do que é felicidade) e que somos um problema por parecermos infelizes. Tantas acusações deixam *qualquer um* infeliz.

A melhor resposta foi dada por Aristóteles, que teria dito: "Você preferia ser um porco feliz ou um humano infeliz?" As PAS preferem a boa sensação de ser muito conscientes, muito humanas, mesmo se aquilo de que temos consciência nem sempre for motivo para festejar.

Não estou querendo dizer com isso que as não-PAS são porcos! Sei de *alguém* que vai dizer que estou tentando nos transformar em uma elite. Mas isso duraria não mais de cinco minutos com a maior parte das PAS, que se sentiria culpada por se considerar superior. Quero apenas nos encorajar o suficiente para que nos sintamos iguais.

Hereditariedade e ambiente

Alguns de vocês talvez estejam se perguntando se essa característica foi mesmo herdada, especialmente se lembrarem de uma época em que a sensibilidade pareceu se iniciar ou se intensificar em vocês.

Na maioria dos casos, a sensibilidade é herdada.[22] A evidência disso é forte, vinda sobretudo de estudos com gêmeos idênticos que foram criados em separado mas que cresceram com um comportamento semelhante, o que sempre sugere que o comportamento é, pelo menos em parte, determinado geneticamente.

Por outro lado, nem sempre é verdade que gêmeos separados apresentam o traço, mesmo quando são idênticos. Por exemplo, cada irmão tenderá também a desenvolver uma personalidade parecida com a da mãe que o cria, mesmo se não for a mãe biológica. O certo é que provavelmente não há traço hereditário que não possa ser acentuado, suavizado, inteiramente produzido ou eliminado por uma quantidade suficiente de determinadas experiências de vida. Pensemos em uma criança sob pressão em casa ou na escola: basta que tenha nascido com uma ligeira tendência à sensibilidade para que se recolha. Isso talvez explique por que crianças com irmãos mais velhos estão mais propensas a ser PAS[23] – e isso não teria relação alguma com os genes. De forma semelhante, estudos com filhotes de macaco traumatizados pela separação da mãe demonstram que, na vida adulta, eles se comportam de modo bem parecido com o daqueles com sensibilidade inata.[24]

As circunstâncias também podem obrigar a característica a desaparecer. Muitas crianças nascidas sensíveis são insistentemente obrigadas a se tornar mais audaciosas pelos pais, pela escola e pelos amigos. Viver em um ambiente barulhento ou lotado, crescer em uma família grande ou ser forçado a ser mais ativo fisicamente podem reduzir a sensibilidade,[25] assim como alguns animais sensíveis, muito manipulados, às vezes perdem a cautela natural, pelo menos com algumas pessoas ou em situações específicas. Parece improvável, porém, que a característica tenha desaparecido por completo.

E quanto a você?

Para qualquer adulto em particular é difícil saber se a característica foi herdada ou desenvolvida durante a vida. A melhor evidência, embora longe de ser perfeita, é saber se seus pais se lembram de você como sensível desde que nasceu. Se for possível, pergunte a eles ou a quem tenha sido seu cuidador. Peça a eles que digam como você era nos seis primeiros meses de vida.

É provável que você descubra mais coisas se *não* começar perguntando sobre sua sensibilidade. Pergunte apenas como você era quando bebê. Em geral, as histórias sobre você contam tudo. Depois de algum tempo, volte a fazer perguntas sobre alguns sinais típicos dos bebês altamente sensíveis. As trocas de fralda eram difíceis para você? Como você se comportava quando tiravam sua roupa, entrava na banheira, experimentava novos alimentos? Como se relacionava com o barulho? Costumava sentir cólicas? Demorava a dormir? Tinha dificuldade para manter o sono ou dormia pouco, em especial quando muito cansado?

Lembre-se: se seus pais não tinham experiência com outros bebês, talvez não tenham notado nada de incomum nessa idade, porque não tinham nenhum parâmetro de comparação. Além disso, como se costuma jogar nos pais a culpa por todas as dificuldades dos filhos, talvez eles sintam necessidade de convencer você e a si mesmos de que tudo foi perfeito na sua infância. Se quiser, pode tranquilizá-los dizendo que sabe que eles lhe deram o melhor e que, como todos os bebês dão algum trabalho, você tem curiosidade de saber que tipo de trabalho dava.

Você também pode permitir que eles vejam o questionário no início deste livro. Pergunte se eles ou qualquer outra pessoa da família apresentam esse traço. Se você identificar parentes altamente sensíveis, em especial nos dois lados da família, há grandes chances de que sua característica tenha sido herdada.

E se o traço não foi herdado ou se você não tiver certeza? Possivelmente não faz diferença. O que importa é que agora esse é o *seu* traço. Portanto, não lute muito com a questão. O próximo tópico é bem mais importante.

Aprender sobre nossa cultura – o que você não percebe irá MAGOÁ-LO

Você e eu estamos aprendendo a ver o nosso traço como algo neutro – útil em algumas situações; em outras, não. Mas nossa cultura definitivamente não vê essa particularidade (nem nenhuma outra) como neutra. A antropóloga Margaret Mead deu uma boa explicação. Embora os recém-nascidos de uma cultura apresentem uma ampla gama de temperamentos herdados, apenas uma faixa estreita deles, de um determinado tipo, será ideal. A personalidade ideal está incorporada, nas palavras de Mead, em "cada fio do tecido social – nos cuidados com os pequenos, nos jogos infantis, nas canções que as pessoas cantam, na organização política, na observância religiosa, na arte e na filosofia".[26] Outras características são ignoradas,[27] desencorajadas ou, quando tudo isso falha, ridicularizadas.

Qual é o ideal na nossa cultura? Filmes, anúncios, o design dos espaços públicos, tudo nos diz que devemos ser implacáveis como o Exterminador do Futuro, tão durões quanto Clint Eastwood, tão extrovertidos quanto uma celebridade de 20 anos. Devemos ser agradavelmente estimulados por luzes brilhantes, por barulho, por uma turma de amigos animados em um bar. Se estivermos nos sentindo sobrecarregados e sensíveis, é sempre possível tomar um analgésico.

Se você se lembrar de apenas uma coisa deste livro, que seja o seguinte estudo. Xinyin Chen e Kenneth Rubin, da Universidade de Waterloo, em Ontário, no Canadá, e Yuerong Sun,[28] da Shanghai Normal University, compararam 480 crianças em idade escolar em Xangai a 296 no Canadá para ver que características tornavam as crianças mais populares. Na China, as crianças "tímidas" e "sensíveis" estavam entre as mais escolhidas pelos outros para amizade ou brincadeiras. (Em mandarim, a palavra para tímido ou quieto significa *bom* ou *bem-comportado*; sensível pode ser traduzido como *compreensivo*, um termo elogioso.) No Canadá, crianças tímidas e sensíveis estavam entre as menos escolhidas – é provável que você tenha se deparado com esse tipo de atitude ao longo do seu crescimento.

Pense no impacto que você sofreu por não ser o padrão ideal da sua cultura. Com certeza você foi afetado não apenas pelo modo como os outros o trataram, mas também pelo modo como você passou a tratar a si mesmo.

PARA SE DESVENCILHAR DA REGRA DA MAIORIA

1. *Qual foi a atitude de seus pais em relação à sua sensibilidade?* Queriam que você a mantivesse ou a perdesse? Pensavam nisso como um inconveniente, como timidez, falta de masculinidade, covardia, um sinal de habilidade artística, achavam bonitinho? E seus outros familiares, amigos, professores?
2. *Pense na mídia, especialmente na infância.* Quais foram seus modelos e ídolos? Eles pareciam ser PAS? Ou eram pessoas com quem você nunca poderia parecer, pelo que você sabe delas atualmente?
3. *Considere sua atitude resultante.* Como isso afetou sua carreira, seus relacionamentos românticos, suas atividades recreativas e amizades?
4. *Como você, como uma pessoa altamente sensível, vem sendo tratado agora pela mídia?* Pense em imagens de PAS, positivas e negativas. O que predomina? (Observe que as vítimas nos filmes ou nos livros costumam ser retratadas como sensíveis, vulneráveis, superexcitadas por natureza. Isso é bom para um efeito dramático, porque a vítima fica visivelmente abalada e transtornada, mas é ruim para as PAS, porque ser "a vítima" passa a equivaler a ser sensível.)
5. *Pense em como as PAS contribuíram para a sociedade.* Procure exemplos que você conheça pessoalmente ou sobre quem tenha lido. Abraham Lincoln é, provavelmente, um ponto de partida.
6. *Pense na sua contribuição para a sociedade.* Não importa o que você faz – esculpir, educar os filhos, estudar física, votar –, você tende a refletir profundamente sobre as questões, a prestar atenção nos detalhes, a ter uma visão para o futuro e a tentar agir de forma consciensiosa.

O viés da psicologia

A pesquisa psicológica está realizando valiosas descobertas sobre as pessoas e boa parte deste livro se baseia nas suas conquistas. Mas a psicologia está longe de ser perfeita. Ela pode refletir os vieses da cultura de onde se origina. Poderia dar exemplos e mais exemplos de pesquisas da área que refletem o viés de que aqueles que chamo de PAS são menos felizes, com menos saúde mental e até mesmo menos criativos e inteligentes (os dois primeiros com certeza não são verdadeiros). Porém vou guardar esses exemplos para a reeducação de meus colegas. Recomendo apenas que tenha cuidado ao aceitar rótulos para si mesmo como "inibido", "introvertido" ou "tímido". Conforme avançarmos, você compreenderá por que esses rótulos são *equivocados*. Em geral, perdem a essência da característica e dão a ela um tom negativo. Por exemplo, pesquisas demonstram que a maioria das pessoas, de forma muito errada, associa a introversão a problemas de saúde mental.[29] Quando as PAS se identificam com esses rótulos, a autoconfiança diminui e a excitação aumenta em situações nas quais se espera que pessoas assim ajam de forma estranha.

Pode ser útil para você saber que nas culturas em que a alta sensibilidade é mais valorizada, como no Japão, na Suécia e na China, a pesquisa assume um tom diferente. Por exemplo, os psicólogos japoneses parecem esperar que seus pacientes sensíveis tenham um desempenho melhor – e isso acontece.[30] Quando estudam o estresse, os psicólogos japoneses veem mais problemas no modo com que os não sensíveis lidam com ele.[31] Mas não adianta pôr a culpa na psicologia da nossa cultura ou nos seus pesquisadores bem-intencionados. Eles fazem o melhor que podem.

Conselheiros reais e reis guerreiros

Para o bem e para o mal, o mundo está cada vez mais sob o controle de culturas agressivas – aquelas que gostam de olhar para fora, de se expandir, de competir e vencer. Isso porque, quando as culturas entram em contato, as mais agressivas tendem naturalmente a assumir o controle.

Como chegamos a essa situação? Para a maior parte do mundo, tudo começou nas estepes da Ásia, onde nasceu a cultura indo-europeia. Lá, cavaleiros nômades sobreviveram expandindo seus rebanhos de cavalos e cabeças de gado, principalmente roubando animais e terras de outros. Entraram na Europa há cerca de 7 mil anos, alcançando o Oriente Médio e, um pouco depois, o sul da Ásia. Antes de sua chegada, havia pouca ou nenhuma guerra, escravidão, monarquias ou dominação de uma classe sobre as outras. Os recém-chegados transformaram em servos ou escravos as pessoas que encontraram (aquelas sem cavalos), construíram cidades muradas onde antes havia assentamentos pacíficos e começaram a expandir seus reinos e impérios por meio da guerra ou do comércio. As culturas indo-europeias mais duradouras e felizes sempre usaram duas classes para governar a si mesmas – os reis guerreiros, contrabalançados por seus conselheiros reais ou sacerdotais. E as culturas indo-europeias se deram bem. Metade do mundo fala uma língua indo-europeia, o que significa que toda essa população não pode deixar de pensar de uma maneira indo-europeia. Expansão, liberdade e fama são coisas boas. São os valores dos reis guerreiros.

Para sua sobrevivência, entretanto, as sociedades agressivas sempre precisam também daquela classe de sacerdotes-juízes-conselheiros. Ela dá equilíbrio aos reis e guerreiros (como a Suprema Corte dos Estados equilibra o presidente e as Forças Armadas). Trata-se de um grupo mais reflexivo, geralmente agindo para controlar os impulsos dos reis guerreiros. Como a classe dos conselheiros demonstra com frequência estar com a razão, seus membros são respeitados como consultores, historiadores, professores, acadêmicos e defensores da justiça. Eles sabem, por exemplo, zelar pelo bem-estar das pessoas comuns, de quem a sociedade depende, aquelas que cultivam os alimentos e criam os filhos. Eles alertam contra guerras precipitadas e contra o mau uso da terra.

Em suma, uma classe forte de conselheiros reais insiste em parar e pensar. E tenta, com sucesso crescente nos tempos modernos, acho eu, canalizar para longe da agressão e da dominação a energia maravilhosa e expansiva da sociedade. Melhor usar essa energia em invenções criativas, em novas descobertas e na proteção do planeta e daqueles sem poder.[32]

As PAS tendem a preencher a função de conselheiro. Somos os escritores, os historiadores, os filósofos, os juízes, os artistas, os pesquisadores, os teólogos, os terapeutas, os professores, os pais e os cidadãos comuns conscienciosos. Nossa contribuição para qualquer um desses papéis é a tendência de pensar sobre todos os efeitos possíveis de uma ideia. Muitas vezes temos que assumir posições impopulares, impedindo que a maioria se precipite. Assim, para desempenhar bem o nosso papel, precisamos nos sentir bem com quem somos. Precisamos ignorar todas as mensagens dos guerreiros que dizem que não somos tão bons quanto eles. Os guerreiros são donos de um estilo audacioso, que tem mérito. Mas nós também temos um estilo e uma importante contribuição a dar.

O caso de Charles

Charles foi uma das poucas PAS que entrevistei que souberam desde cedo que eram sensíveis e sempre encararam sua característica como algo positivo. Sua infância incomum e as consequências dela são uma bela demonstração da importância da autoestima e do efeito da cultura sobre o indivíduo.

Charles vive um segundo casamento feliz e desfruta de uma carreira acadêmica bem-sucedida. Nas horas vagas é um pianista de talento excepcional. Ele tem a profunda sensação de que esses dons são mais do que suficientes para dar sentido à sua vida. Depois de ouvir tudo isso no início de nossa entrevista, fiquei naturalmente curiosa sobre seus antecedentes.

Aqui está a primeira lembrança de Charles. (Eu sempre pergunto isso nas minhas entrevistas – mesmo que seja impreciso, o que é lembrado em geral dá o tom ou fornece o tema da vida inteira.) Ele está em uma calçada atrás de uma multidão que admira uma vitrine repleta de decorações natalinas. Ele exclama: "Sai todo mundo, eu quero ver!" As pessoas riem e o deixam ir para a frente.

Quanta confiança! Essa coragem de falar com tanta firmeza certamente começou em casa.

Os pais de Charles encantavam-se com sua sensibilidade. Em seu círculo de amigos – uma microcultura artística e intelectual –, a sensibilidade estava associada a um tipo particular de inteligência, à boa educação e a um gosto refinado. Eles não se chateavam por Charles estudar tanto em vez de brincar com outros meninos. Pelo contrário, o encorajavam a ler ainda mais. Para eles, Charles era o filho ideal.

Com esse histórico, Charles acreditava em si mesmo. Sabia que havia absorvido excelentes gostos estéticos e valores morais desde muito jovem. Não se via, de modo algum, como portador de um defeito por ser assim. Acabou percebendo que era incomum, parte de uma minoria, mas toda sua microcultura era incomum, e isso o ensinou a encará-la como algo superior, e não inferior. Ele sempre se mostrou confiante entre desconhecidos, mesmo quando estava matriculado nas melhores escolas preparatórias, seguindo para uma universidade da Ivy League e depois para o posto de professor universitário.

Quando perguntei a Charles se ele via alguma vantagem no seu traço, ele não teve dificuldade para mencionar muitas. Por exemplo, ele tinha certeza de que sua alta sensibilidade contribuía para sua habilidade musical. Ela também o ajudara a aprofundar seu autoconhecimento durante vários anos de psicanálise.

Quanto às desvantagens do traço e a sua maneira de lidar com elas, o barulho o incomoda muito, por isso mora em um bairro tranquilo, cercando-se de sons adoráveis e sutis, inclusive uma fonte no quintal e boa música. Sente emoções profundas que podem levar a uma depressão ocasional, mas ele investiga e resolve seus sentimentos. Sabe que leva as coisas a ferro e fogo e tenta ser mais flexível.

A hiperexcitação se manifesta principalmente em uma intensa resposta física, que pode impedi-lo de dormir. Em geral Charles consegue lidar com isso quando acontece, por meio de autocontrole, "comportando-se de uma certa maneira". Quando se sente sobrecarregado pelas questões profissionais, ele sai do trabalho assim que sua presença não é mais necessária, "deixa tudo para lá" ou toca piano. Evitou deliberadamente uma carreira de negócios por causa de sua sensibilidade. Quando foi promovido a um posto acadêmico que o estressava demais, ele mudou de cargo assim que pôde.

Charles organizou sua vida em torno de seu traço, mantendo um nível ideal de excitação sem se sentir de forma alguma defeituoso por causa disso. Quando perguntei, como costumo fazer, que conselho ele daria aos outros, ele disse: "Passe bastante tempo se expondo ao mundo – sua sensibilidade não é algo a ser temido."

Um motivo para sentir grande orgulho

O primeiro capítulo pode ter sido muito estimulante! Todo tipo de sentimento forte e confuso pode estar perturbando você. No entanto, sei por experiência própria que, à medida que você prosseguir com a leitura e trabalhar com o conteúdo deste livro, esses sentimentos ficarão cada vez mais claros e positivos.

Em suma, você capta sutilezas que passam despercebidas aos outros e por isso, naturalmente, você também chega depressa a um nível de saturação acima do qual não se sente confortável. O primeiro fato não poderia ser verdadeiro se o segundo também não fosse. Tudo faz parte do pacote, e é um pacote muito bom.

É também importante que você tenha em mente que este livro é tanto sobre seu traço pessoal físico e inato quanto sobre sua importância social, frequentemente desvalorizada. Você nasceu para estar entre os conselheiros e pensadores, entre os líderes espirituais e morais da sociedade. Tem todos os motivos para se orgulhar.

> **TRABALHE COM O QUE APRENDEU**
> *Ressignifique suas reações às mudanças*

No fim de alguns capítulos vou pedir a você que "ressignifique" suas experiências à luz dos novos conhecimentos. Ressignificar é um termo que vem da psicoterapia cognitiva; quer dizer simplesmente enxergar algo com novos olhos, em um novo contexto, em uma nova moldura.

Sua primeira tarefa de ressignificação é pensar em três importantes mudanças na sua vida das quais você se lembra bem. As PAS costumam resistir às mudanças. Ou então mergulham nelas, mas ainda com sofrimento. Não lidamos bem com as mudanças, nem mesmo com as boas mudanças. Isso pode virar a cabeça de qualquer um. Quando meu primeiro romance foi publicado e tive que viajar para a Inglaterra a fim de promovê-lo, eu finalmente estava vivendo a fantasia que tanto acalentara.

Como era de esperar, fiquei doente e quase não aproveitei um único minuto daquela viagem. Na época, achei que estava provavelmente me boicotando de forma neurótica naquela ocasião tão importante. Hoje em dia, compreendendo mais claramente o traço, percebo que a viagem foi simplesmente empolgante demais.

Minha nova compreensão daquela experiência é exatamente o que quero dizer com ressignificação. Agora é sua vez. Pense em três grandes mudanças ou surpresas na sua vida. Escolha uma – uma perda ou um fim – que pareceu ruim na época. Escolha uma que deveria parecer neutra, apenas importante. E uma que foi boa, algo para celebrar ou algo que fizeram para você com boas intenções. Siga então os passos abaixo com cada uma delas.

1. *Pense em sua reação à mudança e em como você sempre a encarou.* Sentiu que sua reação foi "errada" ou diferente daquela que outras pessoas teriam? Ou que ela demorou demais? Você decidiu que não prestava por algum motivo? Tentou esconder dos outros como se sentia abalado? Ou os outros descobriram e disseram que você estava sendo "exagerado"?

   Eis um exemplo de mudança negativa. Atualmente, Josh está com 30 anos, mas por mais de vinte anos carregou uma sensação de vergonha da época em que precisou entrar em uma nova escola. Na escola antiga, muitos gostavam dele pela sua habilidade de desenhar, por conta do seu senso de humor, pelas roupas engraçadas e assim por diante. Na escola nova, essas mesmas qualidades o tornaram alvo de bullying e de provocações. Josh agiu como se não se importasse, mas no fundo se sentia péssimo. Até os 30 anos, ele se perguntava se não havia merecido mesmo ser tão "impopular". Talvez fosse realmente esquisito e "fracote". O que mais explicaria ele não ter se defendido melhor? Talvez tudo aquilo fosse verdade.

2. *Examine sua reação à luz do que você aprendeu sobre o modo como seu corpo opera automaticamente.* No caso de Josh, eu diria que ele ficou bastante estimulado durante aquelas primeiras semanas na escola nova. Deve ter sido difícil pensar em coisas espertas para dizer, sair-se bem nos jogos e nas tarefas de sala de aula, tudo aquilo

que contribui para a forma como outras crianças julgam um novato. Os briguentos o identificaram como um alvo fácil, que permitiria que eles parecessem mais durões. Os outros tinham medo de defendê-lo. Ele perdeu a confiança e se sentiu defeituoso, indigno de ser apreciado. Isso intensificava a hiperexcitação quando ele tentava fazer algo quando os demais estavam por perto. Não conseguia parecer descontraído e natural. Foi uma época dolorosa, mas não havia nada de que se envergonhar.

3. *Pense se há algo que precisa ser feito neste momento.* Recomendo especialmente que você compartilhe sua nova perspectiva da situação com alguém – desde que essa pessoa seja capaz de apreciá-la. Talvez você possa fazer isso com alguém que estava presente na época e que pode ajudá-lo a completar os detalhes da situação. Recomendo, ainda, que registre por escrito a nova visão da experiência e também a antiga, guardando-as como um lembrete.

CAPÍTULO 2

PARA IR MAIS FUNDO
Compreender o seu traço pelo que ele é

Vamos agora reorganizar seu mobiliário mental e tornar impossível que você duvide da realidade da sua característica. Isso é importante, pois o traço foi pouquíssimo discutido no campo da psicologia. Veremos um histórico de caso, bem como evidências científicas, a maioria delas vinda do estudo do temperamento das crianças, o que torna ainda mais adequado que o caso que vamos examinar seja a história de duas crianças.

Observando Rob e Rebecca

Na época em que comecei a estudar a alta sensibilidade, uma amiga próxima teve filhos gêmeos – um menino, Rob, e uma menina, Rebecca. Desde o primeiro dia, a diferença entre os dois era perceptível e eu entendi exatamente do que se tratava. A cientista em mim ficou encantada. Eu não me limitaria apenas a observar o crescimento de uma criança altamente sensível. Afinal, Rob já vinha ao mundo com o próprio parâmetro de comparação: sua irmã, Rebecca, que nasceu exatamente no mesmo ambiente.

Um benefício particular de conhecer Rob desde o nascimento foi que isso dissipou quaisquer dúvidas que eu tinha sobre a hereditariedade do traço. Embora seja verdade que ele e sua irmã foram tratados de maneira diferente desde o início, a princípio isso se deveu em grande parte à sua sensibilidade, uma diferença que ele trouxe ao mundo. (De gêneros diferentes, Rob e Rebecca são gêmeos fraternos, não idênticos, o que significa que seus genes não se assemelham mais do que os de quaisquer irmãos.)

Para adicionar a cereja ao bolo desta psicóloga, os gêneros comumente associados à sensibilidade foram trocados. O menino, Rob, era sensível; a garota, Rebecca, não. Os estereótipos também foram invertidos, pois Rob era menor do que Rebecca.

Ao ler sobre Rob, não se surpreenda se experimentar uma resposta emocional. O ponto principal da minha descrição é que parte dela também pode se aplicar a você. Assim, memórias vagas ou sentimentos primitivos anteriores à sua capacidade de compreendê-los podem vir à tona. Tenha cuidado com esses sentimentos. Apenas observe-os. Na verdade, pode ser útil anotá-los. Serão informações importantes à medida que você prosseguir a leitura e o entendimento dos próximos capítulos.

Problemas com o sono

Nos primeiros dias após o nascimento de Rob e Rebecca, as diferenças de temperamento pareciam maiores quando os bebês estavam cansados.[1] Rebecca adormecia com facilidade e não acordava. Rob ficava acordado e chorava – em especial quando submetido a alguma mudança de rotina, como visitantes ou passeios. Quando isso acontecia, a mãe ou o pai precisava caminhar com ele no colo, embalar, cantarolar ou dar tapinhas nas suas costas, tentando acalmá-lo.

Com uma criança sensível um pouco mais velha, o conselho habitual é colocá-la na cama e deixar que, de forma gradual, o silêncio e a escuridão compensem o excesso de estimulação, que é a verdadeira causa do choro.[2] As PAS sabem o que é estar "cansado demais para dormir". Na verdade, ficam *esgotadas* demais para dormir.

Deixar um recém-nascido aos berros por uma hora, entretanto, é mais do que a maioria dos pais pode suportar, provavelmente porque não é uma atitude muito sábia. Em geral, um recém-nascido se sente mais reconfortado com o movimento. No caso de Rob, seus pais finalmente descobriram que um balanço elétrico induzia melhor o sono.

Vinha então a dificuldade para continuar dormindo. No ciclo de sono de qualquer pessoa sempre existem pontos em que o despertar fica muito fácil ou muito difícil, mas crianças sensíveis parecem ter menos períodos de sono profundo e imperturbável. E, uma vez acordadas, elas têm grande dificuldade de voltar a dormir. (Lembre-se de que isso provavelmente também se aplicava a você, quer se lembre ou não.) Minha solução, com meu filho altamente sensível, foi usar cobertores para cobrir o berço. Em sua pequena tenda, tudo era silencioso e aconchegante, em especial quando o botávamos para dormir em algum lugar pouco familiar. Às vezes as crianças sensíveis realmente obrigam os pais a serem empáticos e criativos.

Uma noite, duas crianças

Quando Rob e Rebecca tinham quase 3 anos, nasceu o irmão caçula. Meu marido e eu passamos a noite na casa deles e dormimos na cama de seus pais, que estavam no hospital. Tínhamos sido avisados de que Rob poderia acordar pelo menos uma vez, assustado com algum pesadelo. (Ele tinha muito mais pesadelos do que a irmã; é comum que ocorram com PAS.)

Como esperado, às cinco da manhã Rob apareceu, chorando baixinho. Quando viu que não eram seus pais que estavam na cama, seus gemidos sonolentos se transformaram em gritos.

Eu não fazia ideia do que poderia estar se passando pela sua cabeça. Talvez fosse algo do tipo: "Perigo! Mamãe não está aqui! Uns seres terríveis tomaram seu lugar!"

A maioria dos pais concorda que tudo fica mais fácil quando a criança consegue entender as palavras. Isso é mais verdadeiro ainda quando se trata de uma criança altamente sensível, enredada pela própria imaginação. O truque foi dizer algumas palavras rápidas e reconfortantes entre seus soluços.

Felizmente, Rob tem um grande senso de humor. Aí eu lembrei a ele uma noite recente em que eu tinha tomado conta dele e da irmã e havia servido biscoitos para eles como "aperitivo" *antes* do jantar.

Ele engoliu em seco, fitou-me e depois sorriu. E, em algum lugar em seu cérebro, saí da categoria "monstro que raptou a mãe" e passei a ser "Elaine, a legal".

Perguntei se queria se juntar a nós, mas sabia que ele ia preferir a própria cama. Logo Rob voltou para o quarto e dormiu profundamente.

De manhã, Rebecca apareceu. Quando viu que seus pais não estavam, ela sorriu e disse "Oi, Elaine. Oi, Art" e saiu. Essa é a diferença da não-PAS.

É doloroso imaginar o que teria acontecido se eu fosse o tipo de pessoa que gritasse para que Rob calasse a boca e voltasse para a cama. Ele provavelmente teria feito isso, sentindo-se abandonado em um mundo perigoso. Mas não teria dormido. Sua mente intuitiva teria passado horas elaborando a experiência, decidindo provavelmente que ele era o culpado. Com crianças sensíveis, não é necessário dar golpes físicos ou provocar traumas para fazê-las ter medo do escuro.

Completando o retrato de Rob

De dia, quando os gêmeos saíam com os pais, no primeiro ano de vida, a banda *mariachi* do restaurante mexicano fascinava Rebecca, mas fazia Rob chorar. No segundo ano, Rebecca encantou-se com as ondas do mar, com cortes de cabelo e carrosséis; Rob tinha medo deles, pelo menos no início, assim como se assustou com o primeiro dia na creche e com os estímulos que acompanhavam aniversários e festas. Além disso, Rob desenvolveu medos – de pinhas, das estampas em sua colcha, de sombras na parede. Os medos nos pareciam estranhos e descabidos, mas certamente eram reais para ele.

Em suma, a infância de Rob foi um pouco difícil para ele e para seus pais solícitos, estáveis e competentes. Na verdade, por mais injusto que seja, os aspectos difíceis de qualquer temperamento são mais evidentes quando o ambiente doméstico é saudável. Do contrário, para sobreviver, o bebê fará tudo que for preciso para se adaptar aos cuidadores,[3] submergindo seu temperamento para ressurgir de alguma outra forma mais tarde, talvez em sintomas físicos relacionados ao estresse. Mas Rob é livre para ser quem ele é. Por isso sua sensibilidade está aparente para quem quiser ver. Ele pode expressar seus sentimentos e, como resultado, pode aprender o que funciona e o que não funciona.

Por exemplo, durante seus primeiros quatro anos, quando Rob estava muito saturado, ele desatava a chorar de raiva. Nessas ocasiões, seus pais o ajudavam pacientemente a conter seus sentimentos. E a cada mês ele parecia mais capaz de não ficar sobrecarregado. Ao assistir a um filme com sequências assustadoras ou tristes, por exemplo, ele aprendeu a dizer para si mesmo o que seus pais diriam: "É só um filme" ou "É, mas eu sei que acaba bem". Ou fechava os olhos e tapava os ouvidos, ou saía da sala um pouco.

Provavelmente por ser mais cauteloso, ele demorou mais para desenvolver algumas habilidades físicas. Quando está com outros meninos, ele se sente menos confortável com brincadeiras mais violentas e agitadas. Mas quer ser como os outros e experimenta, por isso é aceito. E, graças à atenção cuidadosa à sua adaptação, até agora ele gosta muito da escola.

Existem outros pontos sobre Rob que não surpreendem, dada a sua característica: ele tem uma imaginação extraordinária. É atraído por tudo que é artístico, especialmente pela música (o que é verdadeiro para muitas PAS). Ele é engraçado e palhacinho quando se sente à vontade com seu público. Desde os 3 anos, ele "pensa como um advogado", rápido em perceber os detalhes e fazer distinções sutis. Ele se preocupa com o sofrimento dos outros e é educado, gentil e atencioso – exceto, talvez, quando é invadido por estímulos excessivos. Sua irmã, entretanto, tem também numerosas virtudes. Uma delas é a estabilidade: ela é a âncora na vida do irmão.

O que torna Rob e Rebecca tão diferentes um do outro? O que fez você responder como "verdadeiro" a tantos itens do teste no início deste livro, quando a maior parte das pessoas não responderia?

Você é mesmo de uma espécie diferente

Jerome Kagan, psicólogo de Harvard, dedicou grande parte de sua carreira ao estudo dessa característica.[4] Para ele, trata-se de uma diferença tão observável quanto a cor do cabelo ou dos olhos. Claro, ele chama isso por outros nomes – inibição, timidez ou mansidão em crianças – e não posso concordar com seus termos. Mas entendo que, para quem olha de fora, e especialmente em um ambiente de laboratório, as crianças que ele estuda parecem principalmente inibidas, tímidas ou mansas. Lembre-se apenas, enquanto discuto Kagan, de que a sensibilidade é um traço real e que uma criança parada e observando os outros pode ser bastante *desinibida* em seu processamento de todas as nuances do que está sendo visto.

Kagan tem acompanhado o desenvolvimento de 22 crianças com a característica. Ele também está estudando 19 que pareciam ser muito "desinibidas". De acordo com os pais, quando bebês, as crianças "inibidas" tiveram mais alergias, insônia, cólicas e constipação do que a média. Quando pequenas, vistas no laboratório pela primeira vez, as taxas de batimento cardíaco costumam ser mais elevadas e mostram menos mudanças sob estresse. (A frequência cardíaca não pode mudar muito se já estiver alta.) Além disso, sob estresse, as pupilas se dilatam mais cedo e as cordas vocais ficam mais tensas, fazendo com que sua voz mude para um tom mais estridente. (Muitas PAS ficam aliviadas ao saber por que suas vozes podem parecer tão estranhas quando estão excitadas.)

Os fluidos corporais (sangue, urina, saliva) de crianças sensíveis mostram indicações de altos níveis de norepinefrina no cérebro, em especial depois que são expostas a diversas formas de estresse no laboratório. A norepinefrina está associada à excitação; na verdade, é a versão do cérebro para a adrenalina. Os fluidos corporais de crianças sensíveis também contêm mais cortisol, tanto sob estresse quanto em casa. O cortisol é o hormônio presente quando a pessoa está em um estado mais ou menos constante de excitação ou cautela. Lembre-se do cortisol; falaremos dele novamente.

Em seguida, Kagan estudou bebês para ver quais se tornariam crianças "inibidas". Ele descobriu que cerca de 20% de todos os bebês são "altamente reativos" quando expostos a vários estímulos: eles agitam e flexionam os membros vigorosamente, arqueando as costas como se estivessem irritados ou tentando fugir, e choram com frequência. Um ano depois, dois terços dos bebês reativos do estudo eram crianças "inibidas" e apresentavam altos níveis de medo em situações novas. Apenas 10% delas apresentavam níveis baixos.[5] Assim, a característica é mais ou menos observável desde o nascimento, como no caso de Rob.

Tudo isso sugere o que já mencionei – que crianças sensíveis nascem com uma tendência embutida de reagir com mais intensidade a estímulos externos. Mas Kagan e outros estão descobrindo como isso ocorre de forma detalhada. Por exemplo, Kagan descobriu que bebês que, mais tarde, apresentavam essa característica também tinham a testa mais fria no lado direito, o que indica maior atividade no lado direito do cérebro. (O sangue migra da superfície em direção à atividade.) Outros estudos também descobriram que muitas PAS têm mais atividade no hemisfério direito do cérebro, em especial aquelas que permanecem sensíveis desde o nascimento até a infância – isto é, aquelas que claramente nasceram assim.[6]

Kagan conclui que as pessoas com o traço de sensibilidade ou de inibição são de uma linhagem especial. Elas são geneticamente muito diferentes, embora totalmente humanas, assim como os cães de caça e os pastores se diferenciam entre si, embora ambos sejam definitivamente cães.

Minha pesquisa também aponta para a ideia de uma "linhagem" genética distinta, formada por pessoas sensíveis. Na minha pesquisa telefônica com 300 pessoas selecionadas aleatoriamente, descobri um grupo distinto e também uma graduação contínua. Em uma escala de 1 a 5, cerca de 20% sentiram que eram "extremamente" ou "bastante" sensíveis. Outros 27% disseram que eram "moderadamente". Juntas, essas três categorias pareciam uma sequência contínua. Mas então havia uma quebra brusca. Míseros 8% disseram que "não" eram sensíveis. E impressionantes 42% afirmaram que *não eram nem um pouco* sensíveis, como se "sensibilidade" fosse algum tipo de palavrão.

Por conhecer as PAS, tenho a sensação de que elas são de fato um grupo distinto, separado dos não sensíveis. No entanto, entre elas também existe uma ampla gama de sensibilidade. Isso pode ser devido à existência de várias causas diferentes para o traço, levando a diferentes tipos ou "sabores" de sensibilidade, alguns deles mais fortes do que outros; outra explicação possível é o fato de algumas pessoas nascerem com dois tipos, três tipos e assim por diante. E há muitas maneiras pelas quais os humanos conseguem aumentar ou diminuir sua sensibilidade por meio da experiência ou da escolha consciente. Todos esses efeitos podem fazer com que fiquem borrados os limites do que ainda é basicamente um grupo separado.

Não há como negar a impressão de que Rob e Rebecca são dois tipos diferentes de humano. Você também é. Suas diferenças são bem reais.

Os dois sistemas do cérebro

Uma série de pesquisadores acredita que existem dois sistemas no cérebro e que é o equilíbrio entre os dois que cria a sensibilidade.[7] O primeiro deles, a "ativação comportamental" (ou sistema de "abordagem" ou de "facilitação"), está ligado às partes do cérebro que recebem mensagens dos sentidos e enviam ordens para que os membros se mexam. Esse sistema é projetado para nos empurrar na direção das coisas, em especial das novidades. Provavelmente, tem o objetivo de nos manter em busca das coisas boas da vida, como alimentos frescos e companhia, de que precisamos para sobreviver. Quando o sistema de ativação está em funcionamento, somos curiosos, ousados e impulsivos.

O outro sistema é chamado de "inibição comportamental" (ou sistema de "retirada" ou "evitação") – pelos nomes já dá para dizer qual deles é o "bom", segundo a nossa cultura. Diz-se que esse sistema nos afasta das coisas, nos deixando atentos aos perigos. Isso nos torna alertas, cautelosos e vigilantes aos sinais. Não surpreende que esse sistema esteja conectado a todas as partes do cérebro que Kagan observou como sendo mais ativas em suas crianças "inibidas".

Mas o que esse sistema realmente faz? Ele pega tudo sobre uma situação e então compara automaticamente o presente com o que foi normal e usual no passado e o que deveria ser esperado no futuro. Se houver uma incompatibilidade, o sistema nos faz parar e esperar até compreendermos a nova circunstância. Para mim, essa é uma parte muito significativa da inteligência. Portanto, prefiro dar a esse sistema um nome mais positivo: o sistema automático de pausa para verificação.

Mas agora pense em como alguém pode ter um sistema de pausa para verificação mais ativo. Imagine Rob e Rebecca indo para a escola certa manhã. Rebecca vê a mesma sala de aula, a professora e as crianças do dia anterior. Ela sai correndo para brincar. Rob nota que a professora está de mau humor, que uma das crianças parece zangada e que há algumas mochilas em um canto que não estavam lá antes. Rob hesita e talvez resolva que há motivos para exercer a cautela. Assim a sensibilidade – o processamento sutil da informação sensorial – é mais uma vez a grande diferença. Repare como a psicologia descreveu os dois sistemas como tendo propósitos opostos e como isto se assemelha à oposição que descrevi no capítulo anterior entre a classe dos reis guerreiros e a dos conselheiros reais.

Essa explicação da sensibilidade com dois sistemas também sugere dois tipos diferentes de PAS. Algumas podem ter um sistema bem mediano de pausa para verificação de intensidade, mas contar com um sistema de ativação ainda mais fraco. Esse tipo de PAS pode ser muito calmo, silencioso e satisfeito com uma vida simples. É como se os conselheiros reais fossem monges que governam o país. Outro tipo de PAS pode ter um sistema de pausa para verificação ainda mais forte, mas um sistema de ativação também relevante – só que não tão forte. Esse tipo de PAS seria ao mesmo tempo muito curioso e muito cauteloso, ousado mas ansioso, facilmente entediado mas facilmente hiperexcitado. O nível ideal de excitação é uma faixa estreita. Pode-se dizer que há uma luta constante pelo poder entre o conselheiro e o guerreiro impulsivo, expansivo, no interior da pessoa.

Acho que Rob é desse tipo. Outras crianças, porém, são descritas como tão caladas e pouco curiosas que correm o risco de ser ignoradas e negligenciadas.[8]

De que tipo você é? O seu sistema de pausa para verificação/conselheiro governa sozinho, graças a um sistema ativador/rei guerreiro muito tranquilo? Ou seja, é fácil para você se contentar com uma vida tranquila? Ou os dois lados que o governam estão em conflito constante? Ou seja, você sempre quer tentar coisas novas, mesmo sabendo que depois disso ficará exausto?

Você é bem mais do que genes e sistemas

Não vamos esquecer que você é um ser complicado. Certos pesquisadores, como Mary Rothbart, da Universidade do Oregon,[9] são categóricos quanto ao fato de que temperamento é uma questão bem diferente quando se estudam humanos adultos, que podem raciocinar, fazer escolhas e exercer a força de vontade para seguir adiante com o que decidiram. Rothbart acredita que, se estudarem crianças e animais em demasia, os psicólogos irão negligenciar o papel do pensamento humano e da experiência de uma vida inteira.

Vamos rever o seu desenvolvimento e o de Rob sob a perspectiva de Rothbart e como ser sensível poderia ser diferente em cada etapa.

No nascimento, a única reação de um bebê é negativa – irritabilidade, desconforto. Bebês sensíveis, como você e Rob, diferiam principalmente por ser mais irritadiços e demonstrar mais desconforto – o que Kagan chamou de "altamente reativos".

Por volta dos 2 meses, o sistema de ativação comportamental torna-se funcional. A partir desse momento, você demonstrou interesse por coisas novas, caso elas atendessem às suas necessidades. Juntamente com isso, veio um novo sentimento – raiva e frustração quando você não obtinha o que queria. Assim, emoções positivas e a raiva tornaram-se possíveis, e a intensidade com que você as sentia dependia da força do seu sistema de ativação. Rob, com dois sistemas fortes, tornou-se um bebê irritadiço. Mas bebês sensíveis com um sistema de baixa ativação seriam plácidos e "bons" nessa idade.

Aos seis meses, seu sistema automático de pausa para verificação entrou em operação. Você passou a ter condições de comparar as experiências do presente com as do passado e, se as situações do momento fossem perturbadoras como aquelas vividas anteriormente, você sentiria medo. Porém, mais uma vez, você enxergou diferenças mais sutis em cada experiência. Para você, havia mais coisas desconhecidas e possivelmente assustadoras.

A partir desse ponto, aos 6 meses, todas as experiências se tornam muito importantes para as PAS. É possível ver como algumas experiências ruins na abordagem de coisas novas podem transformar o sistema de pausa para verificar em um sistema de pausa e não fazer nada, um verdadeiro sistema inibidor. A melhor maneira de evitar coisas ruins parece ser evitar tudo. E, claro, quanto mais o mundo for evitado, mais novo tudo parecerá. Imagine como o mundo deve ter parecido assustador para você.

Finalmente, por volta dos 10 meses, você começou a desenvolver a capacidade de desviar sua atenção, de decidir como vivenciar algo ou de interromper um comportamento. Somente nesse ponto você pôde começar a lidar com conflitos entre os dois sistemas. Um conflito que seria algo como: *Eu quero experimentar isso, mas parece tão esquisito.* (Aos 10 meses, podemos não usar essas exatas palavras, mas essa seria a ideia.) Mas, a partir desse momento, você pode fazer algumas escolhas e decidir qual a emoção a ser obedecida. Dava quase para ver Rob fazendo isso: *Tudo bem, não é familiar, mas vou em frente mesmo assim.*

Você provavelmente tinha métodos favoritos para cancelar o sistema de pausa para verificação se ele o deixasse lento por muito tempo ou com muita frequência. Uma forma seria imitando aqueles com sistemas mais fracos. Você simplesmente foi em frente e também conseguiu, como eles, alguns bons resultados, apesar da sua cautela. Outra forma pode ter sido a recategorização do estímulo para torná-lo familiar. O lobo rosnando no filme "é apenas um cachorro grande". Mas a maior ajuda provavelmente veio de outras pessoas que queriam que você se sentisse seguro e sem medo.

A ajuda social para lidar com os medos envolve ainda outro sistema que Rothbart acredita ser altamente desenvolvido em humanos adultos. Também aparece quando o bebê está com cerca de 10 meses. Com ele, a criança começa a se conectar com os outros, a apreciá-los. Se essas experiências sociais forem positivas e solidárias, desenvolve-se outro sistema fisiológico para o qual os humanos são biologicamente preparados – que poderia ser chamado de sistema amoroso. Ele cria endorfinas, os produtos neuroquímicos que dão uma "sensação boa".

Quanto dos seus medos você conseguia superar ao confiar nos outros para o ajudarem? Quem estava por perto que era digno da sua confiança? Você agiu como se *mamãe está aqui, então vou tentar*? Você aprendeu a imitar as palavras e os atos reconfortantes da sua mãe, aplicando-os a si mesmo? "Não tenha medo, vai ficar tudo bem." Eu vi Rob usando todos esses métodos.

Sugiro que agora você dedique um momento a pensar em si mesmo e na sua infância, e faremos mais disso nos próximos dois capítulos. Sei que você realmente não se lembra, mas, com base nos fatos de que dispõe, como foi *provavelmente* aquele primeiro ano? Como o seu pensamento e o seu autocontrole afetam sua sensibilidade agora? Há momentos em que você consegue controlar sua excitação? Quem lhe ensinou a fazer isso? Quais foram seus modelos? Você acha que foi ensinado a controlar demais sua cautela, a ponto de ousar fazer mais do que seu corpo pode suportar? Ou parece que a lição que você aprendeu foi a de que o mundo não é um lugar seguro e que a excitação excessiva é incontrolável?

Como a confiança se transforma em desconfiança e o desconhecido se torna perigoso

A maioria daqueles que pesquisam o temperamento estudou a excitação de curto prazo. Esse é um elemento fácil de estudar, pois seus sinais são bastante aparentes: níveis mais elevados de batimentos cardíacos, de respiração, de transpiração, de adrenalina, além da dilatação das pupilas.

Existe outro sistema de excitação, porém, mais regido por hormônios. Ele entra em ação com a mesma rapidez, mas o efeito de seu produto principal, o cortisol, é mais perceptível depois de 10 a 20 minutos. Um ponto importante é que, na presença do cortisol, a resposta de excitação de curto prazo é ainda mais provável. Ou seja, esse tipo de excitação de longo prazo nos torna ainda mais excitáveis, mais sensíveis do que antes.

A maior parte dos efeitos do cortisol ocorre ao longo de horas ou mesmo de dias. Eles são medidos principalmente no sangue, na saliva ou na urina, portanto, estudar a excitação de longo prazo é mais trabalhoso. Mas a psicóloga Megan Gunnar, da Universidade de Minnesota, investigou a hipótese de que a grande finalidade por trás do sistema de pausa para verificação poderia ser a de proteger o indivíduo desse tipo de excitação de longo prazo, desagradável e pouco saudável.

A pesquisa demonstra que, quando as pessoas se encontram pela primeira vez com algo novo e potencialmente ameaçador, a resposta de curto prazo sempre vem em primeiro lugar. Paralelamente, começamos a avaliar nossos recursos. Quais são nossas habilidades? O que aprendemos sobre esse tipo de situação com as experiências anteriores? Quem está por perto que pode ajudar? Se acharmos que nós – ou aqueles que estão conosco – conseguimos lidar com a situação, paramos de vê-la como uma ameaça. O alerta de curto prazo se esvai e o alarme de longo prazo nunca dispara.

Gunnar demonstrou esse processo em um experimento interessante.[10] Ela criou uma situação ameaçadora muito parecida com a que Kagan usa para identificar crianças "inibidas". Para começar, os bebês de 9 meses foram separados da mãe por meia hora. Metade ficou com uma babá muito atenciosa que reagia a todos os humores da criança. A outra metade ficou com uma babá desatenta que só reagia se a criança realmente se agitasse ou chorasse. Em seguida, cada bebê foi exposto a algo surpreendentemente novo enquanto estava sozinho com a babá.

O que é importantíssimo destacar aqui é que apenas os bebês altamente sensíveis com babás desatentas apresentaram mais cortisol na saliva. Era como se aqueles que estavam com a babá atenciosa sentissem que contavam com um recurso e não precisavam responder ao estresse de longo prazo.

Suponha que a cuidadora seja sua mãe.[11] Psicólogos que observam bebês com a mãe descobriram certos sinais que dizem se uma criança sente "um apego seguro". Uma criança segura se sente tranquila para explorar e as novas experiências geralmente não são encaradas como uma ameaça. Outros sinais indicam que a criança está "apegada de forma insegura". As mães são protetoras demais ou negligentes demais (ou até mesmo perigosas). (Voltaremos a falar mais sobre o "apego" nos Capítulos 3 e 4.) Uma pesquisa com crianças sensíveis que enfrentam uma situação nova e surpreendente na companhia da mãe descobriu que elas apresentam a forte reação habitual de curto prazo. Mas, se uma criança sensível tem um apego seguro à mãe, não há efeito de longo prazo do cortisol devido ao estresse. Sem apego seguro, entretanto, uma experiência que a surpreenda produzirá uma excitação de longo prazo.

É possível ver por que é importante que as jovens PAS (e as mais velhas também) fiquem pelo mundo experimentando coisas em vez de recuar. Mas seus sentimentos em relação aos cuidadores precisam ser seguros e suas experiências precisam ser bem-sucedidas, do contrário seus motivos para não se aproximar serão comprovados. E tudo isso começa antes mesmo de se aprender a falar!

Muitos pais inteligentes e sensíveis fornecem todas as experiências necessárias de um modo quase automático. Os pais de Rob elogiam constantemente seus sucessos e encorajam-no a testar seus medos para ver se são realistas, ao mesmo tempo que oferecem ajuda se ele precisar. Com o tempo, perceberá o mundo como menos assustador do que o seu sistema nervoso indicara durante aqueles anos iniciais de sua vida. Seus traços criativos e suas habilidades intuitivas, as vantagens de ser sensível, irão florescer. As áreas difíceis vão desaparecer.

Quando os pais não fazem nada de especial para ajudar uma criança sensível a se sentir segura, o fato de ela tornar-se realmente "inibida" provavelmente dependerá da força relativa dos sistemas de ativação e de pausa para verificação. Mas lembre-se de que alguns pais e ambientes podem piorar bastante a situação. Com certeza, experiências assustadoras repetidas irão fornecer um forte reforço à cautela, em especial aquelas situações em que o reconforto não funciona ou em que não há ajuda, ou aquelas em que a criança é punida por explorar ativamente, ou, ainda, aquelas nas quais quem deveria ajudar se torna perigoso.

Outro ponto importante é que quanto mais cortisol no corpo de um bebê, menos a criança vai dormir, e quanto menos sono, mais cortisol. Durante o dia, quanto mais cortisol, mais medo, e quanto mais medo, mais cortisol.[12] O sono ininterrupto durante a noite e cochilos bem programados também reduzem o cortisol nos bebês. E lembre-se: níveis de cortisol mais baixos significam menos alarmes de curto prazo. Foi fácil perceber que isso era um problema constante com Rob. Talvez também tenha sido com você.

Além disso, se os problemas de sono no início da infância não forem controlados, eles podem durar até a vida adulta[13] e tornar uma pessoa sensível quase insuportavelmente sensível. Por isso, vá dormir!

Nas profundezas

Há outro aspecto de sua característica que é mais difícil de captar em estudos ou em observações – exceto quando medos estranhos e pesadelos visitam a criança (ou adulto) sensível. Para entender esse aspecto muito real do traço, deixa-se o laboratório e entra-se no consultório, com a psicologia profunda.

Os psicólogos profundos dão grande ênfase ao inconsciente e às experiências nele embutidas, reprimidas ou simplesmente pré-verbais, que continuam a governar nossa vida adulta. Não surpreende que crianças altamente sensíveis, assim como adultos, tenham dificuldade para dormir e relatem sonhos mais vívidos, alarmantes e "arquetípicos".[14] Com a chegada da escuridão, sons e formas sutis começam a dominar a imaginação e as PAS os percebem mais. Há também as experiências novas vividas no dia – algumas apenas parcialmente percebidas, outras totalmente reprimidas. Todas elas rodopiam pela mente quando estamos na transição entre a vigília e o adormecer.

Adormecer, permanecer adormecido e voltar a dormir quando acordado requerem a capacidade de se acalmar, de se sentir seguro no mundo.

O único nome da psicologia profunda a escrever explicitamente sobre a sensibilidade foi um de seus fundadores, Carl Jung, e o que ele disse foi importante – e excepcionalmente positivo, para variar.

Há muito tempo, quando a psicoterapia começou com Sigmund Freud, havia polêmica sobre quanto do temperamento inato moldava a personalidade, incluindo os problemas emocionais. Antes de Freud, a instituição médica enfatizava as diferenças constitucionais hereditárias. Freud tentou provar que a "neurose" (sua especialidade) era provocada por traumas, em especial por experiências sexuais perturbadoras. Carl Jung, seguidor de Freud por muito tempo, separou-se dele por fim na questão da centralidade da sexualidade. Jung decidiu que a diferença fundamental era uma maior sensibilidade herdada. Ele acreditava que quando pacientes altamente sensíveis experimentavam um trauma, sexual ou não, eles eram afetados de uma forma incomum e desenvolviam uma neurose.[15] Observe que Jung dizia que pessoas sensíveis não traumatizadas na infância não eram intrinsecamente neuróticas. Lembremo-nos da descoberta de Gunnar de que a criança sensível com um apego seguro à mãe não se sente ameaçada por novas experiências. De fato, Jung tinha uma opinião muito elevada sobre as pessoas sensíveis – mas ele também era assim.

É um fato pouco conhecido que Jung tenha escrito sobre as PAS. (Eu não sabia disso quando comecei meu trabalho sobre o traço.) Por exemplo, ele disse que "certa sensibilidade inata[16] produz uma pré-história especial, uma maneira especial de experimentar eventos infantis" e que "eventos ligados a impressões poderosas podem nunca ser superados sem deixar rastros em pessoas sensíveis". Mais tarde, Jung começou a descrever os tipos introvertidos e intuitivos de maneiras semelhantes, mas ainda mais positivas. Ele disse que eles tinham que proteger mais a si mesmos – que é o que ele queria dizer com ser introvertido. Mas também disse que eram "educadores e promotores da cultura (...)[17] suas vidas ensinam outra possibilidade: a vida interior que tanto faz falta em nossa civilização".

Essas pessoas, disse Jung, são naturalmente mais influenciadas pelo inconsciente, o que lhes dá informações da "mais alta importância", uma "previsão profética".[18] Para Jung, o inconsciente contém uma sabedoria importante a ser aprendida. Uma vida vivida em profunda comunicação com o inconsciente é muito mais consequente e pessoalmente satisfatória.

Mas essa vida também é potencialmente mais difícil, em especial se na infância houve muitas experiências perturbadoras sem um apego seguro.

Como você viu na pesquisa de Gunnar, e como verá no Capítulo 8, Jung estava absolutamente certo.

Existe mesmo e está tudo bem

Rob, Jerome Kagan, Megan Gunnar e Carl Jung devem tê-lo convencido de que sua característica é totalmente real. Você é diferente. No capítulo a seguir você considerará como talvez seja necessário viver de maneira diferente das outras pessoas se quiser estar em harmonia saudável com o seu corpo, tão diferente e altamente sensível.

A esta altura, pode ser também que você esteja vendo uma imagem um tanto sombria – de medo, timidez, inibição e hiperexcitação angustiada. Somente Jung falou das vantagens do traço, mas mesmo assim era em termos da nossa conexão com as profundezas e com as trevas da psique. Mas lembre-se de que esse tipo de negatividade é, mais uma vez, em grande parte um sinal do preconceito da nossa cultura. Ao preferir a dureza, a cultura vê nosso traço como algo com o qual é difícil conviver, algo a ser curado. Não se esqueça de que as PAS diferem principalmente em seu processamento sensível de estímulos sutis. É a sua qualidade mais básica. Essa é uma maneira positiva e precisa de compreender sua característica.

TRABALHE COM O QUE APRENDEU
Sua reação mais profunda

Isso é algo que você deve fazer exatamente agora, assim que terminar a leitura deste capítulo. Seu intelecto captou algumas ideias, mas suas emoções podem estar tendo algumas reações mais profundas ao que você leu.

Para alcançar essas reações, você precisa alcançar as partes mais profundas do seu corpo, de suas emoções, do tipo de consciência mais fundamental e instintiva que Jung chamou de inconsciente. É aí que residem suas partes ignoradas ou esquecidas, áreas que podem ser ameaçadas, aliviadas, excitadas ou entristecidas pelo que você está aprendendo.

Leia tudo que está aqui, depois prossiga. Comece respirando de modo muito consciente a partir do centro do corpo, pelo abdômen. Certifique-se de que está usando o diafragma – no início, solte o ar pela boca com bastante força, como se estivesse enchendo um balão. Sua barriga irá se contrair. Depois, ao inalar, o ar penetrará de forma muito automática até a sua barriga. Sua inspiração deve ser automática e fácil. Apenas a sua expiração deve ser feita de forma mais prolongada. Assim que você estiver confortável respirando pelo centro, pela barriga, e não na parte superior do tórax, a exalação também se tornará menos forçada, sem que você precise soprar.

Assim que se acomodar, você precisa criar um espaço seguro na sua imaginação onde tudo é bem-vindo, sem restrições. Convide qualquer sentimento a entrar na consciência ali. Pode ser uma sensação corporal – uma dor nas costas, uma tensão na garganta, um desconforto na barriga. Deixe a sensação crescer e lhe dizer o que há para ser mostrado. Você talvez veja uma imagem fugaz. Ou talvez ouça uma voz. Ou observe uma emoção. Ou se depare com uma sequência – uma sensação física pode se tornar uma imagem. Pode também ocorrer de uma voz expressar uma emoção que você começa a sentir.

Observe tudo que puder nesse estado de tranquilidade. Se os sentimentos precisam ser expressos – se você precisa rir, chorar ou ficar com raiva –, tente se permitir fazer isso um pouco.

Em seguida, ao emergir desse estado, pense no que aconteceu. Observe o que despertou seus sentimentos – o que foi que você leu, o que você pensou ou lembrou enquanto lia. Como seus sentimentos estavam relacionados ao fato de você ser sensível?

Depois coloque em palavras algo que você aprendeu – pense sobre isso por si mesmo, conte a outra pessoa ou escreva. Na verdade, será muito útil manter um diário de seus sentimentos enquanto você lê este livro.

CAPÍTULO 3

SAÚDE E ESTILO DE VIDA PARA PAS

Ame seu bebê/corpo e aprenda com ele

Neste capítulo você vai aprender a apreciar as necessidades do seu corpo altamente sensível. Como isso costuma ser surpreendentemente difícil para as PAS, aprendi a abordar o tema por meio de uma metáfora – tratando o corpo como se ele fosse um bebê. É uma metáfora tão boa, como você vai ver, que talvez nem seja uma metáfora.

Com seis semanas: como pode ter sido

Uma tempestade se aproxima.[1] O céu adquire tons metálicos. A marcha das nuvens pelo firmamento se desmancha. Pedaços de céu voam em diferentes direções. O vento ganha força, no silêncio (...). O mundo está se desintegrando. Algo está prestes a acontecer. A inquietação aumenta. Ela se espalha a partir do centro e se transforma em dor.

Essa seria a descrição de um momento de fome crescente vivenciado por um hipotético bebê de seis semanas chamado Joey, imaginado pelo psicólogo do desenvolvimento Daniel Stern em seu encantador livro *Diary of a Baby* (Diário de um bebê). O diário de Joey se baseia em uma enorme quantidade de pesquisas recentes sobre a infância. Por exemplo, hoje em dia pensa-se que os bebês não conseguem separar a estimulação interna da externa nem distinguir os diferentes sentidos, nem diferenciar o momento presente da recordação de uma experiência que acabou de acontecer. Tampouco têm a sensação de si mesmos como aquele que está vivenciando tudo, aquele a quem tudo está acontecendo.

Diante de tudo isso, Stern descobriu que os fenômenos climáticos oferecem uma boa analogia para a experiência de um bebê. As coisas apenas acontecem, variando principalmente em intensidade. A intensidade é tudo que perturba, criando uma tempestade de hiperexcitação. Tomem nota, PAS: a hiperexcitação é a primeira e mais básica experiência angustiante da vida; nossas primeiras lições começam no nascimento.

Eis como Stern imagina os sentimentos de Joey depois de ter sido alimentado e haver aplacado a fome:

> Tudo está refeito.[2] Um mundo transformado desperta. A tempestade passou. Os ventos se acalmaram. O céu está suavizado. Linhas corridas e volumes fluidos aparecem. Eles traçam uma harmonia e, como uma luz cambiante, fazem tudo ganhar vida.

Stern considera que os bebês têm tanta necessidade de um nível moderado de excitação quanto os adultos:

> O sistema nervoso de um bebê[3] está preparado para avaliar imediatamente a intensidade de (...) qualquer coisa acessível a um de seus sentidos. O nível de intensidade que ele sente é provavelmente a primeira pista de que ele dispõe para dizer se deve se aproximar ou se manter afastado (...) se algo for moderadamente intenso (...) ele fica fascinado. Essa intensidade apenas tolerável o provoca (...), aumenta sua animação, ativa todo o seu ser.

Em outras palavras, não é divertido ficar entediado. Por outro lado, o eu infantil/corporal nasce com o instinto de ficar longe de tudo que é muito intenso, para evitar o estado de superexcitação. Para alguns, no entanto, as coisas são mais complicadas.

Seis semanas e altamente sensível

Vou fazer agora minha própria experiência com esse novo gênero literário de diário infantil, a partir da experiência de um bebê imaginário e altamente sensível, Jesse.

> O vento tem soprado incessantemente, ora agitando-se em uivos, ora transformando-se em um gemido nervoso e exaustivo. Por uma eternidade aparente, as nuvens giram em padrões aleatórios de luz ofuscante e escuridão sinistra. Neste momento, um crepúsculo ameaçador desaba e, por um instante, o vento parece diminuir a luz.
> Mas a escuridão é desorientadora em si mesma e o vento uivante começa a mudar de direção, indeciso, como aconteceria na região dos tornados. Na verdade, a partir desse caos crescente, as viradas tomam forma, ganhando energia umas com as outras, até que uma fúria ciclônica emerge. Um furacão infernal está acontecendo na mais profunda noite.
> Há algum lugar ou hora em que esse horror cessa, mas não há como encontrar tal refúgio, pois esse clima não tem um lado de cima ou de baixo, não tem leste ou oeste – apenas dá voltas e mais voltas em direção ao centro assustador.

Imaginei que o que acabei de descrever aconteceu depois que Jesse foi com a mãe e duas irmãs mais velhas ao shopping, andando na cadeirinha do carro, depois no carrinho e depois de volta para casa na cadeirinha do carro. Era um sábado e o shopping estava lotado. No caminho de volta, suas irmãs tiveram uma briga sobre a estação de rádio a ser ouvida, cada uma delas aumentando o volume. O trânsito era considerável, com o carro andando e parando muitas vezes. Voltaram para casa tarde, muito depois da hora da soneca normal de Jesse. Quando lhe foi oferecida a chance de mamar, ele apenas chorou e se agitou, sobrecarregado demais para cuidar de sua vaga sensação de fome. A mãe, então, tentou colocá-lo para dormir. Foi quando o furacão finalmente chegou.

Não devemos esquecer que Jesse também estava com fome. A fome é mais um estímulo, vindo de dentro. Além de excitá-lo ainda mais, ela produz uma diminuição das substâncias bioquímicas necessárias para o funcionamento normal e mais calmo do sistema nervoso. Minha pesquisa indica que a fome tem um efeito especialmente forte nas PAS. Uma delas me disse: "Às vezes, quando estou cansado, é como se eu voltasse para aquela idade em que praticamente consigo me ouvir dizendo '*Preciso* tomar meu leite com biscoitos *agora mesmo*.'" No entanto, quando estamos hiperexcitados, podemos deixar de perceber a própria fome. Cuidar bem de um corpo altamente sensível é como cuidar de um bebê.

Por que um bebê/corpo?

Pense no que o bebê e o corpo têm em comum. Em primeiro lugar, os dois ficam maravilhosamente satisfeitos e cooperativos quando não estão excessivamente estimulados, exauridos e famintos. Em segundo lugar, quando os bebês e os corpos sensíveis ficam realmente exaustos, os dois têm grandes dificuldades para corrigir sozinhos a situação. Quando bebê, você dependia de um cuidador para estabelecer limites e satisfazer suas necessidades simples e básicas; hoje em dia, seu corpo depende de você.

Nenhum dos dois consegue usar palavras para explicar suas dificuldades. Só podem emitir sinais cada vez mais gritantes pedindo ajuda ou então desenvolvendo um sintoma tão sério que não pode ser ignorado. O cuidador sábio tem consciência de que muito desgosto é evitado quando se atende ao bebê/corpo diante do primeiro sinal de sofrimento.

Por fim, como notamos no capítulo anterior, estão errados os cuidadores que pensam que os recém-nascidos (ou os corpos) podem ficar mimados por receberem atenção e que então devem "chorar sozinhos". A pesquisa demonstra que, se há uma pronta resposta ao choro de um bebê pequeno (exceto naquelas ocasiões em que atendê-lo apenas aumenta a hiperexcitação), aquele bebê passará a chorar menos, e não mais,[4] quando ficar mais velho.

O bebê/corpo é um especialista em sensibilidade. É sensível desde o dia em que nasceu. Ele sabe o que era mais difícil naqueles tempos e o que é difícil agora. Sabe o que lhe faltava, o que você aprendeu com os pais e com outros cuidadores sobre o modo de tratá-lo, o que ele precisa agora e como você pode cuidar dele no futuro. Partindo dessa compreensão, lançamos mão de um antigo ditado: "Um bom começo é meio caminho andado."

Você e seu cuidador

A metade dos bebês, ou um pouco mais, é criada por pais adequados e se torna o que chamamos de crianças "com apego seguro".[5] O termo vem da biologia. Todos os primatas recém-nascidos ficam pendurados na mãe e a maioria das mães quer que os bebês se segurem com firmeza.

À medida que os bebês vão crescendo, quando se sentem seguros eles podem começar a explorar e a experimentar as coisas com independência. A mãe ficará feliz – atenta e pronta, para o caso de haver algum problema. Se nada acontecer, ela ficará contente por ver que seu filhote está crescendo. Mas continuará a existir uma espécie de vínculo invisível. No momento de perigo, os corpos voltarão a se unir, a se apegar. Seguros.

De vez em quando, por variados motivos que costumam ter relação com o modo como os pais foram criados, um cuidador primário pode emitir duas mensagens que criam um apego inseguro. Uma delas é que o mundo é tão terrível que é preciso se prender com muita, muita força. A criança quase não ousa explorar o mundo. Talvez o cuidador não quisesse que ela se aventurasse nessas explorações ou talvez abandonasse a criança se esta não se agarrasse a ele. Dizem que esses bebês são ansiosos, ou preocupados, com o vínculo com o cuidador.

A outra mensagem que um bebê pode receber é a de que seu cuidador é perigoso e deve ser evitado, ou que dá mais valor a quem dá menos problema e é mais independente. Talvez o cuidador esteja estressado demais para cuidar de uma criança. E há aqueles que às vezes, com raiva ou desespero, querem mesmo que o bebê desapareça ou morra. Nesse caso, é melhor que o bebê não tenha qualquer apego. Esses bebês são chamados de evitativos. Quando separados da mãe e do pai, aparentam ficar bastante indiferentes. (Às vezes, claro, uma criança tem um apego seguro com um dos pais mas não com o outro.)

Desde as nossas primeiras experiências de apego, tendemos a desenvolver uma representação mental bastante duradoura do que esperar de alguém que nos é próximo ou de quem dependemos. Embora possa parecer que isso conduz à rigidez e a oportunidades perdidas, foi importante para a sua sobrevivência corresponder aos desejos de seu cuidador em relação ao vínculo desenvolvido com você. Mesmo quando deixa de ser uma questão de sobrevivência, essa programação permanece lá e é bem conservadora. Manter-se fiel ao plano que funciona – ser seguro, ansioso ou evitativo – cria proteção contra erros perigosos.

O apego e o corpo altamente sensível

Você se lembra das crianças altamente sensíveis que não apresentavam excitação de longo prazo em situações pouco familiares, que vimos no capítulo anterior? Eram aquelas com cuidadores ou mães solícitos com quem mantinham relacionamentos seguros. Isso sugere que vocês, PAS criadas com o sentimento de apego seguro, sabiam que contavam com bons recursos e conseguiam lidar bastante bem com o excesso de estímulos. Acabaram aprendendo a fazer por si mesmos aquilo que os bons cuidadores faziam.

Nesse ínterim, seu corpo estava aprendendo a não reagir a cada experiência nova como se fosse uma ameaça. E, na ausência de reação, o corpo não experimentava a excitação perturbadora, de longo prazo. Você descobriu que o corpo era um amigo confiável. Ao mesmo tempo, aprendia que dispunha de um corpo especial, um sistema nervoso sensível. Mas conseguia lidar com as coisas descobrindo quando se esforçar um pouco mais, quando ir mais devagar, quando recuar inteiramente, quando descansar e tentar depois.

Como o restante da população, porém, mais ou menos a metade de vocês teve pais que não eram exatamente ideais. É doloroso pensar no assunto, mas vamos tratar dessa questão devagar, voltando a ela várias vezes. Mas você precisa enfrentar o que perdeu. Um responsável inadequado causou mais impacto em você por sua sensibilidade. Você precisava de compreensão, e não de problemas especiais.

Aqueles que tiveram uma infância insegura também precisam enfrentá-la para se tornarem mais pacientes consigo. Mais importante, você precisa saber o que faltou para se tornar um tipo de pai diferente para seu bebê/corpo. É provável que não esteja se cuidando muito bem – talvez esteja negligenciando seu corpo ou sendo superprotetor e exigente. É quase certo que isso aconteça porque você trata seu corpo como seu primeiro cuidador não tão maravilhoso o fazia (inclusive tendo reações opostas exageradas a essa experiência).

Assim, vamos ver exatamente como é um bom cuidador e um não tão bom para um bebê/corpo. Começamos com o cuidado do recém-nascido – ou com seu corpo naqueles momentos da sua vida em que ele parece tão minúsculo e impotente quanto o de um recém-nascido. Uma boa descrição do que é necessário vem da psicóloga Ruthellen Josselson:

> Envoltos nos braços[6] temos uma barreira entre nós e qualquer coisa que seja dolorosa ou opressiva no mundo. Nos braços de alguém, temos mais uma camada de proteção contra o mundo. Sentimos essa barreira mesmo sem saber com clareza o que vem de dentro e o que vem de fora.
>
> Uma mãe suficientemente boa, na função protetora, administra as coisas de um modo que faça com que seu bebê não seja excessivamente estimulado. Ela sente a quantidade de estimulação que é bem-vinda e que pode ser tolerada. Em um ambiente de acolhimento adequado, o bebê está livre para desenvolver um estado de ser; ele nem sempre tem que reagir. No estado ideal de acolhimento, o eu pode começar a existir livre da invasão externa.

Quando esse acolhimento não é adequado, quando o bebê/corpo é invadido ou negligenciado – ou pior, sofre abusos –, o estímulo é intenso demais para ele. Seu único recurso é deixar de ser consciente e presente, desenvolvendo em consequência um hábito de "dissociação" como estratégia de defesa. O excesso de estímulo nessa idade também interrompe o autodesenvolvimento. Toda a energia precisa ser direcionada para evitar a intrusão do mundo. O mundo inteiro é perigoso.

Vamos considerar agora uma idade um pouco mais avançada, quando você estaria pronto para explorar o mundo se estivesse seguro para isso. Esse momento equivaleria às ocasiões nos dias de hoje em que seu corpo está pronto para se expor ao mundo, caso isto lhe pareça seguro. Nessa etapa, um cuidador superprotetor provavelmente se transforma em um problema maior, para um bebê/corpo sensível, do que um negligente. Na primeira infância ou quando nos sentimos muito frágeis, as intrusões contínuas e as verificações no bebê/corpo são fontes de estímulos excessivos e de preocupações. Nessa fase, a superproteção ansiosa inibe a exploração e a independência. Um bebê/corpo constantemente vigiado não consegue funcionar com liberdade e confiança.

Por exemplo, passar um tempinho sentindo fome, chorando, com frio ou irritado ajuda um bebê/corpo a saber quais são suas necessidades. Se o cuidador alimenta o bebê/corpo antes que ele sinta fome, ele perde o contato com seus instintos. E o bebê/corpo impedido de explorar não se acostuma com o mundo. O cuidador/você reforça a impressão de que o mundo é ameaçador e de que o bebê/corpo não consegue sobreviver lá fora. Não há oportunidade de evitar, administrar ou suportar a hiperexcitação. Tudo permanece pouco familiar e hiperexcitante. Aplicando os termos vistos no capítulo anterior, o bebê/corpo não tem um número suficiente de experiências com abordagem bem-sucedida para calibrar seu forte sistema herdado de pausa para verificação, que pode assumir o controle e se tornar demasiadamente inibidor.

Se esse é o seu estilo com o seu bebê/corpo, talvez você queira meditar sobre a origem disso. Talvez você tivesse um cuidador carente, superprotetor, que queria uma criança muito dependente e que nunca fosse capaz de partir. Ou talvez a própria noção de força e de valor do cuidador fosse baseada em ser mais forte e, por isso, necessário. Se seu cuidador tivesse vários filhos, ser o mais sensível o tornava ideal para esses propósitos. Repare que é provável que tenha havido muitas ocasiões em que esse cuidador não estava disponível – não importa o que você tenha escutado, um cuidador assim estava preocupado com as próprias necessidades, e não com as suas.

O que tudo isso quer dizer é que o modo como cuidaram de você quando pequeno moldou em grande medida o modo como você cuida hoje de seu bebê/corpo. A atitude demonstrada em relação à sua sensibilidade moldou a sua atitude. Pense nisso. Quem mais poderia ter lhe ensinado uma lição tão profunda? Seus cuidados com você e suas atitudes em relação ao seu corpo afetam diretamente sua saúde, sua felicidade, sua longevidade e suas contribuições para o mundo. Assim, a menos que esta parte do capítulo seja perturbadora para você, pare e dedique algum tempo a pensar no primeiro cuidador de seu bebê/corpo e nas similaridades entre aquele estilo de cuidar e a forma com que você se cuida.

Caso se sinta angustiado, faça uma pausa. Se achar que talvez precise de apoio emocional profissional (ou talvez não profissional) e de companhia enquanto examina seu apego inseguro e os efeitos que perduram, procure essa ajuda.

Exposto demais, resguardado demais

Assim como existem dois tipos de cuidador problemático – o que protege de menos e o que protege de mais –, existem, de modo geral, dois erros que as PAS cometem no cuidado com o corpo. Você pode *se esforçar* demais – estimular-se excessivamente com muito trabalho, correndo riscos ou se expondo mais do que o necessário. Ou talvez você *se preserve* demais – em um exercício de superproteção, quando, na verdade, você deseja sair pelo mundo como os outros.

O PRIMEIRO CUIDADOR DE SEU BEBÊ/CORPO E QUEM CUIDA DELE AGORA

A partir do que você sabe sobre seus dois primeiros anos de vida, faça uma espécie de lista com o tipo de palavra ou de expressão que seus pais usariam para descrevê-lo como bebê. Ou pode perguntar a eles. Alguns exemplos:

Uma alegria. Irritadiço. Difícil. Tranquilo. Nunca dormia. Doente. Zangado. Cansava fácil. Sorria muito. Difícil de alimentar. Lindo. Não lembro nada da sua primeira infância. Caminhou cedo. Teve uma série de cuidadores na maior parte do tempo. Raramente ficava com babás ou em uma creche. Medroso. Tímido. Mais feliz quando estava sozinho. Sempre interessado em alguma coisa.

Preste atenção naquela expressão que quase se tornou o seu "nome do meio" – aquela que colocariam como seu epitáfio, se tivessem a chance. (O meu era "Ela nunca deu trabalho para ninguém".) Preste atenção nas frases que despertam emoções, confusão ou

> conflitos interiores; ou naquelas que parecem ser excessivamente enfáticas, tanto que, pensando bem, podem indicar que a verdade fosse justamente o oposto delas. Um exemplo seria uma criança asmática sendo descrita como alguém que "nunca deu trabalho".
> Em seguida pense nos paralelos entre o modo como as pessoas que cuidavam de você encaravam seu bebê/corpo e como você faz isso agora. Quais as descrições delas que lhe parecem realmente verdadeiras? Quais eram na verdade as preocupações e os conflitos delas dos quais você poderia se desvencilhar? Por exemplo, "adoentado". Você ainda se sente adoentado? Você era e é mais adoentado do que os outros? (Se for, aprenda os detalhes das suas doenças de infância – seu corpo se recorda e merece sua compaixão.)
> Ou que tal pensarmos em "andou cedo"? As realizações e a superação de marcos eram a forma de obter atenção na sua família? Se seu corpo ficar aquém do que se espera dele, você ainda consegue amá-lo?

Quando digo "demais", estou me referindo a mais do que você gostaria na verdade, mais do que parece bom, mais do que o seu corpo consegue suportar. Não ligue para o que os outros lhe disseram que é "demais". Alguns de vocês são pessoas que, pelo menos durante um período da vida, se sentiram mais à vontade para fora ou para dentro quase todo o tempo. A medida é aquela que lhe parecer boa. Aqui estou me referindo àquelas situações em que você percebe que está exagerando para um lado ou para outro e que gostaria de mudar mas não consegue.

Além disso, não tento sugerir que aqueles com apego ansioso, com cuidadores superprotetores ou inconsistentes, sejam sempre superprotetores com o seu bebê/corpo. Ou que aqueles com cuidadores negligentes ou abusivos sempre negligenciem ou abusem do seu bebê/corpo. Não é tão simples assim. Em primeiro lugar, nossa mente funciona de tal modo que podemos facilmente ter uma reação exagerada ou compensar e fazer o oposto. Ou, o que é mais provável, alternaremos entre os dois extremos ou os aplicaremos em diferentes áreas da vida (por exemplo, trabalhar em excesso, superprotegendo os relacionamentos íntimos; negligenciar a saúde mental mas exagerar nas preocupações com a saúde física). Por fim, é possível que você tenha superado tudo isso e esteja tratando direito do seu corpo.

Por outro lado, você que teve um apego seguro talvez esteja se perguntando por que enfrenta esses mesmos dois extremos. Mas nossas circunstâncias, culturas, microculturas ou nossa cultura profissional, nossos amigos ou nossas características específicas também podem nos levar a exageros.

Não tem certeza do seu modo de agir? Examine o quadro que apresento um pouco mais adiante sob o título: "Você se expõe demais? Se resguarda demais?"

O problema de se resguardar demais

Algumas PAS, talvez todas nós em determinadas ocasiões, ficam fora do jogo por pensar que não existe um modo de uma PAS mostrar a cara no mundo e sobreviver. Sentem-se diferentes demais, vulneráveis demais e talvez defeituosas demais.

Concordo plenamente que talvez não seja possível se envolver no mundo do mesmo jeito que as pessoas não sensíveis e mais audaciosas com quem você está se comparando. Mas existem muitas PAS que encontraram um caminho para ter sucesso nos próprios termos, no mundo, fazendo algo útil e prazeroso, com bastante tempo para ficar em casa e também ter uma vida interior rica e tranquila.

VOCÊ SE EXPÕE DEMAIS? SE RESGUARDA DEMAIS?

Para cada afirmação, dê 3 para o que for *muito verdadeiro*, 2 para *um tanto verdadeiro* ou *igualmente verdadeiro e falso* dependendo da situação, ou 1 para o que *raramente é verdadeiro*.

____ 1. Costumo experimentar os efeitos imediatos da hiperexcitação, do excesso de estímulos ou do estresse – coisas como rubores, coração em disparada, respiração mais rápida e superficial, nó no estômago, suor ou tremor nas mãos ou uma sensação repentina de estar à beira das lágrimas ou em pânico.

_____ 2. Incomodam-me os efeitos de longo prazo da excitação – uma sensação de inquietude ou ansiedade, problemas de digestão ou de perda do apetite, dificuldade para dormir ou para me manter adormecido.

_____ 3. Tento enfrentar as situações que me deixam hiperexcitado.

_____ 4. Durante a semana, fico mais em casa do que fora. (Pense nisso com bastante cuidado, levando em conta apenas as horas disponíveis e excluindo o sono e algumas horas para se vestir, despir, tomar banho, etc.)

_____ 5. Durante a semana, passo mais tempo sozinho do que com os outros. (Calcule o tempo utilizando as instruções acima.)

_____ 6. Eu me forço a fazer as coisas que me assustam.

_____ 7. Saio mesmo quando não tenho vontade.

_____ 8. Dizem que eu trabalho demais.

_____ 9. Quando percebo que exagerei do ponto de vista físico, mental ou emocional, paro imediatamente, descanso e faço o que sei que preciso fazer por mim mesmo.

_____ 10. Acrescento coisas a meu corpo – café, álcool, medicamentos e afins – para me manter no nível correto de excitação.

_____ 11. Fico sonolento em um teatro escurecido e/ou uma palestra, a menos que esteja bem interessado.

_____ 12. Desperto no meio da noite ou no comecinho da manhã e não consigo voltar a dormir.

_____ 13. Não reservo tempo para comer bem nem para me exercitar com regularidade.

Some suas respostas a todos os itens, *excluindo* 4, 5 e 9. Depois some 4, 5 e 9 e subtraia esse resultado do primeiro. A pontuação mais alta possível para um "exposto" seria 27. Para o mais "resguardado", seria 1. Uma pontuação moderada seria 14. Se você marcou 10 pontos ou menos, reflita sobre o que eu tenho a dizer em *O problema de se resguardar demais*. Se marcou mais de 20, melhor analisar mais detidamente o que escrevi na seção seguinte, *Sobre se expor demais ao mundo*.

Talvez seja útil você examinar o seu comportamento a partir da perspectiva do seu bebê/corpo. Se ele quer experimentar coisas novas mas sente medo, você precisa ajudá-lo, e não reforçar seu medo. Caso contrário, você está passando a mensagem de que está tudo errado com seus desejos, que ele não é capaz de sobreviver lá fora. É uma mensagem paralisante para dar a uma criança. Você terá vontade de pensar muito em quem transmitiu a você esse sentimento na infância e por que o fez em vez de ajudá-lo a se arriscar e a aprender as coisas do seu jeito.

Ao dar novos cuidados ao seu corpo, o primeiro ponto a perceber é que quanto mais você evita os estímulos, mais excitante se torna a estimulação remanescente. Um professor de meditação me contou certa vez a história de um homem que não queria ter qualquer relação com as tensões do mundo. Por isso ele se recolheu a uma caverna para meditar dia e noite pelo resto da vida. Mas, pouco depois, ele voltou a sair, perturbado com o barulho do gotejamento da água na caverna. A moral é que, pelo menos em certa medida, as tensões sempre estarão presentes, pois carregamos nossa sensibilidade conosco. O que precisamos é de conviver de forma diferente com nossas fontes de estresse.

Em segundo lugar, geralmente quanto mais o corpo age – olhando pela janela, jogando boliche, viajando, falando em público –, menos difícil e excitante isso se torna. Isso se chama *habituação*. Sendo uma habilidade, é possível aprimorá-la. Por exemplo, viajar sozinha em um país estrangeiro pode parecer absolutamente avassalador para uma PAS. E talvez você sempre vá preferir evitar alguns aspectos da questão. Mas quanto mais o fizer, mais fácil se tornará e mais você entenderá o que você gosta e não gosta.

A melhor forma de passar a tolerar o mundo e de apreciar o envolvimento com ele é estar no mundo.

Com certeza, não falo por falar. Passei metade da minha vida evitando o mundo, até que fui de certo modo obrigada a mudar, por conta de poderosos eventos interiores. Desde então tive que enfrentar alguns medos, a hiperexcitação e o desconforto quase diariamente. É muito sério e nada divertido. Mas pode ser feito. E é maravilhoso estar por aí, ter sucesso e dizer para todo mundo: "Olhem para mim! Eu também *consigo*!"

Sobre se expor demais ao mundo

Se a raiz do comportamento excessivamente retraído está na crença de que o bebê/corpo é defeituoso, a raiz do comportamento excessivamente exposto também é negativa. Ela sugere que o seu amor pela criança é tão pouco que você está disposto a negligenciá-la e a maltratá-la. De onde você tirou *essa* atitude?

Ela não veio necessariamente dos seus pais. Nossa cultura cultiva uma ideia de competição na busca da excelência que faz com que qualquer pessoa que não almeje o topo se sinta um espectador improdutivo e sem valor. Isso não se aplica apenas à carreira, mas até mesmo ao lazer. Você está em boa forma, está progredindo no seu passatempo, é competente como cozinheiro ou jardineiro? E a vida familiar? Existe intimidade suficiente no seu casamento, sua vida sexual é ótima, você fez tudo que podia para criar bons filhos?

O bebê/corpo se rebela sob tanta pressão, dando sinais de sofrimento. Em resposta, encontramos formas de endurecê-lo ou de medicá-lo para que se cale. Assim aparecem os sintomas crônicos relacionados ao estresse, como os problemas digestivos, a tensão muscular, a fadiga constante, insônia, enxaquecas ou um sistema imunológico deficiente que nos torna mais suscetíveis às gripes e aos resfriados.

Interromper os maus-tratos exige primeiro que se admita que eles existem. Também é útil descobrir que parte de você é responsável pelos abusos. A parte que acreditou no modelo de perfeição da sociedade? A parte que precisa superar um irmão ou uma irmã? Aquela que precisa demonstrar que você não é defeituoso ou "sensível demais"? Aquela que quer conquistar o amor dos pais – ou ao menos garantir que eles olhem para você ao menos de vez em quando? Aquela que precisa demonstrar que você é tão talentoso quanto eles acham? Ou que o mundo não pode sobreviver sem você? Ou que você consegue controlar tudo e é perfeito e imortal? Costuma haver alguma arrogância por aí, mesmo quando se trata da arrogância de outras pessoas em relação a você.

Existe outro motivo para que as PAS forcem demais o corpo: a sua intuição, que promove um fluxo constante de ideias criativas. Elas querem expressar todas.

E adivinhe! Você não consegue. Vai precisar selecionar e escolher. Tentar fazer tudo é mais uma demonstração de arrogância e de cruéis maus-tratos ao seu corpo.

Sonhei com isso uma vez – com criaturas sem cabeça, luminosas, incontroláveis, que queriam me pegar. Foi um sonho que pela manhã me trouxe a lembrança de *Aprendiz de feiticeiro*, desenho animado da Disney. Mickey Mouse interpreta o aprendiz e usa feitiçaria para dar vida a uma vassoura que se encarregue da tarefa que seu mestre quer que ele execute – encher uma cisterna. Não é apenas uma questão de preguiça – Mickey é também arrogante demais para fazer algo tão inferior, trabalhando lentamente dentro dos limites do seu corpo. Mas Mickey começou algo que ele não consegue parar. Quando o aposento está sendo inundado e a vassoura não quer parar, Mickey a faz em pedaços e logo centenas de vassouras sem cabeça surgem carregando baldes de água, afogando Mickey em suas ideias brilhantes.

É a vingança animada que você pode esperar do seu corpo quando o trata como uma vassoura inerte, e tudo em nome de um número excessivo de ideias brilhantes.

A escolha de Mickey como o aprendiz foi boa. Ele é em geral bem representativo do sujeito mediano na nossa cultura: animado, cheio de energia. Essa energia tem seu lado bom. Ela promove a crença de que os indivíduos, assim como um povo, podem fazer qualquer coisa desde que trabalhem o bastante ou que sejam suficientemente astutos. Qualquer um pode virar presidente ou se tornar rico e famoso. Mas a "sombra" ou um lado perigoso dessa virtude (todas as virtudes têm sombras) é que ela transforma a vida em uma competição desumana.

O ato do equilibrismo

Quanto você se expõe ao mundo ou quanto você se resguarda é uma questão a ser respondida individualmente e que mudará com o tempo. Percebo também que, para a maioria das pessoas, a falta de tempo e de dinheiro torna muito difícil o ato do equilibrismo. Somos obrigadas a tomar decisões e a estabelecer prioridades, mas, sendo muito conscienciosas, as PAS com frequência se colocam no fim da lista. Ou, pelo menos, não nos damos mais tempo de folga ou oportunidade para aprender novas habilidades do que outras pessoas. Na verdade, porém, precisamos de mais.

Se você se resguarda excessivamente, existem claras evidências de que você e sua sensibilidade sutil são necessários ao mundo. Se você se expõe demais, as evidências são igualmente claras de que você terá um desempenho melhor em qualquer atribuição se obtiver descanso e recreação adequados.

Eis o sábio conselho de uma PAS que entrevistei:

> Você precisa aprender tudo sobre essa tal sensibilidade. Ela será um obstáculo ou uma desculpa apenas se você permitir. No meu caso, quando me recolho demais, sinto vontade de ficar em casa pelo resto da vida. Mas isso é autodestrutivo. Então saio para encontrar o resto do mundo e depois volto para absorver tudo. Pessoas criativas precisam de tempo sozinhas. Mas não podem ficar assim por muito tempo. Quando você se recolhe, perde o senso da realidade, a adaptabilidade.
>
> Envelhecer também pode fazer com que se perca o contato com a realidade, pois vai se perdendo a flexibilidade. É preciso ficar mais tempo no mundo quando a idade avança. Mas com a idade ganhamos também sabedoria. As características básicas se tornam mais fortes especialmente quando você se desenvolve por inteiro e não apenas a sua sensibilidade.
>
> Fique em sintonia com o corpo. Essa sensibilidade ao corpo é um grande dom do qual você pode lançar mão. Ela pode guiá-lo, e abrir-se para ela a tornará melhor. Claro, pessoas sensíveis querem *trancar* as portas para o mundo e para o corpo. Tornam-se medrosas. Não se pode fazer isso. Expressar-se é o melhor caminho.

Repouso

Os bebês precisam de muito repouso, não é? O mesmo acontece com corpos altamente sensíveis. Precisamos de todos os tipos de repouso.

Primeiro, precisamos de sono. Se você tem problema para dormir, transforme isso na sua prioridade absoluta. As pesquisas sobre insônia crônica revelam que, quando as pessoas têm condições de dormir tanto quanto precisam, elas levam cerca de duas semanas para deixar de demonstrar sinais de privação do sono (como adormecer com uma rapidez anormal ou em qualquer ambiente escuro).[7] Se você apresenta sinais de "débito de sono", precisa planejar férias periódicas que lhe permitam não fazer nada além de dormir quanto quiser. Você irá se surpreender ao perceber quanto sono isso representa.

As PAS sofrem mais do que os outros quando trabalham no turno da noite ou em turnos variados e levam mais tempo para se recuperar do *jet lag*. Lamento muito, mas faz parte do pacote. Melhor não planejar viagens de poucos dias atravessando muitos fusos horários.

Se a insônia for um problema, há muitos conselhos disponíveis de outras fontes. Existem até centros de tratamento. Mas aqui vão alguns pontos que podem se aplicar às PAS em especial. Em primeiro lugar, respeite seus ritmos naturais e recolha-se assim que se sentir sonolento. Para uma pessoa matinal, isso quer dizer ir para a cama no início da noite. Para uma pessoa noturna, aquela com muita dificuldade de pegar no sono, é recomendável dormir até tarde sempre que possível.

Os especialistas tendem a aconselhar as pessoas a associar a cama apenas ao sono, levantando-se caso não consigam dormir. Verifico, porém, que as PAS às vezes têm um resultado melhor quando prometem a si mesmas ficar na cama durante 9 horas com os olhos fechados, sem se preocupar se estão realmente dormindo. Como 80% da estimulação sensorial vêm pelos olhos, o simples repouso das pálpebras pode ser uma pausa e tanto.

O problema de se manter na cama desperto, no entanto, é que algumas pessoas começam a se preocupar ou mesmo ficam hiperexcitadas com os pensamentos e a imaginação. Se isso acontecer, melhor procurar a leitura. Ou se levantar e pensar na questão que domina seus pensamentos, escrever suas ideias ou soluções e aí voltar para a cama. Os problemas do sono fazem parte daquelas categorias em que cada um de nós é singular e deve descobrir o que funciona para si.

Precisamos, no entanto, de outros tipos de repouso também. As PAS tendem a ser muito conscienciosas e perfeccionistas. Não conseguimos "nos divertir" até resolver todos os detalhes do trabalho. Os detalhes são como agulhinhas da excitação que ficam nos espetando. Mas isso pode dificultar o relaxamento e a diversão. O bebê/corpo quer brincar e a brincadeira cria endorfinas e todas as outras boas mudanças que desfazem o estresse. Se você está deprimido, emotivo demais de outros modos, sem dormir ou demonstrando outros sinais de estar em desequilíbrio, obrigue-se a planejar mais divertimento.

Mas o que é diversão? Tenha cuidado para não permitir que as pessoas não altamente sensíveis do seu mundo definam o que é diversão para você. Para muitas PAS, diversão é a leitura de um bom livro ou trabalhar um pouco no jardim, no seu próprio ritmo, ou desfrutar de uma refeição em casa, preparada e consumida lentamente. Em particular, enfileirar uma série de atividades antes do meio-dia talvez esteja longe do que você entende como diversão. Ou talvez isso sirva pela manhã mas não funcione à tarde. Por isso, sempre planeje um jeito de escapulir. Se estiver com alguém, não deixe de avisá-lo de antemão para que não se sinta insultado nem magoado se você cair fora.

Finalmente, quando planejar férias, pense no custo em termos de passagens aéreas ou depósitos, caso decida voltar para casa mais cedo ou resolva interromper os deslocamentos e permanecer em um só lugar. Prepare-se também mentalmente com antecedência para essas despesas.

Além do sono e da recreação, as PAS também precisam de muito tempo de inatividade, apenas para relaxar e pensar no dia. Às vezes conseguimos fazer isso enquanto executamos nossas tarefas diárias – dirigir, lavar pratos, cuidar do jardim. Mas, se você encontrou um modo de eliminar algumas dessas tarefas, ainda precisa desse tempo de inatividade. Desfrute-o.

Outra forma de descansar, talvez ainda mais essencial, é a "transcendência"– elevar-se acima de tudo, em geral por meio da meditação, da contemplação ou da oração. Pelo menos uma parte de seu tempo de transcendência deve ser dedicado à liberação de todos os pensamentos habituais, ao mergulho na pura consciência, no puro ser, na pura unidade ou na integração com Deus. Mesmo que sua transcendência não chegue a tanto, ao voltar você terá uma perspectiva mais ampla e renovada da vida.

O sono também o tira da estreiteza da mente, é claro, mas o cérebro entra em um estado diferente ao dormir. De fato, existe um estado diferente para cada tipo de atividade – sono, brincadeira, meditação, oração, ioga –, então é bom fazer uma mistura. Mas inclua alguma meditação com o objetivo de experimentar a consciência pura, sem atividade física nem concentração ou esforço. Esse estado é, sem dúvida, aquele que fornece o repouso mais profundo enquanto a mente permanece alerta. As pesquisas sobre meditação transcendental, um dos caminhos que levam a esse estado, constataram de forma consistente que os praticantes demonstram sofrer menos com a excitação perturbadora de longo prazo que descrevemos no capítulo anterior. (O cortisol diminui no sangue dos praticantes de meditação.)[8] É como se a meditação lhes proporcionasse um pouco da segurança e do fortalecimento interior de que tanto precisamos.

Naturalmente, você também desejará dar atenção à alimentação e à prática de exercícios. Mas essa é uma questão muito individual e existem muitos livros que podem ajudá-lo com o tema. Descubra quais são os alimentos que tendem a acalmar o corpo ou que reduzem a excitação, ajudando-o a dormir. E tome vitaminas e minerais necessários – o magnésio, por exemplo –, que afetam o estresse e a hiperexcitação.

Se você está acostumado com a cafeína, é provável que ela não lhe provoque nenhum efeito, a menos que você tome mais do que o habitual. Para as PAS, porém, ela é uma droga poderosa.[9] Tenha cuidado se a consumir apenas de vez em quando, achando que pode ajudar a melhorar seu desempenho como acontece com os outros à sua volta. Por exemplo, se você é uma pessoa matinal sem o hábito de consumir cafeína e resolve tomar uma quantidade generosa em uma certa manhã, antes de uma prova ou de uma entrevista importante, ela pode fazer com que seu desempenho piore ao deixá-lo hiperexcitado.

Estratégias para a hiperexcitação

Um bom cuidador desenvolve muitas estratégias para tranquilizar seu bebê. Algumas são mais psicológicas; outras, mais físicas. Cada uma dessas abordagens modifica a outra. Escolha de acordo com a sua intuição. Qualquer abordagem adotada exige ação – levantar-se, procurar o bebê, fazer algo.

Por exemplo, você entra na Pennsylvania Station, em Nova York, se sente sufocado e começa a ter medo. Do ponto de vista físico ou psicológico, você precisa fazer algo para impedir que o bebê/corpo fique perturbado. Nesse caso, seria uma boa ideia trabalhar com o medo e com a perturbação em uma abordagem psicológica. Não se trata de um inferno ruidoso recheado de desconhecidos perigosos. É apenas uma versão maior de muitas estações de trem em que você já esteve, transbordando de gente normal que tenta chegar ao seu destino, com muitos indivíduos dispostos a ajudá-lo se você pedir.

Eis alguns outros métodos psicológicos úteis para lidar com a hiperexcitação:

- Ressignifique a situação.
- Repita uma frase, uma oração ou um mantra que, pela prática diária, você passou a associar a uma profunda paz interior.
- Testemunhe a sua hiperexcitação.
- Ame a situação.
- Ame a sua hiperexcitação.

Ao *ressignificar*, repare no que é familiar e amigável, aquilo com que você já lidou antes com sucesso e que se assemelha à situação que você está vivendo. Ao *repetir um mantra ou uma oração*, se a sua mente voltar correndo para aquilo que causa a hiperexcitação, é importante não se desencorajar, não parar. Você ainda vai ficar mais calmo do que ficaria sem a repetição.

Ao *testemunhar* a sua hiperexcitação, imagine que está fora da cena, observando-se, talvez conversando sobre você com um personagem imaginário reconfortante. "Veja Ann, outra vez tão sobrecarregada que está quase em frangalhos. Sinto muito por ela. Quando está assim, claro, ela não consegue ver nada além do que está acontecendo. Amanhã, quando estiver descansada, voltará a ficar toda empolgada com o trabalho. Ela só precisa de algum descanso, independentemente do que parece que precisa ser feito. Assim que descansar, tudo vai funcionar muito bem."

Amar a situação pode parecer algo bem raso, mas é importante. Uma mente amorosa e expansiva, uma mente aberta para o universo inteiro, é o oposto de uma mente comprimida e hiperexcitada. E, se não consegue amar a situação, é importantíssimo e ainda mais essencial que você *se ame no estado* de não ser capaz de amar a situação.

Por fim, não se esqueça do poder da música para modificar seu estado de espírito. (Por que acha que os exércitos contam com bandas e com corneteiros?) Tenha consciência, porém, de que a maioria das PAS é fortemente afetada pela música e, por isso, é essencial escolher a trilha certa. Quando já está excitado, você não irá desejar se provocar com obras muito carregadas de emoção ou com algo associado a lembranças importantes (a música que a maioria das pessoas não consegue deixar de ouvir quando subexcitada). Violinos soluçantes não são indicados para essas ocasiões. E, claro, como qualquer música aumenta a estimulação, use-a quando ela parecer acalmá-lo. O objetivo é distraí-lo. Às vezes você precisa de distração. Em outros momentos, precisa prestar atenção cuidadosa.

Como estamos lidando com o corpo, pode ser uma ideia igualmente boa experimentar uma abordagem física.

Aqui está uma lista de estratégias puramente físicas:

- Saia da situação!
- Feche os olhos para bloquear uma parte do estímulo.
- Faça intervalos frequentes.
- Procure o ar livre.
- Use a água para eliminar o estresse.
- Dê uma caminhada.
- Acalme sua respiração.
- Ajuste a postura para ficar mais descontraído e confiante.
- Mexa-se!
- Dê um sorriso suave.

É assombroso como costumamos nos esquecer de tomar uma iniciativa e simplesmente sair da situação. Ou de fazer uma pausa. Ou de levar a situação para o ar livre – seja uma tarefa, uma discussão, uma briga. Muitas PAS consideram a natureza altamente reconfortante.

A água ajuda de muitas formas. Quando hiperexcitado, consuma com frequência – um copo grande uma vez por hora. Caminhe junto da água, olhe-a, ouça-a. Entre nela, se puder, para banhar-se ou nadar. Existem bons motivos para a popularidade das banheiras de hidromassagem e das fontes térmicas.

Caminhar é também um desses confortos básicos. O ritmo familiar é tranquilizante. Assim como o ritmo da respiração lenta, especialmente a abdominal. Solte o ar lentamente com algum esforço extra, como se estivesse soprando uma vela. Sua inspiração virá automaticamente do abdômen. Ou apenas preste atenção na respiração – essa velha amiga o acalmará.

A mente costuma imitar o corpo. Por exemplo, talvez você perceba que anda caminhando com uma ligeira inclinação para a frente, como se estivesse correndo em direção ao futuro; equilibre-se no centro. Ou seus ombros podem estar curvados, a cabeça baixa, como se carregasse um fardo; endireite-se, largue o fardo.

Enterrar a cabeça entre os ombros erguidos pode ser sua posição preferida tanto ao dormir quanto ao acordar, uma tentativa inconsciente de autoproteção contra os golpes da estimulação e as ondas de hiperexcitação. Desenrole-se. Quando estiver de pé, erga a cabeça, jogue os ombros para trás, centralize a parte superior do corpo sobre os pés para distribuir o peso, equilibrando-se sem esforço. Sinta a solidez do solo sob seus pés. Dobre os joelhos ligeiramente e respire fundo, usando o abdômen. Sinta a força do centro do seu corpo.

Tente criar os movimentos bem como a postura de alguém calmo, no comando. Recoste-se, relaxe. Ou levante-se e movimente-se em direção ao que o atrai. Alinhe o "sistema de abordagem". Ou mexa-se como alguém que está zangado, cheio de desdém. Sacuda o punho. Faça uma cara feia. Junte suas coisas e prepare-se para sair. Sua mente imitará o seu corpo.

É crucial que você assuma o controle e se movimente do modo como deseja se sentir. PAS hiperexcitadas tendem a substituir a estratégia do "congelar" por uma reação do tipo "lutar ou fugir". Uma postura relaxada, com movimentos livres, pode interromper aquela tensão anestesiante. Ou pare de se mexer, caso esteja se comportando de modo frenético e nervoso.

Devo sorrir? Talvez seja um sorriso apenas para si mesmo; não importa o motivo do sorriso, desde que você sorria.

Abrigos na sua vida

Outra forma de compreender todos esses conselhos é lembrar como começamos este capítulo, com a apreciação da primeira e mais básica das necessidades do seu bebê/corpo, que é ser abraçado e protegido dos excessos de estímulos. Com essa base sólida você consegue sair e explorar, sentindo-se tranquilo em relação ao porto seguro encontrado nos braços do seu cuidador.

Se parar para pensar, verá que a sua vida está cheia de abrigos seguros. Alguns são concretos – sua casa, seu carro, seu escritório, o bairro, uma cabana, um vale ou o pico de uma montanha, uma floresta ou uma pequena praia, certa roupa ou determinados lugares públicos muito queridos, como uma igreja ou uma biblioteca.

Alguns dos abrigos mais importantes são fornecidos pelas pessoas preciosas da sua vida: cônjuge, pais, filhos, irmão ou irmã, avós, amigo próximo, guia espiritual ou terapeuta. Depois há outros abrigos menos tangíveis: seu trabalho, as lembranças dos bons tempos, algumas pessoas com quem não é mais possível conviver mas que vivem em sua memória, suas mais profundas crenças e filosofias de vida, mundos interiores de oração ou meditação.

Os abrigos físicos podem parecer os mais confiáveis e valiosos, especialmente para o seu eu bebê/corpo. Mas os intangíveis são os mais confiáveis. Existem inúmeros relatos de pessoas que mantiveram a sanidade ao recolherem-se em tais abrigos sob perigo ou estresse intenso. Não importava o que acontecesse, nada nem ninguém poderia privá-las de amor, fé, pensamento criativo, prática mental ou exercício espiritual. Parte do processo de amadurecimento e de encontro com a sabedoria é a capacidade de transferir cada vez mais o senso de segurança dos abrigos tangíveis para os intangíveis.

Talvez a maior maturidade possível seja a capacidade de conceber o universo inteiro como o nosso abrigo e o nosso corpo como um microcosmo desse universo, sem limitações. É mais ou menos uma forma de iluminação. Mas a maioria de nós precisará de abrigos mais concretos por algum tempo, mesmo quando estamos começando a aprender a recorrer a abrigos intangíveis em situações de aperto. Na verdade, enquanto habitamos nosso corpo, iluminados ou não, precisamos de alguma segurança tangível, ou pelo menos de uma sensação de algo familiar.

Acima de tudo, se perder um abrigo (ou pior, vários), considere que se sentirá especialmente vulnerável e sobrecarregado até conseguir se adaptar.

Limites

Os limites têm uma óbvia relação com os abrigos. Devem ser flexíveis, permitindo a entrada do que você deseja e mantendo de fora o que você não quer. Você não deseja barrar todo mundo, de forma indiscriminada. E quer evitar que qualquer desejo se misture com os outros. Seria bom, mas não funciona por muito tempo. Você perde toda a autonomia.

Muitas PAS me dizem que consideram um grande problema a falta de limites claros – envolver-se em situações que realmente não são da sua conta, se deixar afetar por gente demais, dizer mais do que queriam, se atolar em confusões que pertencem a outros, intimidade demais depressa demais ou com as pessoas erradas.

Existe uma regra essencial nesse caso: *os limites exigem prática!* Transforme em uma meta ter bons limites. São seu direito, sua responsabilidade, sua maior fonte de dignidade. Mas não se perturbe demais quando tropeçar. Repare apenas em como está melhorando.

Além de todas as outras razões para estabelecer bons limites, você pode empregá-los para barrar a estimulação quando ela já passou da conta. Conheci algumas PAS (uma delas, em particular, criada em um conjunto habitacional superpopuloso) que conseguem, quando desejam, barrar quase todos os estímulos de seus ambientes – uma grande habilidade. "Quando desejam" é, contudo, um detalhe importante. Estou falando de escolher barrar as vozes e os outros sons ao redor, ou pelo menos diminuir o impacto que exercem sobre você.

Quer praticar? Sente-se perto de um aparelho de rádio. Imagine que está criando uma espécie de barreira à sua volta que impede a passagem do que você não quer – talvez seja a luz, a energia ou a presença de um protetor de sua confiança. Então ligue o rádio, mas barre a mensagem transmitida. É provável que você ainda escute as palavras, mas recuse-se a permitir que elas entrem. Depois de algum tempo, desligue o rádio e pense no que experimentou. Conseguiu dar a si mesmo a permissão para ignorar as mensagens do rádio? Conseguiu sentir a presença daquela barreira demarcando o limite? Se não conseguiu, pratique de novo outro dia. Vai melhorar.

A mensagem do bebê/corpo

1. Por favor, não me faça ter que lidar com mais do que posso. Sinto-me indefeso quando você age assim, fico magoado. Por favor, por favor, proteja-me.
2. Nasci assim e não posso mudar. Sei que às vezes você acha que devo ter ficado assim por conta de algo terrível ou que pelo menos algo me "piorou", mas isso deveria fazê-lo sentir mais compaixão por mim. Pois, de um jeito ou de outro, não há nada que eu possa fazer. De um jeito ou de outro, *não me culpe por ser como eu sou.*
3. O que sou é algo maravilhoso – permito que você tenha sensações e sentimentos muito mais profundos. Sou realmente uma das melhores coisas em você.
4. Olhe como estou com frequência e cuide de mim na hora, se for possível. Então, se não puder, preciso ter certeza de que você está pelo menos tentando e de que não terei que esperar muito.
5. Se precisar me fazer esperar pelo repouso, por favor me pergunte com delicadeza se isso é possível. Fico mais infeliz e problemático quando você se zanga e tenta forçar a barra.
6. Não dê ouvidos a todos que dizem que você me mima. Você me conhece. Você decide. Sim, às vezes seria melhor que eu ficasse sozinho e chorasse até dormir. Mas confie na sua intuição. Às vezes você *sabe* que estou transtornado demais para ficar sozinho. Preciso de atenção e de uma rotina regular, mas não vou ficar mimado tão facilmente.
7. Quando estou exausto, preciso dormir. Mesmo se pareço estar totalmente desperto. Um horário regular e uma rotina tranquila antes do sono são importantes para mim. Caso contrário, ficarei acordado e agitado na cama durante horas. Preciso de um bocado de tempo na cama, mesmo desperto. Posso precisar de um tempo na cama no meio do dia também. Por favor, me permita isso.
8. Conheça-me melhor. Por exemplo, restaurantes barulhentos me parecem um absurdo – como alguém consegue comer neles? Tenho muitos sentimentos a respeito dessas coisas.
9. Escolha brinquedos simples e mantenha minha vida descomplicada. Não me leve a mais de uma festa por semana.

10. Sou capaz de me acostumar com qualquer coisa depois de certo tempo, mas *não consigo lidar bem com muitas mudanças repentinas*. Por favor, leve isso em conta mesmo que os outros ao seu redor consigam aceitar tudo muito bem e você não queira ser um chato. Deixe que *eu* siga devagar.
11. Mas não quero que você me paparique. Não quero que pense em mim como alguém enfermo ou fraco. Sou maravilhosamente esperto e forte, do meu jeito. Com certeza não quero que você fique me rondando, preocupado comigo o dia inteiro. Ou tendo que inventar um monte de desculpas por minha causa. Não quero ser visto como um estorvo para você nem para os outros. Acima de tudo, conto com você, o adulto, para entender como fazer tudo isso.
12. Por favor, não me ignore. Ame-me!
13. E goste de mim. Como eu sou.

TRABALHE COM O QUE APRENDEU
Recebendo os primeiros conselhos do seu eu bebê/corpo

Escolha um momento em que você não esteja com pressa e não vá ser interrompido, quando se sentir firme e com disposição para a exploração do seu eu interior. O que diremos a seguir pode despertar sentimentos intensos. Assim, se começar a se sentir sufocado, vá devagar ou simplesmente pare. O que vem a seguir também pode ser difícil apenas por conta das resistências que levam a mente a vagar e o corpo a se tornar desconfortável ou sonolento. Se acontecer, é natural e está tudo bem. Experimente um pouquinho em diversas ocasiões e aproveite o que quer que aconteça.

PARTE I
Leia todas as instruções primeiro para que, na medida do possível, você possa seguir sem voltar a consultá-las enquanto avança.

1. Encolha-se como um bebê, fique de bruços ou deitado de costas – encontre a posição que você acha que era a sua.
2. Procure deixar de pensar com a cabeça e passe a sentir emocionalmente com o corpo, como faz um bebê. Para ajudar nesse processo, respire com muita consciência durante três minutos inteiros, em uma respiração que parte do centro do corpo, do abdômen.
3. Depois da respiração, transforme-se no bebê que você era. Você acha que não consegue se lembrar, mas o seu corpo se lembrará. Comece com uma imagem das condições climáticas, como o exemplo no início deste capítulo. O tempo parece estar bom ou tempestuoso?

    Ou comece com sua mais antiga lembrança consciente, mesmo que ela seja de uma época um pouco posterior. Não há problema algum em ser um bebê com a compreensão de uma criança ligeiramente mais velha. Por exemplo: essa criança mais velha talvez esteja convicta de que é melhor não chorar para pedir ajuda, que o melhor é ficar sozinha.
4. Esteja muito ciente de que você é um bebê *altamente sensível*.
5. Esteja ciente daquilo que você mais necessita.

PARTE II

Agora ou mais tarde... Não se esqueça de ler todas as instruções primeiro para não precisar consultá-las com tanta frequência a ponto de isso se tornar uma dispersão.

1. Imagine um lindo bebê com cerca de 6 semanas. Minúsculo. Admire sua doçura, sua delicadeza. Repare que você faria qualquer coisa para protegê-lo.
2. Perceba agora que esse bebê maravilhoso é seu eu bebê/corpo. Mesmo se ele for parecido com algum outro que você viu recentemente, esse é o bebê da sua imaginação.
3. Observe enquanto você começa a choramingar e se agitar. Existe algum problema. Pergunte a esse bebê: "O que posso fazer por você?" E preste bastante atenção no que ele diz. É seu bebê/corpo que fala.

    Não se preocupe por estar "inventando tudo isso". Claro que está inventando, mas seu bebê/corpo estará participando dessa "invenção" em alguma medida.

4. Responda, comece um diálogo. Se pressentir dificuldades para atender às necessidades do bebê, fale no assunto. Se estiver arrependido por algum motivo, peça desculpas. Se ficar triste ou com raiva, isso também é algo importante de saber sobre seu relacionamento com o bebê.
5. Não hesite em fazer qualquer parte do exercício de novo ou de fazer diferente. Por exemplo, em uma próxima vez, apenas abra sua mente para o bebê/corpo com qualquer idade e em qualquer cenário que ele deseje aparecer.

CAPÍTULO 4

A INFÂNCIA E A ADOLESCÊNCIA RESSIGNIFICADAS

Aprenda a ser o seu próprio responsável

Neste capítulo vamos começar a repensar sua infância. Ao ler as experiências típicas de crianças sensíveis, suas próprias lembranças virão à tona. Mas você as verá com outros olhos, com a ajuda de seus novos conhecimentos sobre o seu traço.

Essas experiências têm importância. Como uma planta, o tipo de semente que encontra o solo – seu temperamento inato – é apenas parte da história. A qualidade do solo, a água e o sol também afetam profundamente a planta adulta que agora é você. Se as condições de cultivo são muito deficientes, mal aparecem as folhas, as flores e as sementes. Do mesmo modo, quando criança você não exporia sua sensibilidade se as condições para a sobrevivência exigissem um comportamento diferente.

Quando comecei a minha pesquisa, descobri "dois tipos" de PAS. Algumas relatavam dificuldades com a depressão e a ansiedade; outras falavam pouquíssimo desses sentimentos. A diferença entre os dois grupos era muito clara. Mais tarde descobri que quase todas as PAS depressivas e ansiosas haviam passado por uma infância turbulenta. As não-PAS com uma infância problemática não apresentam tanta depressão e ansiedade. Mas isso também não ocorre com PAS com uma infância saudável. Como já mencionei, é importante não confundir alta sensibilidade com "neuroticismo", o que inclui determinados tipos de alta ansiedade, depressão, hiperdependência ou evitação da intimidade, normalmente em decorrência de uma infância problemática. É fato que alguns de nós lidam com ambos na vida – alta sensibilidade *e* neuroticismo –, mas trata-se de coisas distintas.

A confusão entre sensibilidade e neuroticismo e os efeitos de traumas de infância está por trás de alguns dos estereótipos negativos das PAS (que dizem que somos, por natureza, ansiosas, depressivas e assim por diante). Então é melhor deixar tudo isso mais claro.

É fácil compreender por que uma infância problemática afeta mais as PAS do que as não-PAS.

PAS estão propensas a ver todos os detalhes, todas as implicações de uma experiência ameaçadora. Mas é fácil subestimar o impacto da infância, uma vez que tanta coisa importante ocorre antes de conseguirmos registrar. Além do mais, uma parte do que é relevante é simplesmente perturbadora demais e acaba sendo esquecida de forma deliberada. Se alguém que cuida de você se tornou raivoso ou perigoso, a sua mente consciente enterrou essa informação, pois ela é terrível demais para ser reconhecida; paralelamente, o seu inconsciente adotou uma atitude de profunda desconfiança em relação aos outros.

A boa notícia é que conseguimos trabalhar com todos os efeitos negativos. Já vi PAS que fizeram exatamente isso e se libertaram de boa parte da depressão e da ansiedade que sentiam. Mas leva tempo.

Mesmo que sua infância tenha sido maravilhosa, é provável que tenha sido difícil ser altamente sensível. Você se sentia diferente. E seus pais e professores não sabiam lidar com uma criança sensível, mesmo que fossem excelentes nos outros aspectos. Não existiam muitas informações sobre a característica e havia muita pressão para fazer você se tornar "normal", ideal.

Um último ponto para lembrar: a infância de meninos é bem diferente da infância de meninas. Neste capítulo, portanto, farei pausas frequentes para indicar como sua experiência pode ter variado de acordo com o seu gênero.

Marsha, uma menininha sábia e evitativa

Marsha, uma PAS na casa dos 60 anos, esteve em psicoterapia comigo por vários anos tentando compreender algumas de suas "compulsões". Aos 40 anos, ela se tornara poeta e fotógrafa; aos 60, havia conquistado considerável respeito.

Embora uma parte da sua história seja perturbadora, seus pais fizeram basicamente o melhor que puderam. E ela lidou bem com o passado e continua a aprender com ele, tanto interiormente quanto por meio de sua arte. Acho que, se você perguntasse hoje em dia se ela é feliz, ela diria que sim. Mas o que mais importa é o crescimento constante da sua sabedoria.

Marsha era a caçula de seis filhos de pais imigrantes, que lutavam para pagar as contas em uma cidadezinha no Meio-Oeste americano. As irmãs mais velhas de Marsha lembram-se de ver a mãe aos soluços diante da notícia de cada nova gravidez. As tias lembram que a mãe de Marsha, sua irmã, era profundamente depressiva. Mas Marsha não tem nenhuma lembrança da mãe curvada diante do peso da dor, da depressão, da fadiga ou da desesperança. Era uma impecável dona de casa alemã, devota frequentadora da igreja. Da mesma forma, o pai de Marsha "trabalhava, comia, dormia".

As crianças não sentiam falta de amor. Os pais simplesmente não dispunham de tempo, energia ou dinheiro para demonstrações de afeto, conversas, férias, ajuda com o dever de casa, pílulas de sabedoria ou presentes. A ninhada de seis pintos, como Marsha costumava descrever a si e aos irmãos, criou-se sozinha.

Dos três estilos de apego que você conheceu no capítulo anterior – seguro, ansioso e evitativo –, a primeira infância de Marsha exigiu que ela fosse evitativa. Tinha que ser uma criança que não precisava de ninguém, que dava o menor trabalho possível.

A pequena Marsha, PAS, na cama com as grandes feras

Durante os dois primeiros anos da vida de Marsha, a organização da casa na hora de dormir a levou para a mesma cama onde dormiam três irmãos mais velhos. Infelizmente, eles usavam a irmãzinha em experiências sexuais, como às vezes fazem as crianças sem supervisão. Depois de completar 2 anos, ela foi transferida para o quarto das irmãs. Tudo de que consegue se lembrar é que "enfim eu me sentia um pouco segura à noite". Mas permaneceu como alvo de assédio sexual ostensivo e cruel por parte de um dos irmãos mais velhos até os 12 anos.

Os pais de Marsha nunca repararam nisso e ela acreditava que, se denunciasse os irmãos, o pai os mataria. Matar era uma parte da vida. Parecia ser uma coisa possível de acontecer. Marsha lembra de ficar atordoada pelo modo corriqueiro como se cortava a cabeça das galinhas no quintal e da atitude casual e indiferente diante dessa necessidade da vida. Existe, portanto, um significado a mais quando ela descreve as crianças da família como uma ninhada de pintinhos.

Além dos tormentos sexuais, os irmãos adoravam provocar e assustar Marsha, como se ela fosse um brinquedinho deles. Mais de uma vez, fizeram com que ela desmaiasse de medo. (PAS servem de ótimos alvos porque temos reações bem intensas.) No entanto, nem tudo foi tão negativo. Como brinquedinho especial dos irmãos, ela era levada a toda parte e experimentava uma liberdade que era incomum para as meninas naquela época. Os irmãos, donos de uma independência rude que ela preferia à passividade da mãe e das irmãs, serviram-lhe de modelo – e, sob certos aspectos, essa foi uma experiência valiosa para uma menina sensível.

Marsha mantinha sua relação mais próxima com uma das irmãs mais velhas, mas essa irmã morreu quando Marsha tinha 13 anos. Ela se lembra de estar deitada na cama dos pais fitando o espaço, à espera de notícias da irmã. Disseram-lhe que, se os pais não telefonassem dentro de uma hora, isso queria dizer que a irmã havia morrido. Quando o relógio marcou a passagem do tempo, Marsha lembra-se de que pegou um livro e voltou a ler. Era mais uma lição para não criar vínculos.

Marsha como uma fadinha, Marsha no galinheiro

A primeira lembrança de Marsha é de estar nua, deitada à luz do sol, observando as partículas de poeira flutuando no ar, maravilhada por aquela beleza – uma lembrança de sua sensibilidade como fonte de alegria. Tem sido assim durante toda a sua vida, em especial agora, quando ela pode expressar o que sente por meio da sua arte.

Repare que não há ninguém nessa primeira lembrança. De forma semelhante, sua poesia e suas fotografias tendem a ser sobre coisas e não sobre gente. Com frequência surgem imagens de casas – com portas e janelas fechadas. O vazio assombroso do seu trabalho fala de experiências íntimas de todos nós, em especial daqueles que aprenderam bem cedo que deveriam evitar a proximidade.

Em uma foto, produzida durante a terapia, as galinhas estão em primeiro plano, em foco nítido. (Lembre-se do significado das aves para Marsha.) Mais desfocadas, as paredes aramadas e a moldura da porta de um galinheiro que lembra uma prisão. Mais desfocada ainda, na porta escurecida do galinheiro, encontra-se uma imagem fantasmagórica de um grupo de crianças esfarrapadas. Outra importante imagem da sua arte veio de um sonho sobre uma fadinha zangada e brilhante que morava em um jardim secreto e que não permitia que ninguém entrasse ali.

Marsha usou comida, álcool e diversas drogas de forma compulsiva – em quantidades que beiravam o excesso. Mas foi astuta demais para não passar do limite, pois tem um lado bem pragmático e um QI superior a 135. Em um sonho, empurrava o carrinho de um bebê esfomeado e entediado, atravessando um salão de banquetes cheio de comida, mas o bebê não queria nada daquilo. Descobrimos juntas que o bebê estava faminto de amor e atenção, de um modo desesperado e voraz. Como galinhas famintas, quando não conseguimos nos alimentar com o que precisamos, nós nos alimentamos do que encontramos.

PAS e apego

Nos capítulos anteriores descobrimos a importância do apego ao seu cuidador, que costuma ser a sua mãe. Um estilo de apego inseguro persistirá por toda a vida a menos que se desenvolva um vínculo extraordinariamente seguro com outra pessoa na idade adulta, como um parceiro ou durante um longo processo de psicoterapia. Infelizmente, os relacionamentos não terapêuticos às vezes não dão conta da tarefa de desfazer as inseguranças originadas na infância (a resistência à intimidade ou a compulsão por se fundir e o medo do abandono). O que também acontece é que, quando você parte para o mundo buscando inconscientemente essa segurança tão desejada sem uma grande experiência com o que busca, com frequência você repete os mesmos velhos erros, voltando a escolher muitas e muitas vezes o mesmo tipo familiar de pessoa que faz você se sentir inseguro.

Embora eu constate que existe uma ligeira tendência para que haja mais PAS do que não-PAS apresentando um dos estilos de apego inseguros na idade adulta, isso não significa que o traço seja responsável pela situação.[1]

É provável que isso reflita o modo como uma criança sensível está mais alerta em relação às deixas sutis em qualquer relacionamento.

Como PAS, algumas das lições mais importantes que você aprendeu sobre os outros foi escolher entre esperar ajuda para lidar com a hiperexcitação ou esperar por uma dose extra de hiperexcitação. Cada dia trazia uma lição.

No livro *Diary of a Baby* (descrito no Capítulo 2), Stern dá o exemplo de um "dueto de rostos" entre a mãe e Joey, o bebê imaginário. A mãe arrulha e aproxima o rosto, depois se afasta. Joey ri, dá gargalhadas e solicita mais brincadeira. Mas, depois de algum tempo, a brincadeira se torna intensa demais. Nesses momentos de hiperexcitação, o Joey imaginário de Stern interrompe o contato visual e olha em outra direção, para interromper o estímulo. Para descrever o dueto, Stern volta a usar a analogia do clima. A mãe é o vento que brinca com a criança. Assim, quando Joey fica sobrecarregado, Stern imagina o seguinte registro no diário:

> Mais uma de suas rajadas sopra em minha direção,[2] golpeando espaço e som. Ela chega em mim. Atinge-me. Tento resistir à sua força, mas ela me sacode. Estremeço. Meu corpo vacila. Hesito. Então me afasto. Dou as costas para o vento. E navego em águas tranquilas, completamente sozinho.

Tudo isso já deve ser familiar para você a esta altura – Joey está tentando permanecer naquele nível ideal de excitação que descrevi no Capítulo 1. Quem cuida de bebês em geral tem essa percepção. Quando um bebê está indócil e entediado, inventam-se jogos como o dueto de faces ou algo mais empolgante, como fazer caretas ou se aproximar devagar da criança dizendo "Vou te pegar". Os gritinhos de alegria são uma grande recompensa para o adulto. E talvez haja a impressão de que ser levada até o limite é bom para a confiança e para a flexibilidade da criança. Quando ela demonstra agitação, porém, a maioria dos adultos para.

Pense agora em Jesse, nosso bebê imaginário altamente sensível. O dueto de faces provavelmente não é muito diferente; talvez seja um pouco mais tranquilo e mais breve. A mãe de Jesse já deve ter adaptado suas brincadeiras de forma a manter o filho em sua zona de conforto.

Mas o que acontece naquelas ocasiões em que os outros põem as mãos em Jesse? Suponha que a irmã mais velha ou o vovô façam um dueto um pouco mais intenso. E se quando Jesse afastar o olhar, que é seu modo de descansar, a irmã se aproximar tanto a ponto de ficarem de novo cara a cara? Ou se ela segurar o rosto de Jesse para ele encará-la?

Talvez Jesse feche os olhos.

Talvez a irmã ponha a boca na orelha de Jesse e grite.

Talvez vovô pegue o menino, faça cócegas ou lance-o no ar algumas vezes.

Jesse perdeu todo o controle do seu nível de excitação. E cada uivo seu promove uma nova racionalização: "Ele adora, ele adora... só está com um pouquinho de medo."

Um ponto duvidoso – você "adora" mesmo?

Já se imaginou no lugar de Jesse? Que situação confusa. A fonte da excitação está totalmente fora do seu controle. A intuição lhe diz que o outro, que costuma ser tão prestativo, nesse momento não está disposto a ajudar em nada. Mas está rindo, se divertindo e esperando que você reaja da mesma forma.

Eis o motivo pelo qual, até agora, você pode ter dificuldade para saber do que gosta e do que não gosta; separar o que os outros gostam de fazer para você ou com você, ou pensam que você deveria gostar.

Lembro-me de ter observado, certa vez, dois sujeitos que levavam seus cachorrinhos para a arrebentação e os jogavam em águas profundas. Os filhotes nadavam em desespero até os braços dos donos, apesar de isso significar que o tratamento seria repetido. Aqueles braços não eram apenas a única alternativa ao afogamento, mas eram também os únicos que forneciam toda a segurança e a alimentação que os filhotes conheciam até então. Eles sacudiam o rabinho freneticamente e suponho que seus tutores acreditassem que os cachorrinhos queriam e adoravam "o jogo". Talvez até os filhotes não soubessem ao certo depois de algum tempo.

Há o caso da PAS cuja lembrança mais antiga era de ser passada de mão em mão em uma brincadeira durante uma reunião de família. Apesar de chorar e implorar para os pais, essa criança de 2 anos foi passada de mão em mão em um círculo, de um desconhecido para outro. Ao reviver os sentimentos por tanto tempo reprimidos que acompanhavam a memória, ela percebeu que a situação (assim como outras que ela havia provavelmente reprimido por completo) a deixou com uma sensação de terror impotente ao ser levantada, ao ser controlada fisicamente de qualquer forma, e também deixou a impressão de que os pais não a protegiam.

O resultado é que, naqueles primeiros anos, ou você aprendeu a confiar nos outros e no mundo exterior em geral ou não aprendeu. Se aprendeu, sua sensibilidade permaneceu, mas você raramente foi ameaçado pela perturbadora excitação de longo prazo. Você soube como lidar com ela; parecia que o controle estava nas suas mãos. Se pedisse aos outros que parassem de fazer alguma coisa, eles assim faziam. Você sabia que poderia confiar neles para ajudar, e não para sobrecarregá-lo. Por outro lado, a timidez crônica, a ansiedade e a evitação social podem ser deflagradas se suas primeiras experiências não construíram essa confiança. Ela não é inata, mas aprendida.

Esse efeito ou-isto-ou-aquilo não é rígido – é provável que você tenha aprendido a confiar em determinadas situações mais do que em outras. Mas também é verdade que nos dois primeiros anos a criança se adapta a uma estratégia geral ou a uma representação mental do mundo que pode ser bastante duradoura.[3]

PAS com uma infância boa

Existem, aliás, algumas razões para esperar que muitas PAS tenham tido uma infância particularmente boa. A psicóloga Gwynn Mettetal, da Universidade de Indiana, estuda como ajudar da melhor forma os pais de crianças "temperamentalmente em risco". Mettetal observa que a maioria dos pais se esforça para compreender os filhos e educá-los da melhor forma possível. Uma criança sensível, ao perceber essas boas intenções, pode ter uma sensação de ser amada[4] acima da média.

Pais de uma criança altamente sensível costumam desenvolver vínculos de grande intimidade com o filho. A comunicação é mais sutil e os triunfos no mundo, mais significativos. "Veja, mamãe... eu marquei um gol" assume um novo significado para pais e treinadores quando o jogador de futebol é uma PAS. E, como a característica é inata, há uma boa possibilidade de que um de seus pais (ou os dois) o compreenda muito bem.

Pesquisa da Escola de Medicina da Universidade da Califórnia, em São Francisco, concluiu que crianças "altamente sensíveis ao estresse" tinham mais lesões e mais doenças quando estavam sob estresse, mas na verdade tinham menos que a média quando não estavam sob estresse. Como o estresse sofre grande influência da segurança do apego e da vida familiar de uma criança, acredito que seja possível presumir que as altamente sensíveis que desfrutam de um estilo de apego seguro também dispõem de uma saúde extraordinária. Não é interessante?

Enfim, mesmo que seus pais praticassem uma negligência benigna, é possível que você tenha recebido amor suficiente e tenha tido o espaço necessário para se desenvolver bem por conta própria. Talvez figuras imaginárias, personagens de livros ou a própria natureza fornecessem a calma e o apoio de que você precisava. Seu traço de personalidade talvez o tenha tornado mais feliz do que as outras crianças nessa solidão. Ou sua intuição e suas múltiplas qualidades talvez o tenham levado a outros relacionamentos próximos, mais saudáveis, com um parente ou um professor. Até mesmo um tempo curto com a pessoa certa pode fazer toda a diferença.

Você também deve saber que, se sua família era extraordinariamente difícil, sua característica pode ter servido de proteção, impedindo-o de se envolver ou de se confundir tanto com o caos como poderia ocorrer com outra criança. E, quando você começa a sarar, sua intuição é também útil no processo. Aqueles que estudam o apego acham que na maioria das vezes infligimos às crianças a mesma experiência que tivemos, mas com certeza existem exceções: são os adultos que superaram suas piores feridas de infância. Se fizer esse esforço reconhecidamente doloroso, você também pode ser um deles. Vamos voltar a abordar esse assunto no Capítulo 8.

Novos medos soltos pelo mundo

Ao se aproximar da idade escolar, surgiram novas tarefas e novos modos com os quais sua sensibilidade poderia ajudá-lo ou atrapalhá-lo. Como Rob no Capítulo 2, a exposição ao vasto mundo lá fora teria estimulado ainda mais sua imaginação, produzido uma consciência mais acentuada de tudo que escapava aos outros e dado a você uma grande alegria e apreciação das pequenas belezas da vida. À medida que sua sensibilidade encontrava um mundo mais amplo, é provável que tenham surgido também medos e fobias novos e "irracionais".

Os medos podem aumentar nessa idade por inúmeras razões. Em primeiro lugar, existe o condicionamento simples: qualquer coisa que estava por perto quando você ficou agitado passa a estar associada à hiperexcitação, tornando-se assim algo a ser temido. Em segundo lugar, é possível que você tenha percebido quanto seria esperado de você e como suas hesitações seriam interpretadas. Em terceiro, sua "antena" de sensibilidade sintonizou-se em todos os sentimentos dos outros, mesmo naquelas emoções que queriam esconder de você ou de si mesmos. Como uma parte de tais sentimentos era assustadora (pois sua sobrevivência dependia dessas pessoas), você pode ter reprimido esse conhecimento – mas seu temor permaneceu e se expressou como mais um medo "irracional".

Por fim, ser sensível ao desconforto, à desaprovação ou à raiva dos outros provavelmente fez com que você seguisse todas as regras com a maior perfeição possível, com medo de cometer um erro. Ser tão bom assim o tempo todo, porém, significou ignorar muitos de seus sentimentos humanos normais – irritação, frustração, egoísmo, ira. Como estava tão ansioso por agradar, os outros podiam ignorar suas necessidades, quando, na verdade, as suas eram maiores do que as deles. Isso só alimentava a sua raiva. Mas esses sentimentos talvez fossem tão assustadores que você preferiu enterrá-los. O medo de que viessem à tona se tornaria mais uma fonte de temores e pesadelos "irracionais".[5]

Enfim, em muitos casos, começou a se esgotar a paciência que os pais demonstraram em relação à sensibilidade nos primeiros três anos. Tinham esperanças de que você ia crescer e superá-la. Mas quando chegou a hora de mandá-lo para a escola, eles sabiam que o mundo não o trataria com delicadeza. Podem ter começado a se culpar pelo excesso de proteção, dado início a uma campanha para obrigá-lo a se esforçar mais. Talvez tenham até procurado ajuda profissional, transmitindo uma mensagem ainda mais forte de que havia algo de errado com você. Tudo isso pode ter contribuído para aumentar sua ansiedade nessa faixa etária.

O problema com meninos sensíveis

Ao que parece, nasce um número equivalente de PAS do sexo masculino e do feminino.[6] Aí a cultura entra em cena. As culturas têm ideias bem determinadas sobre o modo como meninos e meninas devem se comportar.

A questão é tão importante para nós que quase chega a ser engraçada. Um colega me contou sobre o seguinte experimento informal de psicologia social. Um bebezinho era deixado em uma praça com um acompanhante que deveria responder, ao ser indagado, que tinham lhe pedido para ficar com a criança por alguns momentos e que não sabia se era menino ou menina. Todos que paravam para admirar o bebê ficavam bem perturbados por não serem capazes de dizer o gênero. Algumas pessoas chegaram a sugerir tirar a roupa da criança para descobrir. Outros estudos explicam por que o gênero importa tanto: existe a tendência a se tratar de forma bem diferente bebês meninos e meninas.[7]

É fascinante o modo amplo com que gênero é confundido com sensibilidade. Os homens não devem ser sensíveis, as mulheres devem. E tudo começa em casa. Pesquisas mostram que menininhos "tímidos" não são tão apreciados pela mãe, o que, de acordo com os estudiosos, "pode ser interpretado como uma consequência do sistema de valores da mãe".[8] Que forma de começar a vida! Meninos tímidos também despertam reações negativas nos outros, em especial quando também revelam um temperamento tranquilo em casa.

Meninas sensíveis – as companheiras especiais da mãe

Ao contrário dos meninos tímidos, as meninas vistas como tímidas se dão bem com a mãe.[9] São as boazinhas. O problema é que as sensíveis podem ser superprotegidas. Uma mãe pode considerar a menina sensível como a filha com quem sonhou, aquela que não vai, não deve e não pode sair de casa – o que sufoca seu desejo natural de explorar o mundo e superar os medos.

Meninas de todas as idades estão mais sujeitas aos efeitos negativos (inclusive isolamento do mundo) resultantes das atitudes negativas da mãe em relação a elas – crítica, rejeição, frieza.[10] Isso é provavelmente ainda mais verdadeiro para as sensíveis. Além do mais, os pais costumam se esquecer de ajudar as filhas a superar seus medos. Por fim, em geral as menininhas são mais afetadas pelos dois progenitores, para o bem ou para o mal.[11]

Depois de ler tudo isso, está na hora de pensar em como você precisa ser um tipo diferente de pai/mãe para si mesmo. Para começar, faça a autoavaliação no quadro apresentado mais adiante sob o título "Como você lida com a ameaça da hiperexcitação".

Como ser um tipo diferente de pai/mãe para você

Algumas situações são excessivamente estimulantes porque são intensas demais ou demoradas demais. A criança em você não consegue suportar fogos de artifício, não aguenta mais uma hora no parque de diversões. A leitura do capítulo anterior deve ter contribuído para que você levasse a sério o seu bebê/corpo quando ele já foi sobrecarregado. Por vezes ele está bem mas teme o que vai acontecer, teme a própria ideia dos fogos de artifício ou da roda-gigante. Quando novas situações produzem excesso de estímulo porque são desconhecidas, e quando coisas desconhecidas no passado tornam-se perturbadoras, acabamos rejeitando naturalmente tudo que é novo, sem experimentar. E podemos perder muito por causa disso.

Para estar disposto a experimentar as novidades, você precisa de muitas experiências com situações novas em que tudo foi bem. Para uma PAS, ir bem em novas circunstâncias nunca é algo automático. Pais que compreendem seus filhos altamente sensíveis desenvolvem uma estratégia "passo a passo". Depois os filhos acabam aprendendo a aplicá-la sozinhos. Se seus pais não lhe ensinaram passo a passo, está na hora de aprender essa abordagem para lidar com o desconhecido.

COMO VOCÊ LIDA COM A AMEAÇA DA HIPEREXCITAÇÃO

Não hesite em marcar diversas das afirmações abaixo mesmo se elas parecerem inconsistentes. Marque apenas os itens que se aplicam a você, independentemente da resposta anterior.

Quando estou com medo de experimentar algo novo ou quando estou prestes a ficar excessivamente estimulado ou excitado, normalmente:

____ Tento escapar da situação.
____ Procuro um modo de controlar a estimulação.
____ Espero ser capaz de enfrentar a situação de algum modo.
____ Sou tomado por uma sensação crescente de medo de que tudo possa dar errado dessa vez.
____ Procuro alguém em quem confio para que me ajude ou pelo menos penso nessa pessoa.
____ Afasto-me de todo mundo para que ninguém mais possa aumentar o problema.
____ Tento ficar com os outros – amigos, família, um grupo que conheço bem – ou ir para a igreja, assistir a uma aula, sair para algum lugar público.
____ Prometo me esforçar ainda mais para evitar a situação e tudo que se parece com ela, por mais que eu possa vir a perder.
____ Reclamo, fico zangado, faço o que for preciso para que parem de me perturbar.
____ Concentro-me em recuperar a calma e tentar fazer uma coisa de cada vez.

Seus próprios métodos: _____

Todos esses métodos são válidos – até o medo, que pode nos levar à ação. Mas alguns são obviamente mais adequados a determinadas situações, o que significa que a flexibilidade é a chave. Se você usa menos do que três estratégias, deve examinar a lista de novo e pensar em adotar mais delas.

Quem ensinou esses métodos para você? O que pode ter acontecido para impedir que você adotasse mais deles? Reconhecer as origens de suas formas de reação na infância pode ajudá-lo a ver o que ainda é útil e o que não é mais necessário.

Adaptei a seguir alguns conselhos em relação à "criança tímida"[12] do livro *Emotional Life of the Toddler* (A vida emocional da criança pequena), de Alicia Lieberman, a serem utilizados por adultos quando sentimos medo de enfrentar situações novas:

1. Assim como os pais não deixam uma criança sozinha em uma situação nova, não faça isso com você. Leve alguém para acompanhá-lo.
2. Assim como os pais começam conversando com a criança sobre a situação, converse com a sua parte que sente medo. Concentre-se no que é familiar e seguro.
3. Assim como os pais cumprem a promessa de deixar a criança sair da situação se ficar incomodada demais, permita a si mesmo voltar para casa se for preciso.
4. Assim como os pais confiam que a criança ficará bem depois de algum tempo, tenha a expectativa de que a sua parte que está com medo ficará bem depois de algum tempo necessário para se adaptar a todos os estímulos novos.
5. Assim como os pais têm o cuidado de não reagir ao medo da criança com mais preocupação do que é justificado pela situação, se a sua parte que tem medo pedir ajuda, reaja com a medida de ansiedade que a parte mais corajosa de você julga justificada.

Lembre-se também de que a hiperexcitação pode ser confundida com ansiedade. Seja um bom pai para si mesmo e diga: "Há muita coisa acontecendo aqui. Faz o coração bater de excitação, não é verdade?"

"Necessidades especiais" ou o risco do desânimo duradouro

Talvez a tarefa mais difícil seja decidir quanto se proteger, quanto se empurrar delicadamente. Esse é o problema enfrentado por todos os pais de crianças sensíveis. É provável que você saiba quanto se pressionar. Faz isso como faziam seus pais, professores e amigos. Poucas PAS escapam da pressão para ser um bom companheiro, alguém normal ou agradável para os outros, e, mesmo quando esses outros já não estão por perto, você continua tentando agradá-los. Imita a incapacidade deles de aceitar sua necessidade especial de proteção. Nos termos do capítulo anterior, você tende a "se expor" demais.

Ou então talvez você tenha imitado a superproteção, que pode ter sido simplesmente o fracasso dos seus cuidadores na infância em ajudá-lo quando você sentia ao mesmo tempo medo e muita vontade de experimentar algo à altura da sua capacidade. Nesse caso, talvez você ande "se resguardando" demais.

Como é desanimador observar seus amigos aproveitando algo que você sente muito medo de experimentar. Não subestime esse desânimo; ele pode continuar presente na idade adulta, enquanto você acompanha os amigos seguindo carreira, fazendo viagens, mudanças e assumindo relacionamentos que você temeria. No entanto, no fundo você também sabe que tem tanto talento, desejo e potencial quanto eles – ou até mais!

A inveja pode nos despertar para uma entre duas verdades: queremos algo e é melhor fazer alguma coisa nesse sentido enquanto é possível; ou queremos algo e simplesmente não é possível obtê-lo. Como você viu no Capítulo 2, na descrição de Rothbart de como nos desenvolvemos, os adultos humanos são capazes de dirigir atenção, usar a força de vontade e decidir superar o medo. Se você sente uma forte inveja e decide que quer fazer alguma coisa a respeito disso, é provável que consiga.

Outro ponto, que é uma parte importante do processo de amadurecimento, é não fingir mais que somos capazes de fazer absolutamente tudo. A vida é curta e cheia de limites e responsabilidades. Cada um de nós recebe uma porção do que é "bom" para desfrutar, do mesmo modo que contribuímos para o mundo com uma porção dessas coisas boas. Mas nenhum de nós pode ter tudo para si nem dar tudo para os outros.

Observei que nem todas as PAS sentem-se desanimadas por não conseguir fazer tudo que seus pares fazem. Sentem pouca inveja. Apreciam seu traço e sabem que ele fornece muitos elementos que faltam nos outros. Acredito que o desânimo, como a dificuldade de nos proteger, decorre de atitudes aprendidas na primeira infância.

Nunca é tarde demais para superar o desânimo

Embora seja sábio aceitar o que não podemos mudar, também é bom lembrar que ninguém é velho demais para substituir o desânimo por um pouco de confiança e de esperança.

Quando criança, eu tinha uma sensibilidade especial para as quedas, o que provocava uma espiral de hiperexcitação e uma perda de coordenação sempre que eu estava em locais altos ou que precisava confiar no meu equilíbrio. Assim, nunca insisti em aprender coisas como andar de bicicleta ou de patins – o que acredito que tenha deixado minha mãe aliviada. Por isso, sempre fui mais uma observadora invejosa do que uma participante de atividades físicas, mas houve algumas luminosas exceções, como aconteceu, por exemplo, no final de uma celebração do solstício de verão da qual participei em um rancho no sopé das Sierras, na Califórnia.

Havia no evento mulheres de todas as idades. Mas de noite, quando encontraram um balanço, elas se tornaram um grupo de menininhas. O balanço estava pendurado em uma longa corda e viajava sobre uma encosta. Ao anoitecer, era como se fosse um voo para as estrelas. Ou era o que diziam. Todas experimentaram, menos eu.

Quando as outras foram para dentro, eu fiquei ali, olhando para o balanço e sentindo a velha vergonha por ser uma grande medrosa, embora ninguém tivesse notado.

Aí apareceu uma mulher bem mais jovem do que eu e ela se ofereceu para me mostrar como usar o balanço. Eu recusei, disse que não queria, mas ela ignorou minhas palavras. Prometeu que nunca me empurraria com mais força do que eu autorizasse. E segurou o balanço.

Levou algum tempo. Mas de certo modo me senti segura em sua companhia e juntei coragem para me balançar rumo às estrelas, como as outras.

Nunca mais vi aquela jovem, mas sempre serei grata, não apenas pela experiência, mas também pelo respeito e pela compreensão que demonstrou ao me ensinar – com um leve empurrão por vez.

Seus anos na escola

As recordações de Marsha de seus anos escolares são típicas das PAS. Era excelente aluna e chegava a demonstrar liderança quando se tratava de planos e ideias. Também se entediava. Sua imaginação indócil a levava a ler livros durante as aulas. Mesmo assim, costumava ser "a mais inteligente".

Ao mesmo tempo que se entediava, o excesso de estímulos na escola sempre a incomodou. Marsha se lembra principalmente do barulho. Não a assustava, mas ele se tornava insuportável em especial quando a professora saía da sala. Também se sentia péssima com a bagunça na casa minúscula onde viviam oito pessoas. Com tempo bom, ela se escondia entre as árvores ou sob o alpendre e lia seus livros. Com tempo ruim, ela aprendeu a ignorar o resto do mundo enquanto lia.

Na escola, porém, o excesso de estímulo era mais difícil de ser evitado. Certo dia a professora leu em voz alta relatos das terríveis torturas sofridas por prisioneiros de guerra publicados nos jornais. Marsha desmaiou.

Ao entrar para a escola, como Marsha, você teve contato com um mundo mais amplo. O primeiro impacto talvez tenha sido a distância de casa. Mesmo que tenha se preparado para isso frequentando a pré-escola, seus sentidos nunca estariam prontos para o dia comprido, barulhento, de uma turma normal das primeiras séries. Na melhor das hipóteses, os professores mantinham uma gama de estímulos que funcionava para o nível ideal de excitação da média das crianças. Para você, era quase sempre excessivo.

Provavelmente, a princípio você lidou com a escola retraindo-se e apenas observando. Lembro-me bem do primeiro dia de aula do meu filho. Ele foi até o canto e ficou olhando, como se estivesse pasmo. Mas observar em silêncio não é "normal". A professora diz: "Os outros estão brincando... por que você não se junta a eles?" Em vez de desagradar a professora ou ser considerado esquisito, talvez você tenha superado a relutância. Ou talvez não tenha conseguido. Nesse caso, passou a receber mais e mais atenção – justamente aquilo de que não precisava.

Jens Asendorpf, do Instituto Max Planck de Psicologia,[13] em Munique, escreveu como é normal que algumas crianças prefiram brincar sozinhas. Em casa, os pais costumam sentir que isso não passa de uma característica do filho. Mas na escola as coisas são diferentes. No segundo ano, brincar sozinha faz com que a criança seja rejeitada pelas outras e se torne objeto de preocupação para as professoras.

Para alguns de vocês, toda essa hiperexcitação e a vergonha conduziram a um desempenho deficiente na sala de aula. A maioria, porém, como gostava da leitura e do estudo, era excelente nos trabalhos escolares. Foi o desenvolvimento de habilidades sociais ou físicas que foi prejudicado. Para lidar com isso, talvez você tenha encontrado um amigo com quem brincar. Ou talvez você tivesse a reputação de ser aquele que pensava nas melhores brincadeiras, que escrevia as melhores redações e fazia os melhores desenhos.

Na verdade, se você entrou na escola confiando em você e na sua característica, como aconteceu com Charles no Capítulo 1, pode ter se tornado um verdadeiro líder. Caso contrário, como disse um médico amigo meu, sensível: "Você conhece alguém realmente fantástico que tenha tido uma vida fácil na escola?"

Alunos, alunas

Na minha pesquisa, descobri que na idade escolar a maioria das PAS do sexo masculino era introvertida. Faz sentido, pois um menino sensível não é "normal". Meninos assim tinham que ser cuidadosos em grupos ou com desconhecidos para ver como seriam tratados.

Meninas sensíveis, como os meninos, em geral se apoiam em uma ou duas amigas durante toda a vida escolar. Mas algumas são bastante extrovertidas. Ao contrário dos meninos, se elas demonstram sinais de hiperexcitação ou de emoção, estão fazendo o que é esperado. Talvez isso até as ajude a encontrar aceitação entre as outras meninas.

O lado negativo dessa permissão para ser emotiva, porém, é que a garota sensível nunca é obrigada a colocar a armadura que os meninos sensíveis precisam envergar para sobreviver. As meninas podem ter pouca prática no controle emocional ou se sentir impotentes diante da hiperexcitação emocional. Ou podem usar as emoções para manipular os outros, inclusive para se proteger do excesso de estímulos. "Se tivermos que jogar de novo esse jogo, eu vou chorar." A assertividade direta, necessária na idade adulta, não é esperada nem desejada nelas.

Superdotados

Se você foi rotulado como uma criança superdotada, sua infância talvez tenha sido mais fácil. Sua sensibilidade foi compreendida como parte de um traço mais amplo que é mais aceito do ponto de vista social. Havia conselhos melhores para pais e professores no que dizia respeito aos superdotados. Por exemplo, um pesquisador[14] lembra aos pais que não se podia esperar que essas crianças se misturassem às outras com facilidade. Os pais não criariam um pirralho mimado caso dessem ao filho um tratamento especial e mais oportunidades. Pais e professores recebem firmes instruções para permitir que crianças superdotadas sejam do jeito que são. É um bom conselho para crianças com *todo tipo* de traço que fuja da média e do ideal, mas uma mente privilegiada é suficientemente valorizada para permitir o desvio da norma.

Há um lado bom e um lado ruim em tudo, porém. Você pode ter sido pressionado pelos pais ou professores. Seu senso de valor próprio pode ter passado a depender inteiramente das suas realizações. Ao mesmo tempo, se você não dispunha de colegas superdotados, talvez se sentisse solitário e possivelmente rejeitado. Hoje em dia existem orientações melhores para a criação de crianças superdotadas.[15] Eu as adaptei para que você possa usá-las para cuidar de si mesmo como faria um pai ou uma mãe.

Renovar os cuidados parentais com seu eu "superdotado"

1. Aprecie-se pelo que você é, não pelo que faz.
2. Elogie-se mais ao assumir riscos e aprender algo de novo e menos pelos seus sucessos. Isso o ajudará a lidar com o fracasso.
3. Tente não se comparar com os outros constantemente. Isso abre caminho para a competição excessiva.
4. Dê a si mesmo oportunidades para interagir com outras pessoas superdotadas.
5. Não exagere na sua programação diária. Você precisa de tempo para pensar e sonhar de olhos abertos.
6. Mantenha expectativas realistas.
7. Não esconda suas habilidades.

8. Seja seu advogado. Defenda o direito de ser você mesmo.
9. Aceite quando seus interesses forem restritos. Aceite também se forem amplos.

Sobre esse último ponto, talvez você queira apenas estudar os neutrinos e nada mais. Ou talvez queira apenas ler, viajar, estudar ou falar até entender o significado da vida humana neste planeta. É preciso dos dois tipos para se criar um mundo. (Além do mais, você provavelmente vai mudar em outra etapa da vida.) Falaremos mais sobre adultos superdotados (um tema negligenciado) no Capítulo 6.

O adolescente altamente sensível

A adolescência é uma fase difícil para todo mundo. Mas a minha pesquisa descobriu que a média das PAS relata que os anos no ensino médio foram o período mais difícil de todos. Há desconcertantes mudanças biológicas e a rápida acumulação de mais e mais responsabilidades adultas: dirigir, escolher uma profissão ou uma universidade, o uso de álcool, a possibilidade da maternidade ou da paternidade, o cuidado com outras crianças em trabalhos de babá ou como monitores em acampamentos e coisinhas que devem ser gerenciadas, como documentos, dinheiro e chaves. E há algo imenso: o despertar dos sentimentos sexuais e da dolorosa consciência de si que isso acarreta. Jovens sensíveis parecem propensos a se sentir mal com os papéis sexuais de vítima e agressor que os meios de comunicação sugerem que eles devem desempenhar.

Também é possível, porém, deslocar energia e ansiedade para o sexo porque a verdadeira fonte de ansiedade é mais difícil de enfrentar. Pense na pressão de tomar decisões que determinarão o resto de sua vida, sem ter ideia do resultado; na expectativa de que você deixe o lar que sempre conheceu e que faça isso feliz da vida ou pelo menos de modo resoluto; no medo de que seu "defeito fatal" finalmente se revele por completo enquanto você fracassa na esperada transição para a vida independente.

Não surpreende que tantos adolescentes sensíveis enfrentem a crise destruindo seu jovem "eu" para que não tenham que vê-lo não desabrochar "direito". E há muitos modos de praticar a autodestruição: casando ou tendo um filho de um modo que o aprisiona em um papel estreito, predeterminado; com o uso abusivo de drogas ou álcool; tornando-se física ou mentalmente incapaz; entrando para um culto ou para uma organização que oferece segurança e respostas; ou pelo suicídio. Não é que todas essas condutas sejam causadas pela sensibilidade (nem quero dizer que o "eu", que é como uma planta resistente, não possa sobreviver a algumas dessas coisas e florescer mais tarde), mas esses mecanismos de fuga à disposição de qualquer adolescente acabam sendo utilizados também por algumas PAS.

Evidentemente, para muitos, os deveres da idade adulta são adiados pela ida à universidade. (Depois pode haver pós-graduação, pós-doutorado, estágios.) Outra possibilidade é a pessoa encontrar outra forma de assumir as obrigações da vida de modo bem gradual. Atrasar, em oposição a evitar, é uma tática boa, mais uma forma do método de aprendizado que chamo de "passo a passo". Nunca se sinta mal por usar essa abordagem por algum tempo.

Talvez você tenha demorado a sair de casa. Viveu com os pais por alguns anos, trabalhou para eles por um tempo ou foi morar na cidade natal com velhos amigos de escola. Converter-se passo a passo em um adulto completamente funcional pode ter bom resultado. De repente, um belo dia você vê que se tornou adulto, que está fazendo tudo e que nem percebeu como chegou lá.

Às vezes, porém, damos um passo grande demais. A universidade pode ser assim para algumas PAS. Conheci muitas que abandonaram o curso depois do primeiro semestre (ou da primeira vez que voltaram para casa, em geral no Natal). Nem elas nem os pais nem os orientadores compreendem o problema real, o estímulo excessivo proporcionado por uma vida inteiramente nova – novas pessoas, novas ideias, novos planos de vida, mais a habitação em um dormitório barulhento, passar noites em claro conversando ou festejando, além de experiências prováveis com sexo, drogas e álcool (ou cuidando dos amigos de ressaca após a experiência *deles*).

Mesmo naquelas ocasiões em que o estudante sensível preferiria se recolher e repousar, há pressão para fazer como os outros, para ser normal, manter o ritmo, fazer amigos, satisfazer as expectativas de todos. Todos os problemas que você teve na época da faculdade precisam ser ressignificados. Isso não foi um fracasso pessoal.

Não surpreende que uma boa vida familiar ajude muito todos os adolescentes, mesmo na hora de deixar o ninho. A influência duradoura do lar é especialmente forte para as PAS. Até a adolescência, sua família ensinou a você um bocado sobre a forma como pode e como deve se comportar no mundo real.

Quando meninos e meninas sensíveis se transformam em homens e mulheres

À medida que adolescentes altamente sensíveis se tornam adultos, as diferenças entre os gêneros aumentam. Assim como as pequenas variações de direção no começo de uma viagem, as diferenças na educação podem levar homens e mulheres a destinos muito distintos.

Os homens em geral têm autoestima mais alta do que as mulheres. Quando os pais apreciam o menino sensível, como no caso de Charles no Capítulo 1, na idade adulta ele terá grande autoconfiança. No outro extremo, descobri que muitos homens altamente sensíveis estavam cheios de desprezo próprio – nada surpreendente, considerando-se as rejeições que experimentaram.

Um estudo feito com homens que tinham sido tímidos desde a infância (presumo que a maioria era de PAS) descobriu que eles se casavam em média três anos depois dos outros, tinham o primeiro filho quatro anos depois e começavam uma carreira estável três anos mais tarde, o que por sua vez tendia a conduzir a conquistas profissionais menores.[16] Isso poderia refletir o preconceito cultural contra homens tímidos ou com baixa autoconfiança. Poderia indicar também o tipo de cautela e demora que é saudável para uma PAS ou a valorização de outras coisas além da família e da carreira – talvez metas espirituais ou artísticas. De qualquer modo, se você deu esses passos de forma lenta, você não está sozinho.

Em comparação, o mesmo estudo constatou que mulheres tímidas passavam pelas etapas tradicionais da vida no momento certo. Era menos provável que uma mulher tímida tivesse entrado no mercado de trabalho ou que tivesse continuado a trabalhar depois de se casar, como se aproveitasse a tradição patriarcal de deixar a casa paterna rumo à casa do marido sem precisar aprender a se sustentar.

No entanto, no ensino médio as mesmas mulheres tendiam a apresentar uma "independência tranquila, um interesse por temas intelectuais, alto nível de aspirações e direcionamento interior". Dá para imaginar a tensão na vida dessas mulheres criada pela "independência tranquila",[17] pela necessidade de seguir seu direcionamento interior e pela impressão de que o único oásis seguro e pacífico para elas seria dentro de um casamento tradicional.

Muitas das mulheres que entrevistei encaravam seu primeiro casamento como um equívoco, uma tentativa de lidar com a sensibilidade acrescentando outra pessoa a sua vida ou assumindo um papel seguro. Não sei se a taxa de divórcio entre elas era mais alta, mas seus motivos seriam diferentes dos de outras mulheres. Parece que acabavam obrigadas a enfrentar o mundo sozinhas e a encontrar escoadouros para sua forte intuição, sua criatividade e seus outros talentos. Se o primeiro casamento não abria espaço para esse crescimento, tornava-se um trampolim para maior independência quando elas finalmente se sentiam prontas.

Marsha foi, com certeza, uma dessas mulheres. Casou-se jovem e esperou até entrar na casa dos 40 anos para desenvolver as habilidades criativas e intelectuais tão evidentes durante seus anos na escola. Para ela (e para um terço de minhas entrevistadas), talvez tenha havido algo mais do que a simples sensibilidade nessa hesitação em relação ao mundo. Essas mulheres tiveram experiências sexuais perturbadoras – como Marsha com os irmãos. Mesmo sem abuso sexual evidente, sabe-se que todas as jovens experimentam uma baixa na autoestima durante a puberdade, provavelmente ao perceberem seu papel como objetos sexuais. A menina altamente sensível sentirá todas as implicações ainda mais fortemente e transformará a autoproteção em uma prioridade. Algumas comem em excesso para se tornarem pouco atraentes, outras estudam demais, se exercitam demais para não terem tempo livre. Outras escolhem logo um garoto e se prendem a ele como proteção.

Marsha relatou que seu espírito de liderança e seu brilhantismo em sala de aula se esvaíram quando ela entrou na adolescência e seus seios se desenvolveram (sendo maiores do que a média). De repente, ela passou a atrair a atenção constante dos meninos. Usava um sobretudo para ir à escola, sob qualquer condição climática, e se tornou tão imperceptível quanto possível. Além disso, como ela diz, as líderes passaram a ser "as garotas burras, que davam risadinhas e corriam atrás dos meninos". Marsha não podia nem queria ser uma delas.

De um jeito ou de outro, ela vivia sendo perseguida pelos meninos. Certo dia, uma dupla a perseguiu e roubou-lhe um beijo. Ela voltou para casa horrorizada, abriu a porta e viu um rato real ou imaginário – nunca soube ao certo – descendo a escada na sua direção. Durante muitos anos, toda vez que beijava um garoto ela via um rato.

Aos 16 anos ela se apaixonou pela primeira vez, mas terminou o relacionamento quando os dois pareceram estar ficando próximos demais. Marsha permaneceu virgem até os 23 anos, quando sofreu estupro durante um encontro. Depois disso, ela passou a se entregar a qualquer um que insistisse – "a não ser quando eram garotos que eu realmente amava". Depois veio um casamento abusivo, seguido da longa espera pela coragem para se divorciar daquele homem e dar início à sua carreira artística.

Em resumo, mais uma vez existe a diferença entre gêneros na forma como a sensibilidade se manifestou. Quando meninos sensíveis se tornam homens, eles mostram um descompasso com os outros no tempo e na natureza de suas vidas. Ser sensível não é "normal" para os homens. Ao mesmo tempo, a sensibilidade é esperada das mulheres. Meninas sensíveis encontram facilidade para seguir o caminho dos valores tradicionais sem aprender primeiro como se movimentar pelo mundo.

Maturidade em uma frase: crescemos em um mundo que exige muita sociabilidade

Chegamos ao fim do capítulo, mas estamos possivelmente no começo do trabalho de uma vida inteira, que é aprender a ver sua infância à luz de sua característica e assumindo os cuidados com você sempre que necessário.

Ao olhar para trás, você vai reparar quanto deste capítulo, sobre como é crescer sendo altamente sensível, diz respeito a você e a seus relacionamentos com os outros – pais, parentes, colegas, professores, desconhecidos, amigos, namorados, parceiros. Os seres humanos são animais muitos sociais, mesmos nós, as PAS! Parece que está na hora de nos voltarmos para a vida social das PAS e para aquela palavra que sempre aparece, aquele estado de espírito chamado "timidez".

TRABALHE COM O QUE APRENDEU
Ressignificando sua infância

O cerne deste capítulo e talvez deste livro é a ressignificação da sua vida em termos da sensibilidade. É a tarefa de ver seus fracassos, suas mágoas, sua timidez, seus momentos constrangedores e tudo mais de uma nova forma, uma forma que é ao mesmo tempo mais friamente precisa e calorosamente compassiva.

Faça uma lista dos principais eventos de que você se lembra da infância e da adolescência, as memórias que moldaram a pessoa que você é. Talvez sejam ocasiões isoladas – uma peça na escola ou o dia em que seus pais lhe disseram que estavam se divorciando. Ou talvez seja toda uma categoria – o primeiro dia de aula em cada ano ou a viagem para a colônia de férias todo verão. Algumas lembranças serão negativas, até traumáticas e trágicas – como sofrer com implicâncias ou provocações. Algumas serão positivas, mas ainda perturbadoras: a manhã de Natal, férias familiares, sucessos, premiações.

Escolha um evento e siga os passos para a ressignificação apresentados no Capítulo 1:

1. *Pense na sua reação ao evento e no modo como sempre o encarou.* Sentiu que tinha reagido do modo "errado", de um jeito diferente dos outros? Ou por tempo demais? Decidiu que você não era bom de algum modo? Tentou esconder sua perturbação dos outros? Ou os outros descobriram e disseram que você estava "exagerando"?
2. *Pondere sua reação à luz do que aprendeu sobre você e sobre o modo como seu corpo opera automaticamente.* Ou imagine que eu, uma escritora, estou explicando esse funcionamento para você.
3. *Pense se há algo que precisa ser feito em relação ao assunto no momento.* Se parecer correto, compartilhe sua nova perspectiva da situação com mais alguém. Talvez possa ser até mesmo com alguém que estava presente na época, que poderia ajudá-lo a continuar a encaixar os

detalhes no seu panorama. Ou escreva a sua visão antiga da experiência ao lado da sua nova versão e mantenha o relato por perto por algum tempo, como um lembrete.

Se ajudar, ressignifique outro evento importante da infância dentro de alguns dias, até ter examinado toda a lista. Não apresse o processo. Reserve alguns dias para cada um. Um evento importante merece tempo para ser digerido.

CAPÍTULO 5

RELACIONAMENTOS SOCIAIS
O tropeço na "timidez"

"Você é tímido demais." Você costumava ouvir isso? Vai pensar de um modo diferente sobre o assunto depois de ler este capítulo, que trata da timidez onde ela ocorre com mais frequência: nos relacionamentos sociais menos íntimos. (Os relacionamentos próximos são abordados no Capítulo 7.) Muitos de vocês são habilidosos no trato social – é uma verdade. Mas como não faz sentido consertar algo que não está quebrado, vou me concentrar no problema que costuma precisar de conserto – aquilo que os outros chamam de "timidez", "evasão" social, "fobia" social. Porém vamos tratar desse assunto e de alguns outros bem comuns para PAS de uma forma bem diferente.

Repito: ao me concentrar nos problemas não quero dizer que as PAS tenham necessariamente uma vida social difícil. Mas até o presidente dos Estados Unidos e a rainha da Inglaterra devem se preocupar às vezes com o que os outros estão pensando deles. Portanto, é provável que você também se preocupe com isso algumas vezes. E a preocupação nos deixa hiperexcitados, o que é nosso calcanhar de Aquiles.

Além disso, costumam nos dizer: "Não se preocupe, ninguém está julgando você." Mas, por ser sensível, você talvez tenha reparado que as pessoas realmente observam e julgam. É o que costuma acontecer. Os não sensíveis costumam viver em uma feliz ignorância em relação a todo esse julgamento. Por isso a sua tarefa na vida, como PAS, é mais difícil: *saber* daqueles olhares, daqueles juízos silenciosos e não deixar que o afetem tanto. Não é fácil.

Se você sempre se considerou tímido

A maioria das pessoas confunde sensibilidade com timidez. É por isso que você ouviu: "Você é tímido demais." Dizem que determinado cão, gato ou cavalo nasceu "tímido" quando na verdade eles contam com um sistema nervoso sensível (a não ser que tenham sofrido abusos; nesse caso, seria mais preciso dizer que são "temerosos"). A timidez é o medo de que os outros não vão gostar ou não vão nos aprovar. É uma resposta a uma situação. É um determinado *estado*, e não uma característica sempre presente. A timidez, mesmo a timidez crônica, não é hereditária. A sensibilidade é. E, ao mesmo tempo que a timidez crônica costuma ocorrer com mais frequência em PAS, ela não ocorre obrigatoriamente em todas as pessoas sensíveis. Conheci muitas PAS que quase nunca sentiam timidez.

Se você costuma se sentir tímido, há uma boa explicação para o modo como você ou qualquer um provavelmente ficou assim, inclusive pessoas não altamente sensíveis. Em algum momento do passado você se viu em uma situação social (em geral algo que era excessivamente estimulante desde o início) e sentiu que fracassou. Os outros disseram que você fez algo errado ou pareceram não gostar de você, ou então você não correspondeu aos seus próprios padrões na situação. Talvez já estivesse hiperexcitado, tendo usado sua excelente criatividade para imaginar tudo que podia dar errado.

Em geral, não basta um fracasso para que alguém se torne cronicamente tímido, embora possa acontecer. O que normalmente ocorre é que, na segunda vez que passou pela mesma situação, você já estava mais agitado por temer uma repetição do que acontecera antes. E quanto mais agitado você fica, mais provável é o fracasso. Na terceira vez você foi muito corajoso mas também já estava terrivelmente alterado. Não conseguia pensar no que dizer, agia como inferior e era tratado como tal, e assim por diante. Você consegue perceber como esse padrão poderia se repetir e se repetir em uma espiral descendente. Ele também poderia se esparramar para outras situações minimamente semelhantes, como todas as situações em que havia gente por perto.

Como as PAS ficam agitadas com mais facilidade, elas também estão mais propensas a entrar nessa espiral. Mas você não nasceu tímido, apenas sensível.

Elimine a "timidez" da sua autoimagem

Existem três problemas em se aceitar o rótulo de "tímido". Em primeiro lugar, ele é totalmente impreciso. Não descreve sua verdadeira essência, sua sensibilidade às sutilezas e sua dificuldade com a hiperexcitação. Lembre-se de que a hiperexcitação nem sempre se deve ao medo. Pensar que é o medo pode fazer você ficar tímido quando não se sente assim, como veremos.

Essa confusão entre o seu traço e o estado de espírito chamado de timidez é natural, uma vez que 75% da população (pelo menos nos Estados Unidos) é muito extrovertida socialmente.[1] Quando notam que você parece hiperexcitado, não percebem que a causa pode ser o excesso de estímulos. Essa não é a experiência *deles*. Acham que deve ser medo da rejeição. Você é tímido, teme a rejeição. Por que outro motivo não estaria socializando?

Algumas vezes você *sente medo* de ser rejeitado. Por que não? Afinal, o seu estilo não corresponde ao ideal cultural. Mas, como PAS, às vezes você simplesmente não quer mais estímulos. Quando os outros o tratam como alguém tímido e medroso,[2] pode ser difícil perceber que você escolheu ficar sozinho, pelo menos no início. É você quem está rejeitando; não está sendo rejeitado. (Além de não compreender por que nasceram com a necessidade de mais estímulos do que você para se sentir confortáveis, as pessoas não altamente sensíveis podem também projetar em você os próprios medos de rejeição – ou melhor, podem atribuir a você algo que não querem admitir em si mesmas.)

Caso passe menos tempo em grandes grupos ou encontrando-se com desconhecidos, quando precisa passar por situações desse tipo você está propenso a ser menos habilidoso. Essa não é a sua especialidade. Mas repito que é impreciso presumir que você seja tímido ou medroso. Quando as pessoas decidem ajudá-lo, em geral partem da premissa errada. Por exemplo, acreditam que lhe falta confiança e afirmam que você é simpático. Com efeito, porém, esse é um modo de dizer que há algo de errado em você – baixa autoestima. Sem ter conhecimento do seu traço, atribuem os motivos errados à sua baixa sociabilidade e não conseguem expressar os motivos certos para que você se sinta bem.

É negativo se considerar tímido

Infelizmente, a palavra "tímido" tem algumas conotações muito negativas. Não precisa ser assim, pois ela pode ser o equivalente a "discreto", "ponderado", "atencioso" e "sensível". Mas as pesquisas mostram que a maior parte das pessoas, ao manter um primeiro contato com aquelas que eu chamaria de PAS, as considerou tímidas, referindo-se a elas como ansiosas, desajeitadas, temerosas, inibidas e retraídas. Até os profissionais de saúde mental com frequência as classificaram assim e também como sendo inferiores em competência intelectual, sucessos e saúde mental, o que, na verdade, não tem qualquer associação com a timidez. Somente aqueles que conheciam bem os tímidos, como os cônjuges, escolheram os termos positivos. Outro estudo constatou que os testes usados por psicólogos para medir a timidez estão cheios dos mesmos termos negativos.[3] Talvez não houvesse problema se fossem testes de um estado de espírito, mas costumam ser usados para identificar "gente tímida", que passa a carregar um rótulo negativo. Tome cuidado com o preconceito oculto por trás da palavra "tímido".

Quem se diz tímido acaba tímido

Um experimento psicológico encantador sobre a timidez, feito por Susan Brodt e Philip Zimbardo[4] na Universidade Stanford, demonstra por que você precisa saber que *não é tímido*, mas apenas uma PAS que pode se tornar hiperexcitada.

Brodt e Zimbardo encontraram estudantes do sexo feminino que diziam ser extremamente "tímidas",[5] em especial com os homens, e outras que não eram "tímidas", para servir como grupo de comparação. No estudo, que seria supostamente sobre os efeitos do excesso de barulho, cada mulher passou um tempo com um rapaz. O rapaz, sem saber se a mulher era ou não "tímida", foi instruído a conversar com todas no mesmo estilo. Um detalhe interessante foi o de que algumas das tímidas foram persuadidas a achar que a hiperexcitação – coração e pulso acelerados – decorria dos ruídos.

O resultado foi que as "tímidas" que acreditavam que a hiperexcitação tinha sido causada pelo barulho falaram tanto quanto as não tímidas. Chegavam a assumir o comando, controlando o tema da conversa tanto quanto as não tímidas. O outro grupo, das tímidas que não tinham a que atribuir a hiperexcitação, falou bem menos e permitiu que o homem assumisse o controle da conversa com mais frequência. Depois do experimento, pediram ao rapaz que adivinhasse quem eram as tímidas. Ele não conseguiu distinguir entre as não tímidas e as tímidas que tinham sido levadas a crer que sua agitação era causada pelo barulho.

Essas tímidas se tornaram menos tímidas ao presumir que não existia nenhuma causa *social* para sua agitação. Disseram também que não se sentiram tímidas e que verdadeiramente apreciaram a experiência. De fato, quando lhes perguntaram se prefeririam ficar sozinhas da próxima vez que fossem convidadas a participar de "um experimento de bombardeio sonoro", dois terços disseram que não, em comparação com apenas 14% das outras tímidas e 25% das não tímidas. Aparentemente essas tímidas tiveram uma experiência bem agradável pois pensaram que a hiperexcitação tinha sido provocada por algo além da timidez.

Lembre-se desse experimento na próxima vez que se sentir hiperexcitado em uma situação social. Seu coração talvez esteja acelerado por uma série de motivos não relacionados com as pessoas com quem você está. Talvez haja barulho demais ou você pode estar se preocupando com outro assunto sem se dar conta completamente de que não tem qualquer relação com quem está com você. Vá em frente, ignore as outras causas (você consegue) e divirta-se.

Já lhe dei três bons motivos para não voltar a se identificar como tímido. É impreciso, negativo e acaba se confirmando. E também não deixe que os outros o rotulem assim. Digamos que erradicar o preconceito social é seu dever cívico. Não é apenas injusto como também, como vimos no Capítulo 1, é perigoso, pois ajuda a silenciar as vozes perspicazes das PAS ao minar sua autoconfiança.

Como pensar sobre seu "desconforto social"

O desconforto social (expressão que preferi usar no lugar de "timidez") quase sempre se deve à hiperexcitação que faz com que você aja, fale ou pareça pouco habilidoso socialmente. Ou é o pavor de se tornar hiperexcitado. Você fica com medo de fazer algo esquisito, sem saber o que dizer. Mas o próprio pavor costuma ser suficiente para criar a hiperexcitação assim que se está na situação.

Lembre-se: o desconforto é temporário e oferece opções. Imagine que você está sentindo um frio desconfortável. É capaz de tolerá-lo. Pode encontrar um ambiente mais agradável. Pode criar calor – fazer uma fogueira, aumentar a temperatura do aquecedor – ou pode pedir a alguém que faça isso. Pode vestir um casaco. A única coisa que não deve fazer é se culpar por ser essencialmente mais suscetível a um ambiente frio.

O mesmo se aplica ao desconforto social temporário provocado pela hiperexcitação. Você pode suportá-lo, sair da situação, mudar a atmosfera social ou pedir isso aos outros, ou ainda pode fazer algo mais para ficar à vontade, como assumir uma "persona" (falarei disso mais tarde).

Em todos os casos, você está conscientemente se livrando do desconforto. Esqueça a ideia de que você sofre de um desconforto inerente às situações sociais.

Cinco formas de lidar com a hiperexcitação em situações sociais

1. Lembre-se de que hiperexcitação significa necessariamente medo.
2. Encontre outras PAS com quem possa conversar individualmente.
3. Empregue suas habilidades de redução de estímulos.
4. Desenvolva uma boa "persona" e utilize-a de modo consciente.
5. Explique o traço para os outros.

Nunca subestime o poder do simples ato de reconhecer que você está hiperexcitado, possivelmente por algum motivo que não tem qualquer relação com as pessoas com quem está. Se for julgado por esse motivo, não é seu verdadeiro eu em cena, apenas aquele eu que está temporariamente abalado. Quando conhecerem – se conhecerem – o seu eu tranquilo, o seu eu que capta sutilezas, eles vão ficar muito bem impressionados. Você sabe que isso é verdade, pois tem amigos próximos que o admiram.

Quando voltei à pós-graduação, na meia-idade, no primeiríssimo dia, na primeira hora, no local onde serviam um lanche de boas-vindas, derramei um copo cheio de leite em cima de mim, no chão e sobre outros que estavam nas proximidades. Ninguém esbarrou em mim. Eu apenas esbarrei em alguma coisa. Aconteceu bem diante de todos os meus futuros colegas e dos docentes, as pessoas que eu mais queria impressionar.

O susto puro e simples aumentou minha quase insuportável hiperexcitação. Mas, graças à pesquisa que fazia sobre PAS como nós, eu sabia por que tinha feito aquilo. Era previsível minha incapacidade de transportar leite. O dia foi difícil, mas não deixei que o leite derramado se somasse a meu desconforto social.

Ao longo do dia encontrei outras PAS, e isso ajudou um bocado. Estávamos todas derramando leite, por assim dizer. Na situação social típica, deve haver cerca de 20% que são PAS e outros 30% que se sentem moderadamente sensíveis. Pesquisas sobre timidez constatam que, em um questionário anônimo, 40% dos respondentes se identificam como tímidos. Em uma sala cheia de gente, existe a possibilidade de que haja pelo menos uma pessoa com a sua característica ou que esteja sentindo desconforto social. Procure o olhar dela ao tropeçar, de modo literal ou metafórico, e repare na expressão de profunda compreensão. Você acaba de fazer um amigo.

No meio-tempo, aplique todas as sugestões do Capítulo 3 para reduzir seu nível de excitação. Faça pausas. Saia para dar uma volta. Respire fundo. Mexa-se de algum modo. Examine suas opções. Talvez esteja na hora de partir. Talvez haja um lugar melhor para você se posicionar, perto de uma janela aberta, em uma passagem ou perto de uma porta. Pense em termos de refúgio – qual é a presença familiar, tranquila que poderia abrigá-lo nesse momento?

Houve ocasiões naquele primeiro dia na pós-graduação em que temi que os professores achassem que havia alguma coisa muito errada comigo. Para a pessoa não altamente sensível mediana, essa excitação excessiva só poderia significar conflitos sérios e instabilidade. Por isso usei todos os meus truques – caminhadas, meditação, saídas do campus de carro na hora do almoço, telefonemas para casa para encontrar algum conforto. E funcionou razoavelmente bem.

Costumamos pensar que nossa hiperexcitação é mais perceptível pelos outros do que ela realmente é.⁶ Você sabe que boa parte da vida social consiste no encontro de uma "persona" com outra, sem que nenhuma das duas busque olhar muito além da superfície. Ao se comportar de modo previsível, ao conversar com os outros mesmo quando você não tem vontade, ninguém vai incomodá-lo nem concluir erradamente que você é arrogante, altivo, manipulador ou qualquer coisa do gênero. Por exemplo, a pesquisa constata que os estudantes "tímidos" tendem a achar que estão fazendo o máximo do ponto de vista social, mas seus colegas de alojamento tendem a achar que eles não estão se esforçando o suficiente.⁷ Pode ser culpa da cultura, que não compreende as PAS, mas, até que a transformemos, talvez você queira facilitar um pouco a sua vida agindo mais ou menos como o resto das pessoas. Vista sua persona: o termo deriva da palavra grega para "máscara". Por trás da máscara você pode ser quem quiser.

Por outro lado, às vezes a melhor tática é explicar sua hiperexcitação. Costumo fazer isso quando estou falando ou dando uma aula para um grupo de desconhecidos. Digo que sei que pareço um pouco tensa mas que ficarei bem dentro de alguns minutos. Em um grupo, explicar seu traço de personalidade pode conduzir a uma conversa mais íntima sobre o desconforto social de cada um, possibilitar que você saia sozinho sem sentir culpa ou talvez o libere para fazer uma pausa sem ser ignorado na volta. Talvez haja alguém capaz de diminuir o estímulo que você está experimentando – ajustar a iluminação ou o volume ou apenas deixar você quieto no momento em que vocês se apresentam uns aos outros.

Ao mencionar que é altamente sensível, você provocará um dos seguintes estereótipos, dependendo das palavras usadas. Um deles, com toda a franqueza, é o da vítima passiva, alguém fraco e problemático. O outro é o da presença marcante, de inteligência privilegiada e profunda. É preciso prática para evocar o estereótipo positivo por meio das palavras escolhidas por você para explicar suas necessidades. Vamos trabalhar nisso no Capítulo 6.

Quando preciso ficar com um grupo de pessoas por um dia inteiro ou durante um fim de semana, costumo explicar que preciso de muito tempo sozinha. Outros também precisam, com frequência. Mas, mesmo quando sou a única a se recolher ao quarto cedo e a dar longas voltas sozinha, aprendi a não gerar compaixão nem pena, mas a deixar um ar de mistério. Integrantes da classe dos "conselheiros reais" precisam considerar essa questão. Seja um pouco reservado ao fazer propaganda da sua sensibilidade.

Pessoas, estímulo e introversão

Até aqui temos atacado o "problema", livrando-nos do rótulo de "tímidos" e compreendendo que o que se passa é uma hiperexcitação costumeira. É igualmente importante que você aprecie que existe mais de um modo de socializar.

Seu modo de socializar deriva de um fato básico. Para a maioria de nós, os estímulos perturbadores do mundo exterior são provocados em grande medida por outros pessoas, em casa, no trabalho ou em público. Somos *todos* seres sociais que gostam de companhia e precisam depender dos outros. Porém muitas PAS evitam pessoas que acompanham pacotes hiperestimulantes – desconhecidos, grandes festas, aglomerações. Para a maioria das PAS, essa é uma estratégia inteligente. Em um mundo altamente estimulante e exigente, todos precisam estabelecer prioridades.

Claro, ninguém consegue se tornar um especialista na arte de lidar com situações que escolhe evitar. Mas a maioria de vocês pode administrar ou aprender. É aceitável simplesmente administrar: um modo inteligente de poupar energia para aquilo que importa para você.

É também verdade que algumas PAS evitam desconhecidos, festas e outras situações de grupo por terem sido rejeitadas por colegas e grupos no passado. Como não se encaixavam no ideal de extroversão da nossa cultura, foram julgadas com severidade e evitam as pessoas com quem não se sentem seguras. Parece razoável, embora seja triste, e não há motivo para se envergonhar disso.

Em geral, 70% das PAS tendem a ser socialmente "introvertidas". Isso *não quer dizer* que você não goste de gente. Significa que você prefere ter alguns poucos relacionamentos próximos em vez de ter um grande círculo de amigos e que, de modo geral, não aprecia festas grandes ou multidões. Mas mesmo a mais introvertida das pessoas é às vezes extrovertida e aprecia um desconhecido ou uma multidão. E até mesmo a mais extrovertida das pessoas é às vezes introvertida.

Os introvertidos ainda são seres sociais. Na verdade, seu bem-estar é ainda mais afetado pelos relacionamentos sociais[8] do que o bem-estar dos extrovertidos. Os introvertidos buscam a qualidade, e não a quantidade.

(Se você não desfruta uma sensação de bem-estar emocional, porém, nem sempre um relacionamento próximo soluciona o problema. Muita gente, na verdade, não consegue manter bons relacionamentos até desenvolver uma sensação maior de bem-estar por meio do trabalho curativo da psicoterapia, no sentido mais amplo, como veremos no Capítulo 8.)

A PAS extrovertida

Quero enfatizar que ser uma PAS não é a mesma coisa que ser introvertido do ponto de vista social. Nos meus estudos, descobri que 30% de nós são socialmente extrovertidos. Como alguém extrovertido, você tem grandes círculos de amigos e tende a apreciar grupos e desconhecidos. Talvez você tenha sido criado em uma família grande, sociável, amorosa, ou em um bairro seguro, e aprendeu a ver as pessoas como fontes de segurança, e não como motivos para se pôr em guarda.

Você ainda tem, no entanto, dificuldades com outras fontes de estímulo, como um longo dia de trabalho ou uma estada prolongada demais na cidade. Quando hiperexcitado, você evita socializar. (Pessoas não altamente sensíveis extrovertidas relaxam mais com outras pessoas por perto.) Embora devotemos a maior parte das nossas atenções neste livro àqueles que são habitualmente introvertidos, os extrovertidos provavelmente também encontrarão informações úteis aqui.

Apreciar o estilo introvertido

Avril Thorne, que se encontra agora na Universidade da Califórnia em Santa Cruz, dedicou-se à observação do modo como os introvertidos realmente interagem.[9] A partir de testes para identificar estudantes universitárias altamente introvertidas e extrovertidas, ela formou pares de pessoas da mesma categoria ou da categoria oposta e gravou as conversas em vídeo.

As mulheres altamente introvertidas eram sérias e concentradas. Falavam mais de problemas e agiam com mais cautela. Tendiam a ouvir, a interrogar, a dar conselhos. Pareciam se concentrar nos outros de modo profundo.

Por outro lado, as mulheres altamente extrovertidas procuravam ter conversas mais agradáveis, buscavam mais concordância, procuravam semelhanças nos antecedentes e na experiência e faziam mais elogios. Eram animadas e expansivas. Gostavam da companhia de pessoas dos dois tipos, como se sua grande fonte de prazer estivesse na conversa.

Quando as extrovertidas estavam com alguém altamente introvertido, elas apreciavam não ter necessidade de manifestar tanta animação. E as introvertidas descobriram que dialogar com as extrovertidas era "uma lufada de ar fresco". O panorama que obtivemos a partir de Thorne mostra que cada tipo contribui com algo *igualmente* importante para o mundo. Considerando a forma como o estilo introvertido é subvalorizado, será bom dedicar algum tempo a se concentrar nas suas virtudes.

O estilo introvertido segundo Carl Jung

Carl Jung via a introversão como uma divisão básica entre os humanos, provocando as principais batalhas da filosofia e da psicologia, a maioria das quais se resumindo a conflitos sobre o que é mais importante na compreensão de qualquer situação ou assunto: os fatos exteriores ou a compreensão interior desses fatos?

Jung enxergou a introversão e a extroversão como duas atitudes em relação à vida, alternando-se na maioria das pessoas, como inspirar e expirar durante a respiração.[10] Mas há algumas pessoas que são mais voltadas para dentro ou para fora com mais consistência. E mais: para ele nenhuma das duas atitudes está diretamente relacionada com o fato de ser sociável ou não. Ser introvertido é simplesmente se voltar para dentro, em direção ao sujeito, ao eu, em vez de estar voltado para fora, em direção ao objeto. A introversão vem de uma necessidade e de uma preferência por proteger o interior, o aspecto "subjetivo" da vida, valorizando-o, em particular sem permitir que ele seja sufocado pelo mundo "objetivo".[11]

Para Jung, não se deve economizar palavras para ressaltar a importância dos introvertidos:

> Eles são a prova viva[12] de que este mundo rico e variado, com vida transbordante e inebriante, não é puramente exterior, mas

também existe no interior (...) Suas vidas ensinam mais do que as palavras. (...) Suas vidas ensinam a outra possibilidade, a vida interior tão dolorosamente ausente em nossa civilização.

Jung sabia do preconceito contra os introvertidos na cultura ocidental. Ele era capaz de tolerá-lo quando vinha de extrovertidos. Mas sentia que os introvertidos que se subestimam faziam um autêntico desserviço ao mundo.

De tudo um pouco

Às vezes precisamos apenas apreciar o mundo lá fora do jeito como ele é e agradecer pelas pessoas que nos ajudam, os extrovertidos que conseguem fazer com que completos desconhecidos se sintam ligados. Às vezes precisamos de uma âncora interior – ou melhor, precisamos dos introvertidos, que dão atenção integral às nuances mais profundas de uma experiência em particular. A vida não se limita aos filmes que vimos em comum nem aos restaurantes que experimentamos. Às vezes é essencial para a alma a discussão de questões mais sutis.

Linda Silverman, especialista em crianças superdotadas, descobriu que quanto mais inteligente a criança, maior a probabilidade de que ela venha a ser introvertida.[13] Os introvertidos são excepcionalmente criativos, até quando se trata de coisas simples como o número de respostas incomuns ao teste de manchas de Rorschach.[14] São também mais flexíveis em certo sentido, pois às vezes *precisam* fazer o que os extrovertidos fazem o tempo todo: conhecer pessoas novas e ir a festas. Mas alguns introvertidos conseguem evitar a introversão, a reflexão interior, por anos a fio. Essa maior versatilidade da parte de alguns introvertidos é especialmente importante mais tarde na vida, quando se começa a desenvolver o que faltava até a meia-idade. Nessa época mais tardia, a autorreflexão ganha importância para todos. Em resumo, os introvertidos podem amadurecer de modo mais gracioso.

Portanto você se encontra em boa companhia. Ignore as indiretas de quem demanda que você "pegue mais leve". Desfrute da frivolidade dos outros e dedique-se à sua especialidade. Se não é muito habilidoso em jogar conversa fora, tenha orgulho do seu silêncio. E, o que é igualmente importante, quando seu estado de espírito se alterar e seu lado extrovertido aflorar, deixe que ele seja tão desajeitado ou bobo quanto quiser. Somos meio desajeitados quando fazemos algo que não é nossa especialidade. Você possui muitos elementos "bons". Seria apenas arrogância achar que alguém deveria ter tudo.

Fazer amigos

Introvertidos preferem relacionamentos íntimos por muitos motivos. Os amigos íntimos podem compreender e se apoiar da melhor forma. Um bom amigo ou um parceiro também é capaz de perturbá-lo mais, mas isso obriga o crescimento interior, o que costuma ser uma grande prioridade para as PAS. Devido à sua intuição, é provável que você goste de falar de coisas complicadas como filosofia, sentimentos e dificuldades. É difícil fazer isso com um desconhecido ou em uma festa. Por fim, os introvertidos possuem traços de personalidade que podem fazer com que sejam muito bons nos relacionamentos próximos. Com os íntimos eles conseguem experimentar sucesso social.

Os extrovertidos têm razão, porém, quando dizem que "um desconhecido é apenas um amigo que ainda não encontramos". Todos os seus amigos íntimos foram desconhecidos em algum momento. À medida que esses relacionamentos se transformam (ou terminam), o extrovertido sempre se mostra disposto a conhecer novos amigos íntimos em potencial. Você pode olhar para trás e pensar em como foi que conheceu seus melhores amigos.

A persona e as boas maneiras

Lembre-se, especialmente se for quase sempre introvertido, de que na maior parte das situações sociais você precisa pelo menos cumprir as expectativas sociais mínimas. As PAS conseguem reduzir todas as regras de etiqueta a uma única regra em cinco palavras: minimize a hiperexcitação do outro. (Ou em duas palavras: seja gentil.) Um silêncio absoluto, por não ser algo esperado, pode perturbar o outro. O mesmo acontece com o excesso de animação, que costuma ser o erro do extrovertido. O objetivo é apenas dizer algo agradável e que não seja surpreendente.

Sim, isso pode entediar quem não é sensível e que aprecia um bocado de estímulos. Mas você quer que sua agitação de curto prazo, ao conhecer alguém, se acomode mesmo que ela não seja um problema para o outro. Depois você pode ser tão criativo e surpreendente quanto quiser. (Mas a essa altura você está correndo riscos calculados e qualquer sucesso pode ser contabilizado como pontos positivos.)

COMO VOCÊ CONHECEU SEUS MELHORES AMIGOS

Escreva o nome dos seus melhores amigos, cada um em uma folha de papel separada. Depois responda às seguintes perguntas sobre o começo de cada amizade:

- As circunstâncias obrigaram que você falasse?
- Foi o outro que tomou a iniciativa?
- Havia alguma coisa incomum na forma como você se sentia?
- Você estava se sentindo especialmente extrovertido naquele dia?
- Como estava vestido ou como se sentia em relação à sua aparência?
- Onde você se encontrava? Na escola, no trabalho, de férias, em uma festa?
- Qual era a situação? Quem o apresentou? Ou foram obrigados a ficar juntos por algum acaso? Ou um dos dois calhou de falar alguma coisa com o outro? O que aconteceu?
- Como foram os primeiros momentos, horas e dias?
- Quando e como você soube que isso seria uma amizade?

Agora procure os pontos em comum entre essas respostas. Por exemplo, você talvez não goste de festas, mas foi em festas que você conheceu dois de seus melhores amigos. Existem outras características em comum, como ir à escola ou trabalhar com outras pessoas, que estão ausentes da sua vida no momento? Há algo que você deseja fazer a partir do que aprendeu? Comprometer-se a ir a uma festa por mês? (Ou evitar festas de agora em diante – afinal de contas, elas não foram uma fonte de amizades.)

Você precisa de um curso mais avançado sobre personas ou papéis sociais. Uma boa persona, obviamente, envolve boas maneiras e comportamento previsível, não estimulante. Mas ela pode ser um pouco mais especializada, de acordo com suas necessidades. Um banqueiro quer ter uma persona sólida, prática. Se existe um artista dentro dele, o artista vai ficar em segredo. Os artistas, por outro lado, devem ocultar suas sensibilidades de banqueiro. Da parte dos estudantes, é esperto parecer um pouco humilde. Os professores precisam demonstrar autoridade.

A noção de persona contraria a cultura norte-americana de admiração da franqueza e da autenticidade. Os europeus compreendem bem mais o valor de não dizer tudo que pensam. No entanto, existem pessoas que se identificam demais com suas personas. Todo mundo conhece uma delas. Como não têm nada por dentro, é difícil dizer se são desonestos ou falsos. Mas é raro que uma PAS tenha uma identificação excessiva com uma persona.

Se ainda acha que estou lhe pedindo que seja falso, pense que se trata de escolher o nível apropriado de franqueza para um lugar e um momento determinados. Tome como exemplo a ocasião em que tinha acabado de conhecer alguém que queria uma amizade que você decidiu não cultivar. Você provavelmente não rejeita o convite do outro dizendo: "Cheguei à conclusão de que não quero ser seu amigo íntimo." Você menciona a sua agenda lotada.

A resposta é honesta em um certo nível – se tivesse tempo infinito, talvez resolvesse pelo menos dar um passo a mais nesse relacionamento. Na minha experiência, não é moralmente correto dizer para o outro por que ele está longe do topo da sua lista de prioridades. A melhor persona e boas maneiras exigem esse nível compassivo de honestidade, que poupa o outro, especialmente alguém que você não conhece tão bem assim.

Aprendendo novas habilidades sociais

Há dois tipos de informação sobre habilidades sociais disponíveis sob a forma de livro, áudio, artigo, palestra ou curso. Um tipo vem dos especialistas em extroversão, habilidades sociais, vendas, gerenciamento de funcionários e etiqueta. Eles costumam ser perspicazes e animados, falam de aprendizado, não de cura, e por isso não diminuem sua autoestima ao sugerir que você tem um problema sério. Se você se voltar para esses especialistas, compreenda apenas que seu objetivo não é ser exatamente como eles, mas sim aprender algumas dicas. Procure títulos como *O que dizer em todo tipo de momento embaraçoso* e *Como conquistar multidões*. (Eu inventei esses nomes. As novidades não param de aparecer.)

O outro tipo de informação vem de psicólogos que tentam ajudar pessoas tímidas. O estilo deles é, em primeiro lugar, deixá-lo preocupado para motivá-lo, depois conduzi-lo passo a passo em alguns métodos muito sofisticados e bem pesquisados para alterar seu comportamento. Essa abordagem pode ser bem eficiente, mas traz alguns problemas para PAS, embora talvez pareça ser mais adequada a você. Falar sobre "curar" a timidez ou sobre "vencer sua síndrome" faz com que você se sinta defeituoso e ignore o aspecto positivo do traço que herdou.

Não importam os conselhos que você leia ou ouça, lembre-se de que não precisa aceitar a forma como os três quartos extrovertidos da população definem habilidades sociais – dominar o ambiente, sempre ter uma boa resposta, nunca permitir silêncios "constrangedores". Você dispõe das suas habilidades – falar sério, ouvir bem, permitir silêncios nos quais pensamentos mais profundos podem se desenvolver.

Também é bem provável que você já saiba muito do que é abordado por esses especialistas. Por isso selecionei os pontos principais e coloquei-os em um teste curto para demonstrar o que você já sabe e ensinar um pouco do que falta.

VOCÊ SABE DAS NOVIDADES SOBRE A SUPERAÇÃO DO DESCONFORTO SOCIAL?

Responda "verdadeiro" ou "falso". Depois verifique suas respostas nas páginas 138-141.

1. É útil tentar controlar a "conversa interior" negativa, coisas como "Ele provavelmente não vai gostar de mim" ou "É provável que eu fracasse, como sempre acontece".   V   F

2. Quando as pessoas estão tímidas, isso fica evidente para quem está por perto.   V   F

3. É preciso estar preparado para algumas rejeições e não levá-las para o lado pessoal.   V   F

4. É útil ter um plano para superar seu desconforto social. Por exemplo, tentar conhecer uma pessoa por semana.   V   F

5. Ao formular o plano, quanto maiores os passos que você der, mais depressa chegará à sua meta. V F

6. É melhor não ensaiar o que vai dizer a alguém que você acabou de conhecer ou em uma situação nova. Você pode parecer tenso e pouco espontâneo. V F

7. Tenha cuidado com a linguagem corporal. Quanto menos ela deixar transparecer, melhor. V F

8. Ao tentar puxar conversa ou estendê-la, faça perguntas ligeiramente pessoais que não possam ser respondidas em uma ou duas palavras. V F

9. Uma forma de demonstrar que você está escutando é recostar-se com braços e pernas cruzados, o rosto impassível, sem olhar nos olhos do outro. V F

10. Nunca toque na outra pessoa. V F

11. Não leia o jornal antes de sair para se encontrar com outras pessoas – isso só irá perturbá-lo. V F

12. Revelações pessoais não são tão importantes para a conversa desde que você tenha coisas interessantes a dizer. V F

13. Bons ouvintes repetem o que ouviram, refletindo os sentimentos do outro, e depois reagem com os próprios sentimentos, e não com ideias. V F

14. Não revele detalhes interessantes sobre você para outras pessoas. Isso só fará com que sintam inveja. V F

15. Para aprofundar uma conversa ou torná-la mais interessante para os dois, compartilhar seus defeitos e problemas pode funcionar de vez em quando. V F

16. Tente não discordar do outro. V F

17. Quando uma conversa faz você sentir vontade de passar mais tempo com o outro, é melhor dizer isso a ele. V F

Baseado em CHEEK, Jonathan. *Conquering Shyness* (Como vencer a timidez). Nova York: Dell, 1989; e MCKAY, M.; DEWIS, M. e FANNING, P. *Messages: The Communication Book* (Mensagens: O livro da comunicação). Oakland: New Harbinger Press, 1983.

Não se sinta mal se sabe o que fazer mas nem sempre o faz

Gretchen Hill, psicóloga da Universidade do Kansas,[15] questionou pessoas tímidas e não tímidas sobre qual seria o comportamento apropriado em 25 situações sociais. Descobriu que os tímidos sabiam igualmente bem o que se esperava deles, mas diziam ser incapazes de fazê-lo. Ela sugere que falta autoconfiança aos tímidos – o defeito interior que costumam nos atribuir. Por isso nos dizem para ser mais confiantes. O que não conseguimos, claro. E assim falhamos mais uma vez. Mas talvez, em algumas ocasiões, essa falta de confiança seja justificada, depois de tantas experiências com hiperexcitação nas quais não conseguimos nos comportar de forma adequada. É claro que alguns de nós pressupõem que não são capazes de fazer o que sabemos ser socialmente correto. Acho que raramente ajuda dizer a nós mesmos que devemos ser mais confiantes. Mantenha-se fiel à dupla abordagem deste capítulo. Trabalhe na hiperexcitação e aprecie seu estilo introvertido.

Outro motivo para não ser capaz de pôr em prática o que você sabe sobre habilidades sociais é que os velhos padrões da infância podem estar assumindo o controle e precisam ser enfrentados – do contrário, alguns sentimentos acabam dominando a sua atenção. Quer um sinal disso? Você fica dizendo coisas como "Não sei por que fiz isso... Eu sabia... não era eu mesmo" ou "Depois de tanto esforço, nada está funcionando".

O caso de Paula

Não há dúvida de que Paula tenha nascido altamente sensível. Os pais comentaram sobre sua "timidez" desde o primeiro momento. Sempre esteve ciente de que tinha uma sensibilidade maior aos sons e à bagunça do que os amigos. Ela estava na casa dos 30 anos quando a entrevistei; era extremamente competente na sua profissão, que envolvia trabalhar nos bastidores da organização de grandes eventos. Mas não tinha chances de progredir por seu pavor de falar em público e por seu medo das pessoas em geral, o que a impedia de gerenciar mais do que um reduzido grupo de funcionários. Na verdade, Paula organizara sua vida em torno das poucas ocasiões em que seu trabalho exigia que ela participasse de reuniões da equipe. Ela precisava se preparar por horas e executar diversos rituais para se sentir segura emocionalmente.

Paula tinha lido todos os livros sobre como superar tais medos e usara sua considerável força de vontade para combater os sentimentos. Mas percebia que seu medo era incomum. Por isso tentou uma terapia mais intensa, mais longa. Encontrou ali algumas das razões para seus medos e começou a trabalhar nelas.

Quando Paula era pequena, seu pai era viciado em ficar furioso (hoje em dia é também alcoólatra). Sempre foi um homem inteligente, analítico, que ajudava os filhos com os deveres de casa. De fato, tinha grande envolvimento com todos eles e era um pouco menos cruel com Paula do que com seus irmãos. Mas talvez uma parte daquela atenção tivesse caráter sexual, como Paula começou a descobrir, e com certeza era algo muito confuso. De qualquer forma, Paula foi a mais afetada pela fúria do pai.

A mãe de Paula era muito tensa em relação às pessoas que os cercavam e suas opiniões, e altamente dependente da obstinação do marido. Era uma espécie de mártir, construindo sua vida em torno dos filhos. No entanto, ao mesmo tempo ela não gostava de nada relacionado à sua criação. Suas histórias de terror explícito sobre os partos e a falta de carinho por bebês fazem parecer possível que o primeiro vínculo de Paula não tenha sido nada seguro. Mais tarde a mãe transformou Paula em confidente, contando bem mais do que uma criança poderia processar, inclusive um catálogo inteiro de motivos para não gostar de sexo. Na verdade, tanto a mãe quanto o pai lhe contavam tudo sobre o que sentiam pelo parceiro, inclusive intimidades sexuais.

Considerando esses antecedentes, o "medo de falar em público" de Paula se parecia mais com uma desconfiança básica das pessoas. Ela nasceu sensível, portanto ficava hiperestimulada com facilidade. Mas também tinha um apego inseguro na infância, o que dificulta em muito que uma criança enfrente situações ameaçadoras com confiança. De fato, a mãe sentia um medo irracional das pessoas em geral (nunca demonstrava confiança) e ensinou o mesmo a Paula. Para completar, as primeiras tentativas de Paula de expressar suas opiniões foram recebidas com fúria pelo pai.

Talvez uma razão final para o seu medo de falar em público fosse o fato de ter passado a sentir que sabia demais – a respeito dos sentimentos possivelmente incestuosos do pai e a respeito da vida privada dos pais.

Não são questões fáceis de resolver, mas podem ser trazidas à consciência e trabalhadas por um terapeuta competente. As vozes que temem falar são por fim liberadas. Pode ser necessário posteriormente um treinamento específico em habilidades sociais, mas depois desse trabalho inicial elas devem funcionar.

Conselhos sociais básicos para PAS

Eis algumas sugestões para certas situações que costumam causar desconforto social às PAS.

Quando você precisa jogar conversa fora. Decida se prefere falar ou ouvir. Se quiser ouvir, a maioria das pessoas ficará feliz em falar. Faça algumas perguntas específicas. Ou pergunte apenas: "E aí, o que você faz quando não está em uma festa?" (Ou conferência, casamento, show, etc.)

Se quiser falar (o que o deixa no controle e impede que você se entedie), planeje com antecedência plantar um assunto que você aprecia e sobre o qual se sente à vontade para discorrer. "Tempo ruim, não é? Pelo menos ajuda a ficar em casa e trabalhar no projeto que estou escrevendo." Claro, a outra pessoa vai perguntar o que é que você está escrevendo. Ou então: "Tempo ruim... Não pude ir à academia." Ou ainda: "Tempo ruim... Minhas cobras detestam."

Lembrar-se de nomes. Talvez você se esqueça do nome de uma pessoa por estar distraído e hiperexcitado quando foi apresentado a ela. Se ouvir um nome, tente se habituar a usá-lo na sua frase seguinte. "Arnold, muito prazer em conhecê-lo." Use mais uma vez dois minutos mais tarde. Isso pode ser útil quando depois você tentar se lembrar de quem conheceu. Mas a dificuldade com os nomes é esperada no nosso caso.

Ter que fazer um pedido. Pedidos pequenos, como os de informação, devem ser fáceis. Mas às vezes os colocamos na lista de coisas a fazer e por ali ficam, parecendo grandes e difíceis. Se possível, faça o pedido no momento em que perceber que precisa. Para pedidos ligeiramente mais importantes, transforme-os em pequenos de novo. Pense em como tudo vai se resolver depressa e em como será fácil para a pessoa a quem você deve se dirigir. Para aqueles que são ainda mais importantes, faça uma lista do que você deseja cobrir. Comece garantindo que está falando com a pessoa certa para o seu propósito. Um pedido importante deve ser ensaiado com alguém, com a outra pessoa reagindo de todas as formas possíveis. Não vai facilitar tanto as coisas, mas você vai se sentir mais preparado.

Vender. Com franqueza, uma carreira em vendas não é muito típica para uma PAS. Mesmo que você não tenha que vender um produto comercial, existem muitas ocasiões na vida em que queremos vender uma ideia, vender a nós mesmos para um trabalho ou talvez vender nosso trabalho criativo. E se você acredita que existe alguma coisa que possa realmente ajudar alguém ou ajudar o mundo em geral? Sob a forma mais delicada, que provavelmente é a sua, vender não é nada além de compartilhar com os outros o que você sabe sobre alguma coisa. Assim que compreenderem aquilo que você acredita ser valioso, você permitirá que os outros tomem as próprias decisões.

Quando o assunto envolve transferências de dinheiro, as PAS costumam se sentir culpadas por "cobrar demais" ou mesmo por cobrar alguma coisa. (E, se nos sentimos defeituosos, o raciocínio é: "E eu lá tenho algum valor?"). Em geral não podemos nem devemos dar de graça nossos produtos ou nós mesmos. Precisamos do dinheiro para continuar a disponibilizar aquilo que oferecemos. As pessoas entendem isso tão bem quanto você quando adquire algo.

Fazer uma queixa. Isso pode ser difícil para uma PAS, mesmo que seja legítimo. Mas vale a pena praticar: a assertividade é empoderadora para quem costuma se sentir inferiorizado apenas por ser do jeito que é (jovem demais, velho demais, gordo demais, magro demais, sensível demais, etc.).

Você deve estar preparado, porém, para a reação do outro. A raiva é uma das emoções mais perturbadoras por bons motivos. Ela é feita para nos mobilizar para a luta. É perturbadora quando é sua, dos outros ou mesmo de alguém que você está observando a distância.

Estar em pequenos grupos. Grupos, turmas e comitês podem ser complicados para as PAS. Costumamos captar um bocado de coisas que os outros não percebem. Mas o desejo de não aumentar nosso nível de excitação às vezes faz com que fiquemos quietos. No entanto, vai chegar o momento em que alguém perguntará o que *você* acha. PAS habitualmente tranquilas costumam se esquecer do fato de que a pessoa silenciosa ganha mais e mais influência com o tempo. Além de querer lhe dar uma chance de falar, o grupo pode estar inconscientemente preocupado. Você faz ou não parte do grupo? Você está ali sentado julgando-os? Está infeliz, prestes a partir? Se você partisse, eles ficariam sozinhos com seus medos, que é a razão pela qual os integrantes silenciosos acabam recebendo tanta atenção. Também pode ser uma questão de educação, mas o medo sempre ronda. Se você não participar com a dose certa de entusiasmo, receberá atenção considerável. Aí os outros talvez descubram que a melhor defesa é rejeitá-lo antes que você os rejeite. Se não acredita em mim, tente permanecer em silêncio em um grupo novo e verá tudo isso acontecer.

Devido a toda essa energia que sempre se dirige ao integrante silencioso, se você quiser ficar mais calado do que os outros vai precisar tranquilizá-los, deixando claro que não está rejeitando ninguém nem está planejando deixá-los. Diga que se sente parte do grupo só ouvindo. Diga que tem sentimentos positivos sobre o grupo, se for verdade. Diga que vai falar quando estiver pronto. Ou peça a eles que voltem a consultá-lo.

Você também pode decidir se quer ou não explicar sua sensibilidade. Mas isso significa que ganhará um rótulo que tenderá a se tornar autorrealizável.

Falar ou atuar em público. Isso é um problema natural para as PAS, com certeza. (Deixo que você pense em todos os motivos pelos quais é *mais difícil* para nós.) Em primeiro lugar, costumamos sentir que temos algo importante a dizer que os outros não perceberam. Quando os demais ficam gratos pela nossa contribuição, nos sentimos recompensados e a ocasião seguinte fica mais fácil. Em segundo lugar, nos *preparamos*. Em algumas situações, como naquelas vezes que voltamos para conferir se desligamos mesmo a torradeira, podemos parecer "compulsivos" para quem não é tão determinado quanto nós a evitar todas as surpresas desnecessárias (como uma casa incendiada). Mas só um tolo não se "prepararia em excesso" para o estímulo a mais que decorre de uma plateia. Quando nos preparamos da melhor maneira, temos mais chances de ter sucesso. (Esses são dois motivos pelos quais todos os livros sobre a timidez podem citar tantos políticos, artistas e comediantes que "venceram a timidez, e você também consegue".)

Repito: a chave é preparar-se, preparar-se, preparar-se. É provável que você não tenha medo de ler em voz alta. Assim, até que se sinta mais à vontade, prepare exatamente o que quer dizer e leia. Se isso for um tanto incomum na situação, explique alguns bons motivos para ler. Depois leia com autoridade.

Uma boa leitura também exige preparação e prática. Não deixe de usar a ênfase e certifique-se de que consegue lidar com limites de tempo, para ler devagar.

Depois você pode passar a utilizar as anotações. Em um grupo grande, eu sempre tomo notas antes de levantar a mão para falar ou de fazer uma pergunta, caso me dê um branco quando chegar a minha vez. (Faço o mesmo em qualquer situação que me torne hiperexcitada, inclusive em consultas médicas.)

Acima de tudo, pratique ao máximo diante de uma plateia, reproduzindo tanto quanto possível a situação da apresentação. Use o mesmo aposento na mesma hora do dia, use as roupas que você vai vestir, peça que liguem o sistema de som e assim por diante, de forma que haja o menor número possível de elementos novos na situação. Esse é o maior segredo para manter a excitação sob controle. E, quando isso acontece, você pode muito bem acabar gostando da sua atuação.

Superei meu medo de falar em público dando aulas – um bom começo para uma PAS. Você está oferecendo algo, você é necessário e seu lado consciencioso prevalece. A plateia não espera ser entretida, então qualquer coisa que você fizer para tornar a ocasião mais agradável será recebida com gratidão. E você descobrirá que tem verdadeiras sacadas assim que se tornar ousado o bastante para exprimi-las.

No entanto, os alunos às vezes podem ser cruéis. Tive a sorte de começar em uma faculdade onde a norma eram a polidez tranquila e a expressão explícita da gratidão. Se você estabelecer as mesmas normas, elas ajudarão todos na sua turma. Alguns de seus alunos também têm receio de falar o que pensam. Todos podem aprender juntos.

E se outras pessoas o observam? Estão mesmo observando? Talvez você tenha criado uma plateia interior que você teme. Talvez carregue consigo essa plateia e a "projete" (vendo-a onde ela não existe, pelo menos nem tanto quanto você imagina).

Se os outros estiverem realmente o observando, existe a possibilidade de você pedir-lhes que não o façam? Seria possível recusar-se a ser observado ou tentar transformar isso em uma experiência agradável?

Conto a seguir a história da minha única aula de dança do ventre. Para mim, é quase impossível aprender uma habilidade física em grupo porque minha coordenação é destruída pela hiperexcitação de estar sendo observada. Logo fico para trás e meu desempenho piora cada vez mais.

Dessa vez, porém, interpretei um novo papel. Eu era a professora universitária adorável e cativante (isso foi importante) que vive no mundo da lua e que esqueceu inteiramente onde deixou o corpo. Ela foi posta em uma situação hilariante, para aprender dança do ventre, e todo mundo desfruta mais da lição ao vê-la enfrentar suas dificuldades.

O resultado foi que eu sabia que estava sendo observada mas não havia problema. Riram, mas entendi que era de forma carinhosa. Qualquer progresso feito por mim recebia elogios e reconhecimento desmedidos. Funcionou para mim.

Da próxima vez que você se sentir observado, tente enfrentar os olhares e dar a si mesmo um rótulo que pareça divertido: "Nós, poetas, não somos muito bons com contas", ou então: "O problema de ser um mecânico nato é que isso dificulta que façamos desenhos que não se pareçam com um motor quebrado."

Às vezes uma situação é constrangedora para qualquer um. Então você enrubesce e sobrevive. É parte da nossa humanidade. Não acontece tanto assim. Uma vez, quando eu estava na fila para um evento formal, meu filho de 3 anos arrancou acidentalmente minha saia. Você teria uma história pior que essa? Contar as histórias depois é praticamente tudo que podemos fazer.

TRABALHE COM O QUE APRENDEU
Ressignificando seus momentos de timidez

Pense em três ocasiões em que você sentiu desconforto social. Se possível, escolha três situações bem diferentes, aquelas de que você consegue se recordar com muitos detalhes. Ressignifique-as, uma de cada vez, nos termos dos pontos principais deste capítulo: (1) A timidez não é uma característica sua – é um estado de espírito que pode afetar qualquer um; (2) O estilo social introvertido é tão valioso quanto o extrovertido.

1. *Pense na sua reação ao evento e na forma como você sempre o encarou.* Talvez tenha ficado "tímido" recentemente em uma festa. Era noite de sexta-feira, depois de um dia duro de trabalho. Arrastado pelas pessoas do escritório, você esperava conhecer alguém que se tornaria um amigo de verdade. Mas os outros sumiram e você acabou em um canto, sentindo-se exposto por não estar falando com ninguém. Aí você foi embora cedo e passou o resto da noite avaliando toda a sua personalidade, toda a sua vida, sentindo-se péssimo.
2. *Pondere sobre sua reação à luz do que aprendeu sobre a forma como seu sistema nervoso opera automaticamente* (ou imagine que estou explicando para você). "Ei, tenha paciência com você mesmo! O salão lotado, barulhento, depois de um dia cheio de trabalho, ser abandonado pelos amigos, suas experiências pregressas com esse tipo de festa – era uma avalanche prestes a descer a montanha. Você gosta de ser introvertido. Claro, vá a festas, mas devem ser pequenas, daquelas em que você conhece os convidados. Caso contrário, escolha alguém que pareça tão sensível e tão profundamente interessante quanto você e saiam dali assim que possível. É assim que as PAS fazem uma festa. Você não é tímido nem detestável. Com toda a certeza vai encontrar gente interessante e manter relacionamentos próximos – só precisa selecionar bem as situações."
3. *Há alguma coisa que você queira fazer em relação a tudo isso?* Talvez você tenha um amigo para telefonar e combinar passar algum tempo do seu jeito.

Respostas para
Você sabe das novidades sobre a superação do desconforto social?

Se você acertou uma dúzia ou mais, desculpe-me pelo incômodo. Você deveria escrever seu próprio livro. Caso contrário, as seguintes respostas podem fornecer o que você precisa!

1. *Verdadeiro.* O "discurso interior" negativo mantém sua agitação e dificulta que você dê ouvidos a outra pessoa.
2. *Falso.* Como PAS, talvez você perceba a timidez dos outros, mas a maioria das pessoas não percebe.
3. *Verdadeiro.* As pessoas podem rejeitá-lo por todo tipo de motivo não relacionado a você. Se isso transtorná-lo, dê vazão a esse sentimento por um momento. Depois tente se desvencilhar dele.
4. *Verdadeiro.* Decida dar um número determinado de passos específicos graduais por dia ou por semana, por mais nervoso que você se sinta dando os primeiros passos.
5. *Falso.* Grandes passos seriam a melhor opção se você pudesse dá-los. Mas, como tem um pouco de medo e também sente medo de fracassar, deve prometer à sua parte temerosa que você não andará depressa demais, mesmo acreditando com firmeza que o medo será superado.
6. *Falso.* Quanto mais ensaiar, menos nervoso você ficará – o que significa que se comportará com mais (e não menos) descontração e espontaneidade.
7. *Falso.* A linguagem corporal está sempre comunicando alguma coisa. Um corpo imóvel, rígido, pode ser interpretado de muitas formas, mas a maioria delas não seria positiva. Melhor deixar o corpo se movimentar e demonstrar algum interesse, atenção, entusiasmo ou pura vivacidade.
8. *Verdadeiro.* Não há nada errado em fuxicar um pouquinho. A maioria das pessoas adora falar de si e gostará do seu interesse e da sua ligeira audácia.
9. *Falso.* Sente-se ou se aproxime tanto quanto for apropriado e confortável, incline-se, descruze os braços e as pernas e faça contato visual frequente. Se olhar nos olhos for excitante demais, não tem problema nenhum olhar para o nariz ou para uma orelha da outra pessoa – não dá para ver a diferença. Sorria e use outras expressões faciais (com cuidado, é claro, para não transmitir mais interesse do que gostaria).
10. *Falso.* Dependendo da situação, claro, um breve toque no ombro, no braço ou na mão, especialmente na despedida, transmite apenas carinho.

11. *Falso*. Em geral, uma olhada no jornal dará a você algumas ideias para conversa e estabelecerá uma ligação com o mundo. Evite apenas as histórias deprimentes.
12. *Falso*. É importante se abrir, se seu objetivo é estabelecer algum vínculo e não apenas passar o tempo. Não significa que você tenha que revelar grandes segredos. Excesso de exposição antes da hora gera hiperexcitação, além de parecer inconveniente. Não deixe de pedir a opinião do outro, naturalmente.
13. *Verdadeiro*. Por exemplo, alguém diz que está empolgado com um projeto novo. Você também pode dizer: "Uau, estou notando a sua empolgação. Deve ser ótimo!" Permitindo-se tempo para refletir o *sentimento* antes de perguntar os detalhes específicos do projeto, você exibe uma das suas maiores qualidades, a sua sensibilidade. Isso também encoraja o outro a revelar mais da sua vida interior, assunto sobre o qual você prefere conversar.
14. *Falso*. Você não quer se gabar, claro. Mas todos querem conversar com alguém que valha a pena. Reserve algum tempo para escrever as melhores coisas ou as mais interessantes sobre si mesmo e pense em como poderia encontrar um jeito de puxar o assunto. Não diga "Mudei-me para cá porque gosto das montanhas", mas sim "Mudei-me para cá porque estou entrando em uma escola de alpinismo" ou "Gosto particularmente de ter as montanhas como pano de fundo das minhas fotos de aves de rapina raras".
15. *Verdadeiro* – com alguma cautela. Quando se acaba de conhecer alguém, não se deve revelar carências demais ou defeitos demais. Você não quer parecer autodepreciativo de um modo submisso ou como se ignorasse o comportamento apropriado. Mas há algo de encantador quando se admite sua natureza humana se você consegue comunicar que se sente bem em ser como é. (Minha frase favorita do capitão Picard em *Jornada nas estrelas: a nova geração* é: "Cometi alguns *belos* erros na minha vida." É humilde, sábio e autoconfiante ao mesmo tempo.) Com certeza, se o outro revelou algo doloroso ou constrangedor, a conversa se aprofundará consideravelmente se você fizer o mesmo.
16. *Falso*. A maior parte das pessoas aprecia um *pouco* de conflito. Além

do mais, o motivo do conflito talvez seja importante para você ou revele algo que você deveria saber sobre o outro.
17. *Verdadeiro*. Claro que você deve se permitir o tempo necessário para ter certeza do que sente e estar preparado para uma rejeição ocasional.

CAPÍTULO 6

SUCESSO NO TRABALHO
Siga a sua felicidade e brilhe

Entre todos os temas que abordo em meus seminários, as vocações, a forma de ganhar a vida e de progredir profissionalmente são as preocupações mais prementes de muitas PAS, o que faz sentido de certo modo, já que não nos damos bem com jornadas extensas, estresse e ambientes de trabalho excessivamente estimulantes. Mas boa parte da nossa dificuldade no trabalho, acredito eu, está no fato de não apreciarmos nosso papel, nosso estilo ou nossa potencial contribuição. Neste capítulo, portanto, trato primeiramente do seu lugar na sociedade e do lugar da vocação na sua vida interior. Por mais subjetivos que pareçam, na verdade esses temas têm grande significado prático. Assim que você compreender sua verdadeira vocação, a sua intuição começará a resolver seus problemas vocacionais específicos. (Nenhum livro pode fazer isso tão bem quanto você porque nenhum livro pode tratar da sua situação específica.)

"Vocação" não é moleza

No passado, uma vocação, ou um chamado, costumava estar relacionada ao apelo da vida religiosa. De outro modo, no Ocidente, como na maioria das culturas, em geral a pessoa seguia a carreira dos pais. Na Idade Média, o indivíduo era nobre, servo, artesão, etc. Como nos países indo-europeus cristãos, a classe do "conselheiro real sacerdotal", mencionada no Capítulo 1, era oficialmente celibatária, ninguém nascia nela. Era o único trabalho para o qual a pessoa precisava ser chamada.

Com o Renascimento e a ascensão da classe média nas cidades, as pessoas ficaram mais livres para escolher seu ofício. Mas a ideia de que existe um trabalho certo para cada indivíduo é muito recente. (Apareceu mais ou menos na mesma época de outra ideia, a de que existe uma pessoa certa com quem se casar.) Ao mesmo tempo, o número de vocações possíveis aumentou imensamente, assim como a importância e a dificuldade de combinar pessoa certa e trabalho certo.

A vocação de todas as PAS

Como mencionei no Capítulo 1, as culturas mais agressivas do mundo, inclusive as ocidentais, derivam de uma organização social original que dividia as pessoas em duas classes: de um lado, os guerreiros e reis, impulsivos e valentes; do outro, os conselheiros reais, os religiosos e os juízes, mais reflexivos e instruídos. Disse também que o equilíbrio entre essas duas classes é importante para a sobrevivência das culturas e que a maior parte das PAS segue naturalmente para a classe dos conselheiros reais.

Neste momento, ao tratar de vocação, não quero dizer que todas as PAS se tornam acadêmicos, teólogos, psicoterapeutas, consultores ou juízes, embora sejam carreiras clássicas da classe dos conselheiros reais. Qualquer que seja a sua carreira, é provável que você a persiga menos como um guerreiro e mais como um sacerdote ou conselheiro real – de modo reflexivo, em todos os sentidos. Sem PAS em altos postos de uma sociedade ou de uma organização, os guerreiros tendem a tomar decisões impulsivas, desprovidas de intuição, usam a força e o poder de modo abusivo e deixam de considerar a história e as tendências futuras. Não é um insulto a eles, trata-se apenas da sua natureza. (Era esse o papel de Merlin nas lendas do rei Arthur; personagens semelhantes são encontrados na maioria dos épicos indo-europeus.)

Uma das implicações práticas de fazer parte da classe dos conselheiros é que uma PAS dificilmente considera que já acumulou educação e experiência suficientes. (Acrescento experiência porque às vezes as PAS buscam a educação em detrimento da experiência.) Quanto maior a variedade de nossas experiências, *dentro do escopo que é razoável para nós* (não é necessário aprender voo livre), mais sábios serão nossos conselhos.

A educação das PAS também é importante para validar nosso estilo mais tranquilo e sutil. Acredito que necessitamos permanecer bem representados nas nossas profissões tradicionais – ensino, medicina, direito, artes, ciência, aconselhamento, religião –, áreas que se tornam cada vez mais domínio das não-PAS. Isso significa que essas necessidades sociais estão sendo atendidas pelo estilo guerreiro, que se preocupa apenas com a expansão e com o lucro.

Nossa influência "sacerdotal" diminuiu em parte porque perdemos o respeito próprio. Ao mesmo tempo, as profissões em si têm perdido respeito sem a nossa contribuição mais tranquila e dignificada.

Não estou querendo dizer, de forma alguma, que existe algum plano terrível feito pelos menos sensíveis. À medida que o mundo se torna mais difícil e estimulante, é natural que as não-PAS venham a prosperar, pelo menos a princípio. Mas não prosperarão por muito tempo sem a nossa presença.

Vocação, individuação e as PAS

O que dizer quanto à sua vocação específica? Seguindo o raciocínio de Carl Jung, enxergo cada vida como um processo de *individuação*, um processo de descoberta de uma questão particular a que você está incumbido de responder na sua passagem pela Terra. Essa questão talvez tenha permanecido em aberto por um ancestral, embora você precise levá-la adiante ao modo da sua geração. Mas não se trata de uma questão simples, caso contrário não seria necessário uma vida inteira para respondê-la. O que importa é que essa busca satisfaz profundamente a alma.

Era ao processo de individuação que Joseph Campbell, estudioso da mitologia, se referia quando exortava os alunos que tinham dificuldades a encontrar uma vocação e "seguir sua felicidade".[1] Ele sempre deixou claro que isso não significava fazer aquilo que parecesse fácil ou divertido no momento. Estava se referindo ao envolvimento com um trabalho que parece certo, que tem um apelo para você. Ter um trabalho desses (e, com sorte, ser pago para fazê-lo) é uma das maiores bênçãos da vida.

O processo de individuação exige enormes sensibilidade e intuição para saber se você está trabalhando na questão certa da forma certa. Como PAS, você foi feito para isso, assim como um iate de competição foi projetado para tirar partido do vento. Isto é, a vocação das PAS, no sentido mais amplo, é se esmerar para cumprir bem a sua vocação pessoal.

Empregos e vocação

Nos deparamos, então, com o problema de saber quem pagará para que as PAS persigam a felicidade. Costumo concordar com aquilo que Jung sempre frisou: é um grande erro sustentar financeiramente pessoas do nosso tipo. Se uma PAS não é obrigada a ser prática, ela perderá todo o contato com o resto do mundo; irá se transformar numa matraca que ninguém ouve. Mas como ganhar dinheiro e ainda seguir um chamado?

Uma forma de alcançar esse objetivo é buscar o ponto onde o caminho dirigido pela nossa maior felicidade corta aquele que é dirigido pela grande necessidade do mundo – ou melhor, aquela necessidade pela qual ele está disposto a pagar. Nessa interseção você ganhará dinheiro ao fazer o que ama.

Na verdade, a relação entre a vocação de uma pessoa e seu trabalho remunerado pode ser bastante variada e estará sujeita a mudanças com o passar do tempo. Às vezes seu emprego é apenas um modo de ganhar dinheiro; a vocação é exercida nas horas vagas. Um bom exemplo é o de Einstein, que desenvolveu a teoria da relatividade enquanto trabalhava como escrivão em um escritório de patentes, feliz por ter um ofício que não exigia raciocínio e que o deixava livre para pensar no que realmente importava para ele. Em outras ocasiões, podemos encontrar ou criar um trabalho que realiza a nossa vocação com um pagamento pelo menos justo. Pode ser que existam muitos empregos assim ou talvez o emprego que servirá a esse propósito se transforme à medida que a experiência aumenta e a vocação se aprofunda.

Vocação e a PAS liberada

A individuação está relacionada, acima de tudo, à capacidade de ouvir a sua voz interior (ou as suas vozes interiores) em meio a todos os ruídos internos e externos. Alguns de nós ficam reféns das demandas dos outros, demandas que podem ser responsabilidades reais ou ideias comuns daquilo que entendem como sendo o sucesso – dinheiro, prestígio, segurança. Há ainda as pressões que os outros podem exercer sobre nós porque não estamos dispostos a desagradar ninguém.

No final das contas, muitas das PAS (talvez a maioria) acabam sendo obrigadas a passar pelo que eu chamo de "liberação", mesmo que isso só aconteça depois da segunda metade da vida. Sintonizam-se naquela questão interior e nas vozes interiores e não mais nas questões que os outros pedem a elas que respondam.

Como queremos tanto agradar, não é fácil nos liberarmos. Somos cientes demais das necessidades dos outros. No entanto, nossa intuição também capta a questão interior que deve ser respondida. Essas duas correntes fortes e conflitantes podem nos fustigar por anos. Não se preocupe se seu progresso rumo à liberação for lento, pois ele é quase sempre inevitável.

Não quero, no entanto, desenvolver uma imagem idealizada do tipo de PAS que você deve se tornar. Para ser clara, isso *não é* a liberação. Liberação é descobrir quem você é, e não o que você pensa que outra pessoa quer que você se torne.

RESSIGNIFICANDO OS PONTOS CRÍTICOS NA SUA HISTÓRIA VOCACIONAL E PROFISSIONAL

Talvez esta seja uma boa ocasião para dar uma pausa e experimentar algumas ressignificações, como você fez nos capítulos anteriores. Faça uma lista das principais etapas da sua vida profissional ou das mudanças de trabalho. Escreva o modo como sempre compreendeu esses eventos. Talvez seus pais quisessem que você fizesse medicina, mas você sabia que aquele não era o caminho para você. Sem ter uma explicação melhor, talvez você tenha aceitado a ideia de que era "mole demais" ou "desmotivado". Agora escreva o que você compreende à luz do seu traço. Nesse caso, a questão seria saber que a maioria das PAS é absolutamente incompatível com o esforço desumano exigido, infelizmente, pela maioria das escolas de medicina.

Será que a sua nova compreensão sugere que você precisa fazer alguma coisa a respeito? No exemplo dado, essa nova compreensão sobre a escola de medicina pode ser discutida com os pais, se eles ainda insistirem em suas visões negativas. Ou talvez seja necessário encontrar uma escola de medicina que seja mais humana, ou se dedicar a assuntos relacionados, como a fisiologia ou a acupuntura, que permitem um estilo diferente de formação acadêmica.

Para conhecer a sua vocação

Alguns de vocês podem estar enfrentando dificuldades para descobrir a vocação e sentindo-se um pouco frustrados porque a intuição não está contribuindo. Infelizmente, a intuição também pode atrapalhar, porque faz com que você tome conhecimento de um número demasiado de vozes interiores que falam de inúmeras possibilidades diferentes. Sim, seria desejável apenas servir aos outros, sem pensar muito no ganho material. Mas isso elimina a possibilidade de um estilo de vida com tempo para desfrutar das coisas mais belas da vida – e ambos excluem a materialização dos meus dons artísticos. Sempre admirei a vida tranquila, centrada na família. Ou deveria ser centrada nos aspectos espirituais? Mas isso é viver nas nuvens quando admiro uma vida mais perto do chão. Talvez eu me sentisse mais feliz se trabalhasse para causas ecológicas. Mas as necessidades dos seres humanos são tão grandes...

Todas as vozes são fortes. Qual delas está certa? Se você é inundado por tantas vozes, provavelmente terá dificuldade com todo tipo de decisão. Isso costuma acontecer com pessoas intuitivas. Mas, não importa a vocação que escolher, você precisará desenvolver habilidades nas tomadas de decisão. Comece por reduzir as opções a duas ou três. Talvez você possa fazer uma lista racional dos prós e contras. Ou finja que chegou a uma conclusão definitiva e viva com ela por um ou dois dias.

Outro problema para PAS muito intuitivas e/ou introvertidas é que talvez não estejamos bem informados sobre *os fatos*. Deixamos que nossos palpites nos guiem. Não gostamos de *perguntar*, mas recorrer a pessoas reais para obter informações concretas é parte do processo de individuação, em especial para quem é introvertido ou intuitivo.

Se você sente que "simplesmente não é capaz", está revelando o terceiro obstáculo para conhecer a sua vocação: a falta de autoconfiança. É provável que, no fundo, você saiba o que realmente quer fazer. Claro que pode ter escolhido algo sem qualquer chance de sucesso, para evitar avançar e fazer alguma coisa possível. Mas pode ser que você ainda esteja confuso em relação ao que consegue ou não fazer.

Como PAS, você pode ter dificuldades com determinadas tarefas que são, de acordo com os padrões da sua cultura, cruciais para o sucesso na maioria das vocações – talvez falar ou atuar em público, talvez tolerar barulho, reuniões, rede de contatos, políticas empresariais, viagens. Mas agora você sabe a causa específica de suas dificuldades e pode explorar formas de contornar a hiperexcitação que elas criam. Portanto, existe muito pouco que você não tenha condições de fazer se puder encontrar um modo de fazê-lo no seu estilo.

É bem compreensível, no entanto, que as PAS sofram de falta de autoconfiança. Muitos de vocês se sentem defeituosos. Talvez tenham se esforçado tanto para agradar os outros que tenham servido apenas como uma ponte no caminho de quem os cerca, recebendo esse tratamento, como se não passassem de algo rasteiro. No entanto, como vão se sentir ao ir para a sepultura sem ter tentado?

Você diz que tem medo de falhar. Que voz interior diz isso para você? Uma voz sábia que o protege? Ou uma voz crítica que o paralisa? Para começar, presuma que a voz esteja certa e que você irá fracassar. Esqueça-se daqueles que tentaram e obtiveram sucesso, tema de tantos filmes. Sei de gente que tentou e falhou. Muita gente. Essas pessoas podem não estar nadando em dinheiro nem na crista da onda, mesmo assim estão mais felizes por terem tentado. Agora estão partindo para outras metas, mais sábias com aquilo que aprenderam sobre si e sobre o mundo. E, garanto, nenhum esforço resulta em um fracasso total: elas estão mais confiantes em si mesmas do que se estivessem quietas no banco dos reservas.

Por fim, lance mão dos excelentes livros e serviços disponíveis de orientação vocacional. Fique sempre atento à sua sensibilidade como um fator importante que a maioria dos conselheiros vocacionais não leva em conta.

O que outras PAS estão fazendo

Talvez seja útil saber quais foram os tipos de carreira que outras PAS escolheram. Naturalmente, colocamos o nosso talento próprio em tudo. No meu levantamento telefônico descobri, por exemplo, que não havia muitas PAS em vendas, mas uma delas era... vendedora de vinhos finos. Outra delas trabalhava com imóveis e dizia que usava sua intuição para encontrar a casa certa para a pessoa certa.

É possível imaginar outras PAS transformando outros empregos –

quase qualquer emprego – em algo tranquilo, reflexivo, minucioso, como aquelas que me disseram ser professoras, cabeleireiras, corretoras de hipotecas, pilotos, comissárias de bordo, acadêmicas, atores, especialistas em educação pré-escolar, secretárias, médicas, enfermeiras, agentes de seguros, atletas profissionais, cozinheiras e consultoras.

Algumas profissões pareciam obviamente adequadas às PAS: marceneiro, tratador de animais, psicoterapeuta, sacerdote, operador de equipamentos pesados (barulhento, mas sem contato com outras pessoas), agricultor, escritor, artista (muitas delas), técnico de raios X, meteorologista, podador de árvores, cientista, responsável por transcrições médicas, editor, acadêmico de ciências humanas, contador e eletricista.

Embora algumas pesquisas tenham constatado que os chamados tímidos ganham menos dinheiro, com toda a certeza encontrei muitas PAS em postos que pareciam bem remunerados – administradores, gerentes, banqueiros. Talvez outros estudos tenham concluído que seus participantes supostamente tímidos recebiam menos por causa de um problema nos dados parecido com o que tive: um número de PAS duas vezes maior que o de não-PAS declarou ser do lar, dona de casa, pai ou mãe em tempo integral (não eram apenas mulheres). Se fossem computadas como indivíduos sem remuneração, com certeza isso diminuiria a renda média do grupo. Mas é claro que essas pessoas contribuem com renda para a família ao executar serviços que seriam dispendiosos caso fossem pagos.

PAS "do lar" encontram um bom nicho, caso consigam ignorar a forma com que a cultura deprecia seu trabalho. Na verdade, a cultura colhe grandes benefícios desses trabalhadores. As pesquisas sobre parentalidade, por exemplo, constatam continuamente que a qualidade fugidia da "sensibilidade" é fundamental para criar bem os filhos.[2]

Transformar a vocação em um trabalho remunerado

Existem bons livros escritos sobre como transformar o que você ama em algo que paga um salário, por isso, como sempre, me concentrarei nos aspectos que são especialmente relevantes para nós. Para transformar sua verdadeira vocação em trabalho pago costuma ser necessário criar um serviço ou profissão inteiramente novos, e isso talvez exija que você abra um negócio próprio ou crie novas funções no lugar onde já trabalha. Pode parecer algo assustador, mas não se você se lembrar de fazer esse movimento de acordo com o estilo das PAS.

Em primeiro lugar, elimine a imagem de que todo mundo arranja trabalho graças à rede de contatos, conhecendo as pessoas certas e coisas assim. Bons contatos sempre são necessários, mas existem formas bem eficientes e muito mais agradáveis para as PAS – cartas, e-mail, redes sociais, cultivar a relação com uma pessoa que mantém contato com muitas ou mesmo sair para almoçar com o colega extrovertido que vai a todas as conferências e promover um "interrogatório".

Em segundo lugar, você precisa confiar em algumas das suas vantagens. Com a sua intuição, você consegue estudar as tendências e perceber as necessidades ou os mercados antes dos outros. Se algo o empolga, há uma boa chance de que os outros estejam igualmente empolgados ou fiquem empolgados depois de ouvirem o que você tem a dizer a respeito. Se seu interesse não é tão incomum assim, ele deve se encaixar em empregos já existentes. Se for muito incomum, você é provavelmente o maior conhecedor do assunto e alguém por aí, em algum lugar, precisará de você em breve, em especial depois que você compartilhar a sua visão.

Anos atrás, uma PAS com uma paixão por cinema e vídeo assumiu o posto de bibliotecária e convenceu sua universidade a ter um departamento de audiovisual de última geração. Ela percebeu que essas formas de comunicação se tornariam o meio mais avançado de educação, em especial da educação continuada do público. Posteriormente, todos concordaram com ela e a filmoteca que ela montou veio a se tornar a melhor do país.

O trabalho autônomo (ou receber autonomia integral em uma organização de grande porte) é um caminho lógico para as PAS. Você controla a carga horária, os estímulos, o tipo de gente com quem lida e não há conflitos com supervisores ou colegas. E, ao contrário de muitos empreendedores pequenos ou novatos, você provavelmente fará pesquisas e planos minuciosos antes de assumir riscos.

Você terá que prestar atenção, porém, em algumas tendências. Se for uma PAS típica, é possível que seja um perfeccionista cheio de preocupações. Pode ser o gestor mais exigente para quem trabalhou. Você também pode ter que superar certa falta de foco. Se a sua criatividade e a sua intuição lhe fornecem um milhão de ideias, em algum momento, logo de início, você terá que abrir mão da maioria delas e tomar uma série de decisões difíceis.

Se você também é introvertido, terá que fazer um esforço a mais para manter contato com seu público ou mercado. É sempre possível ter um extrovertido como sócio ou assistente. De fato, é uma boa ideia ter sócios ou contratar outras pessoas para absorver todo tipo de estimulação excessiva. Mas, com esse tipo de amortecedor entre você e o mundo, sua intuição não receberá informações diretas a menos que planeje manter contato real com seus clientes.

A arte como vocação

Quase todas as PAS têm um lado artístico que apreciam expressar. Ou apreciam profundamente alguma forma de arte. Mas alguns de vocês vão assumir a arte como vocação ou mesmo como ganha-pão. Quase todos os estudos da personalidade de artistas proeminentes confirmam que a sensibilidade é central. Infelizmente, aquela sensibilidade também está vinculada à doença mental.

A dificuldade, acredito eu, é que normalmente artistas como nós trabalham sozinhos, refinando seus talentos e sua sutil visão criativa. Mas o isolamento de qualquer tipo aumenta a sensibilidade – é parte do motivo pelo qual a pessoa se isola. Por isso ficamos hipersensíveis quando chega o momento de expor nosso trabalho, de apresentá-lo, de explicá-lo, de vendê-lo, de ler críticas e aceitar rejeição ou aclamação. E mais: há uma sensação de perda e de confusão quando se conclui uma grande obra ou se realiza uma apresentação importante. O fluxo de ideias que emerge do inconsciente não tem mais um escoadouro. Os artistas têm mais habilidade para encorajar e expressar aquela força do que para compreender sua fonte ou seu impacto quando se manifesta.

Não surpreende que os artistas se voltem para as drogas, o álcool e as medicações para controlar sua excitação ou para recuperar o contato com seu eu interior. Mas o efeito de longo prazo é um corpo ainda mais desequilibrado. Além disso, existe o mito ou o arquétipo do artista que diz que qualquer ajuda psicológica destruirá a criatividade, tornando-o normal demais.

Um artista altamente sensível, porém, deveria pensar profundamente sobre essa mitologia. O artista intenso e problemático é uma das figuras mais românticas da nossa cultura. Lembro-me de uma professora de escrita criativa que listou certa vez quase todos os escritores famosos e nos perguntou o que eles tinham em comum. A resposta era: todos tentaram se suicidar. Não sei bem se a turma enxergou isso como uma tragédia ou como um aspecto romântico da carreira que escolheram. Mas, como psicóloga e artista, eu vi uma situação seríssima. Com muita frequência o valor das obras aumenta depois que seus autores são declarados insanos ou cometem suicídio. Embora a vida do herói-aventureiro artístico possa ter um grande apelo para a jovem PAS, ela também pode ser uma armadilha montada inconscientemente por aqueles com vidas mundanas que não abrem espaço para o artista interior e que desejam que outra pessoa seja o artista por eles, exibindo toda a loucura que querem reprimir. Boa parte do sofrimento dos artistas sensíveis poderia ser evitada pela compreensão do impacto dessa alternância entre o baixo estímulo do isolamento criativo e a estimulação aumentada da exposição pública que descrevi. Mas não tenho certeza de que esse entendimento terá ampla aplicação até que o mito do artista instável e a necessidade de que ele exista tenham sido completamente compreendidos.

A vocação para servir ao próximo

PAS tendem a ter imensa consciência do sofrimento dos outros. Com frequência, sua intuição lhes fornece um retrato mais claro do que precisa ser feito. Assim, muitas PAS escolhem servir ao próximo. E muitas ficam esgotadas.

Para ajudar os outros, não é preciso ter um trabalho que o esgote. Muitas PAS fazem questão de trabalhar na linha de frente, recebendo estímulos maiores. Sentiriam culpa se ficassem para trás, enviando os outros para fazer algo que lhes parece tão oneroso. Mas, a esta altura, acho que você já consegue perceber que há quem seja perfeitamente adequado ao trabalho na linha de frente, amando estar ali. Por que não permitir que essas pessoas realizem seus desejos? Também há necessidade daqueles que ficam nos bastidores, desenvolvendo a estratégia a partir de um ponto de observação acima do campo de batalha.

Em outras palavras, há quem goste de cozinhar e há quem goste de lavar os pratos. Durante anos eu não conseguia permitir que os outros assumissem a tarefa da limpeza depois de eu ter me divertido cozinhando, um dos meus passatempos favoritos. Até que finalmente dei ouvidos a alguém que insistia que *realmente gostava* da limpeza – e que detestava cozinhar.

Houve um verão em que visitei o *Rainbow Warrior*, embarcação do Greenpeace, e ouvi algumas das aventuras dos tripulantes, como, por exemplo, quando foram largados diante da proa de enormes baleeiros ou quando ficaram diante de torpedeiros e metralhadoras por dias a fio. Por mais que ame as baleias, eu daria mais trabalho do que ajudaria sob tais circunstâncias. Mas eu sabia que poderia dar apoio de outros modos.

Em suma, você não precisa assumir um trabalho que criará estresse excessivo e hiperexcitação. Alguém cuidará dele e será feliz. Você não precisa ter uma carga horária pesada. Na verdade, talvez seja seu dever trabalhar menos. Talvez seja melhor não sair por aí anunciando isso, mas manter-se saudável, dentro de um nível correto de estímulo, é a primeira condição para ajudar os outros.

Uma lição de Greg

Greg era um professor altamente sensível, muito amado e respeitado por seus alunos e colegas. No entanto, ele me procurou para explicar por que estava prestes a abandonar a única profissão que sempre desejara, esperando que eu referendasse que o ensino não era uma ocupação adequada para PAS. Concordei que era difícil. Mas também acho que bons e sensíveis professores são essenciais para todo tipo de felicidade e de progresso, para os indivíduos e para a sociedade. Não suportava a ideia de ver aquela joia abandonar o que fazia.

Pensando comigo, ele concordou que o ensino era uma vocação muito lógica para uma pessoa sensível e amorosa. Os empregos de professor deviam ser projetados para elas, mas na realidade as pressões dificultam que as PAS perseverem na profissão. A tarefa dele, Greg percebeu, era modificar o perfil das responsabilidades do cargo. Na verdade, era uma questão de ética. Faria um bem maior ao se recusar a assumir um excesso de trabalho em vez de deixar o magistério.

A partir do dia seguinte, Greg parou de trabalhar depois das quatro da tarde. Foi preciso usar um bocado de criatividade para encontrar as saídas. Muitas soluções não eram ideais e perturbavam demais a sua alma tão cheia de escrúpulos. Sentia que precisava esconder dos colegas e do diretor da escola seus novos hábitos de trabalho, embora eles tenham percebido com o tempo. (O diretor aprovou, ao ver que Greg cumpria bem suas tarefas essenciais e parecia mais feliz.) Alguns colegas o imitaram. Outros o invejaram e ficaram ressentidos, mas não mudaram suas rotinas. Dez anos depois, Greg permanecia um professor bem-sucedido. E também um professor saudável e feliz.

É verdade que mesmo exaurido você ainda pode fornecer algo a quem precisa. Mas você perde o contato com seus maiores pontos fortes, criando um modelo de comportamento autodestrutivo, martirizando-se e dando motivos para que os outros se sintam culpados. E, no final das contas, você vai querer largar tudo como Greg ou será obrigado a isso pelo seu corpo.

PAS e responsabilidade social

Nada do que acabamos de mencionar tem a intenção de afastar mais PAS da batalha pela justiça social ou pela saúde ambiental. Pelo contrário, precisamos nos envolver, mas à nossa maneira. Talvez uma parte do que está errado no governo e na política não seja resultado da esquerda ou da direita, mas fruto da ausência de um número suficiente de PAS que façam todo mundo parar e pensar nas consequências. Nós abdicamos, deixamos as coisas nas mãos de indivíduos mais impulsivos e agressivos, que por acaso se dão bem quando se candidatam a cargos públicos e depois assumem o comando de tudo.

Os romanos tinham um grande general chamado Cincinato. Reza a lenda que ele queria viver com tranquilidade na sua fazenda, mas foi persuadido duas vezes a voltar para a vida pública a fim de salvar seu povo de desastres militares. O mundo precisa convencer mais gente assim a assumir postos públicos. Mas, se não nos convencerem, é melhor que nos ofereçamos como voluntários de vez em quando.

PAS no mundo dos negócios

O mundo dos negócios, sem dúvida, subestima as PAS. Os patrões deveriam valorizar pessoas inteligentíssimas e intuitivas que são, ao mesmo tempo, escrupulosas e determinadas a não cometer erros. Mas nossa adaptação fica mais difícil quando as metáforas para o sucesso são relacionadas com guerras, pioneirismo e expansão.

Os negócios podem ser vistos como uma obra de arte que exige um artista, uma missão de profecia que exige um visionário, uma responsabilidade social que exige um juiz, uma tarefa de crescimento que exige habilidades semelhantes às de um agricultor ou de um pai, um desafio de educação pública que exige habilidades de um professor.

As empresas são muitos diferentes. Fique alerta à cultura corporativa quando assumir um cargo ou quando tiver a chance de influenciá-la. Ouça o que dizem, mas também use a sua intuição. Quem é admirado, recompensado e promovido? Aqueles que cultivam a dureza, a competitividade e a insensibilidade? A criatividade e a visão? A harmonia e o moral da tropa? O serviço ao consumidor? O controle de qualidade? PAS devem se sentir à vontade, em graus variados, em todos esses casos, à exceção do primeiro.

A PAS superdotada no ambiente de trabalho

Na minha opinião, todas as PAS são superdotadas, devido à sua característica. Mas algumas são pontos fora da curva. Na verdade, uma razão para o surgimento da ideia das PAS "liberadas" foi a mistura aparentemente estranha de traços que emergiam de estudos e mais estudos com adultos superdotados: impulsividade, curiosidade, grande necessidade de independência, níveis altos de energia, juntamente com introversão, intuição, sensibilidade emocional e não conformidade.[3]

No entanto, é difícil lidar com tantos dotes no ambiente de trabalho. Em primeiro lugar, a originalidade pode se tornar um problema quando é preciso apresentar ideias em uma situação de grupo. Muitas organizações enfatizam a solução de problemas em equipe exatamente porque ela promove ideias de gente como você, moderadas pelas ideias dos outros. A dificuldade aparece quando todos fazem propostas e a sua lhe parece ser tão obviamente superior. No entanto, os outros não parecem entendê-la. Quando segue a decisão do grupo, você sente que não está sendo fiel a si mesmo e é incapaz de se responsabilizar pelos resultados. Quando não segue, você se sente isolado e incompreendido. Um bom gestor ou supervisor conhece essas dinâmicas e protegerá o empregado superdotado. De outro modo, você talvez prefira oferecer seus dotes em outra parte.

Em segundo lugar, você pode se sentir imensamente empolgado com seu trabalho e suas ideias. Nessa empolgação, parece aos outros que você assume grandes riscos. Para você, não são grandes porque o resultado está claro. Mas você não é infalível e outras pessoas podem sentir um prazer especial com as suas falhas, mesmo quando forem raras. Além do mais, aqueles que não compreendem essa intensidade dirão que você trabalha o tempo todo e provavelmente se ressentem disso – você faz com que eles fiquem mal na fita. Mas para você o trabalho é diversão. *Não trabalhar* seria um trabalho. Se você é assim, talvez precise manter em segredo sua longa jornada de trabalho, compartilhada apenas com seu supervisor.

Ou melhor, esqueça da carga horária pesada. Tente tratar até a mais positiva das empolgações como um estado de hiperexcitação e busque equilibrar trabalho e lazer. Sua vida profissional será beneficiada.

Outra consequência da sua intensidade é que sua mente indócil pode levá-lo a outros projetos antes de ter concluído todos os detalhes do anterior, fazendo com que outros colham os frutos do que você plantou. A menos que você leve isso em conta, o que não costuma ser seu estilo, essa consequência terá que ser aceita.

O terceiro aspecto de seus dotes, a sensibilidade emocional, pode enredá-lo nas complicações da vida particular de outras pessoas. É uma péssima ideia, especialmente no ambiente de trabalho. Você precisa estabelecer limites profissionais. No trabalho, em particular, é melhor passar mais tempo com os menos sensíveis, que podem lhe oferecer equilíbrio – e vice-versa. Mantenha fora do trabalho os relacionamentos mais intensos, aqueles que oferecem a profundidade emocional que você deseja.

Também devem estar fora do ambiente de trabalho aqueles relacionamentos que lhe oferecem um abrigo seguro das tempestades emocionais criadas pela sua sensibilidade. Não procure isso junto a seus colegas, muito menos junto a seus supervisores. Você é mais do que aquilo com que eles conseguem lidar. Pode ser que decidam que há "algo errado com você".

A intuição, uma quarta característica dos superdotados, pode parecer quase mágica para os outros. Eles não veem o que você vê – esse contraste entre a superfície e o que "está realmente se passando". Assim como ocorre com suas ideias incomuns, você também precisa decidir se deve ser sincero ou levar adiante as coisas do jeito que os outros veem, sentindo-se um pouco isolado.

Por fim, seus dotes excepcionais podem lhe dar certo carisma. Talvez os outros esperem que você os guie em vez de guiarem a si mesmos. É uma tentação envaidecedora, mas que certamente acabará gerando a sensação de que você roubou a liberdade deles, o que de certa forma aconteceu.

Do seu lado, você pode achar que os outros parecem ter pouco para lhe dar. O compartilhamento inicial talvez seja seguido por uma sensação de decepção. Mas desistir deles leva a mais alienação e você na verdade precisa dos outros.

Uma solução para tudo isso é não insistir para que todos os seus dons sejam expressos no trabalho. Exprima-se por meio de projetos privados, da arte, de planos para o futuro ou de trabalhos autônomos paralelos e pela própria vida.

Em outras palavras, amplie o uso dos seus dons para além da produção das ideias mais destacadas no trabalho. Utilize-os para obter autoconhecimento e alcançar mais sabedoria sobre os seres humanos. Quando essa é a sua meta, parar e observar é bom. Às vezes também é bom participar como uma pessoa comum, e não como alguém superdotado, e ver como parece.

Finalmente, mantenha um bom contato com todos os tipos de pessoa, no trabalho e em outros lugares, aceitando que ninguém pode se relacionar com a totalidade do seu ser. Aceitar a solidão que acompanha dotes privilegiados pode ser o passo mais libertador de todos. Mas também aceite o oposto, que não há necessidade de se sentir isolado, pois todo mundo tem dotes de algum modo. E aí há a verdade oposta: ninguém, inclusive você, é tão especial a ponto de estar isento de questões universais como o envelhecimento e a morte.

Sua característica deve ser valorizada adequadamente

Espero que, neste momento, você consiga imaginar as muitas razões pelas quais ser uma PAS pode ser vantajoso no trabalho, seja você um trabalhador autônomo ou contratado. Descobri que será necessário um esforço considerável para que as PAS possam desfazer ideias negativas do passado a respeito do seu traço de personalidade e passar a valorizá-lo. Não é possível convencer ninguém do seu valor se você mesmo não está convencido. Por esse motivo, faça o seguinte sem falta.

Liste todas as vantagens que podem pertencer a uma PAS. Faça uma espécie de brainstorming e aceite todas as ideias sem criticá-las. Não se preocupe em pensar se as não-PAS têm ou não algumas das mesmas qualidades. Já basta que nós as tenhamos igualmente ou em maior quantidade. E empregue todas as estratégias: dedução lógica a partir do traço básico; reflexão sobre seus conhecimentos crescentes a respeito da PAS típica; análise das PAS que você conhece e admira; pensar sobre você; examinar o conteúdo deste livro. Sua lista deve ser *longa*. É bem longa quando as PAS a preparam em grupo – e eu as incentivo. Vá em frente até que a sua fique bem substancial.

Agora faça duas coisas: escreva um pequeno discurso que você poderia empregar durante uma entrevista e também uma carta mais formal, e em ambos exprima algumas das suas qualidades, deixando a sua sensibilidade implícita de modo a dar discretos indícios dela para o seu empregador.

Eis uma parte de um possível roteiro (que seria um pouquinho informal para uma carta):

> E, além de meus dez anos de experiência com crianças pequenas, tenho um conhecimento considerável sobre artes gráficas e experiência prática com layout. Estou ciente da contribuição singular da minha personalidade e do meu temperamento – sou uma daquelas pessoas extremamente escrupulosas, minuciosas e preocupadas em fazer um bom trabalho.
>
> Ao mesmo tempo, acho que tenho uma imaginação incrível. Sempre fui considerado altamente criativo (além de tirar notas

excelentes na escola e ter um QI alto). Minha intuição sobre o trabalho sempre foi um dos meus pontos fortes, incluindo a capacidade de identificar problemas ou erros em potencial.

No entanto, não sou o tipo que provoca alvoroço. Gosto de manter a calma ao meu redor. De fato, devo dizer que trabalho melhor quando me sinto calmo e as coisas estão tranquilas à minha volta. Por isso, a maior parte das pessoas se sente bem trabalhando comigo, embora eu prefira trabalhar sozinho ou em pequenos grupos. Minha independência, nesse aspecto, minha capacidade de trabalhar bem por conta própria, sempre foi um de meus pontos fortes...

Treinamento

Situações de treinamento podem ser excessivamente estimulantes porque você tende a ter um desempenho pior ao ser observado ou quando está hiperexcitado de algum modo – por exemplo, quando recebe informações demais de uma só vez, quando há gente demais em volta conversando ou se esforçando em aprender, quando imagina todas as sinistras consequências de deixar de se lembrar de algo.

Se for possível, tente fazer um autotreinamento. Leve para casa os manuais de instrução ou fique até tarde no escritório e treine sozinho. Você pode também providenciar um treinamento individual, de preferência com alguém que o deixe à vontade. Peça que demonstre uma etapa e fique sozinho então para praticá-la. Em seguida, permita que alguém que não é um supervisor o observe, alguém que não deixe você tão nervoso.

O conforto no trabalho

Por ser mais sensível, você não precisa de mais desconforto ou estresse à sua volta. Determinadas situações podem ser consideradas seguras e mesmo assim representar um desgaste para você. Os outros talvez não tenham problemas com luzes fluorescentes, ruídos de máquinas em nível baixo ou com odores químicos, mas tudo isso é uma questão para você. Trata-se de um assunto muito individual, mesmo entre as PAS.

Se precisar reclamar, pense de modo realista no que está enfrentando. Caso queira seguir em frente, mencione todos os esforços feitos por você para resolver a situação. Destaque sua produtividade e suas realizações, e sinalize que você pode render ainda mais se o problema em questão for resolvido (desde que isso seja realista).

Progresso na empresa

A pesquisa sobre "tímidos" alega que eles tendem a ganhar menos e a trabalhar em postos abaixo do seu nível de competência.[4] Creio que isso seja verdadeiro para muitas PAS, embora às vezes isto ocorra por uma opção consciente. Mas se você deseja progredir e não consegue, ou se demissões estão sendo aventadas e você não quiser fazer parte dessa leva, é preciso prestar atenção na estratégia.

As PAS em geral não gostam de "fazer política". E isso já é suficiente para que os outros desconfiem de nós. Somos facilmente mal interpretados de todas as formas possíveis, em especial se passamos menos tempo com os colegas de trabalho ou não compartilhamos nossos pensamentos com eles. Podemos parecer indiferentes, arrogantes, estranhos. Se não formos também muito insistentes, podemos parecer desinteressados ou fracos. Com frequência, essas avaliações não passam de projeções absolutamente injustificadas. Mas você precisa estar atento a essas dinâmicas e traçar estratégias para desarmá-las.

Quando for apropriado, de modo casual (ou formal) deixe que os outros fiquem cientes de seus sentimentos positivos sobre eles e sobre a empresa. Você pode achar que seus sentimentos são óbvios, mas talvez não sejam se você é uma pessoa discreta e os outros não são tão perspicazes. Pondere se também seria necessário falar de modo mais aberto sobre suas contribuições, aonde você gostaria de chegar dentro da organização e quanto tempo está disposto a esperar até que isso aconteça.

Nesse ínterim, assegure-se de que você não será ignorado na época das próximas promoções anotando uma vez por semana todas as suas mais recentes contribuições à empresa, além de todas as suas conquistas profissionais e pessoais. Seja bem detalhista. Assim, pelo menos você estará ciente dessas conquistas e mais propenso a mencioná-las, mas, se possível, mostre um resumo desses feitos para seu supervisor na sua próxima avaliação.

Se você demonstrar resistência a essa tarefa ou se descobrir, dentro de um mês, que ainda não a fez, pense profundamente nos motivos disso. Parece que você está se gabando? Pense então na possibilidade de estar fazendo um grande desserviço à sua organização e ao seu supervisor ao não lembrá-los do seu valor. Mais cedo ou mais tarde, você ficará insatisfeito e desejará mudar de emprego. Talvez seja atraído pela concorrência ou mesmo demitido, enquanto alguém menos competente é mantido. Você deseja que os outros percebam o seu valor sem precisar lembrá-los dele? É um desejo comum originado na infância, raramente realizado neste mundo.

Ou será que você, de fato, anda realizando muito pouco? Você se importa? Talvez seja necessário manter um registro das realizações que importam – trilhas percorridas de bicicleta, livros concluídos, conversas com amigos. Se algo além do trabalho consome sua energia, pode ser essa a atividade de que você mais gosta. Haveria algum modo de ser remunerado por ela? E, se seu tempo vem sendo consumido por uma responsabilidade como os cuidados com filhos ou pais idosos, sinta orgulho por assumi-la. Liste isso como uma realização, embora não possa ser compartilhada com a maioria dos empregadores.

Por fim, se você não está progredindo e sente que o estão perseguindo, é bem possível que você não seja suficientemente sagaz.

Bette encontra Maquiavel

Bette era uma PAS que fez psicoterapia comigo. Uma das questões que costumava abordar era a sua frustração com o trabalho. Os terapeutas nunca sabem ao certo o que está se passando em situações sobre as quais só conhecem uma versão. Mas parecia que Bette fazia um bom trabalho e nunca era promovida.

Então, durante uma avaliação, ela recebeu críticas exatamente pelos comportamentos que nos pareciam ser os mais valorizados pela maioria dos supervisores. Com muita relutância, Bette começou a supor que a supervisora "a perseguia". Sua supervisora tinha uma vida pessoal problemática e seu chefe anterior a alertara de que se tratava de alguém capaz de "apunhalar pelas costas".

A maioria dos funcionários se entendeu bem com a nova chefe, mas a intuição de Bette lhe indicava que eles estavam fazendo um grande esforço para agradá-la por terem muito medo dela. Por ser bem mais velha, Bette via a supervisora apenas como imatura, e não como uma ameaça. Mas Bette era também dedicada e conscienciosa. Com frequência recebia elogios dos visitantes, o que significava que era a mais competente entre as pessoas do seu departamento com quem eles já haviam se encontrado. Bette achou que não tinha o que temer, mas ignorou a inveja que a supervisora sentia. Bette não gostava de pensar mal de ninguém.

Um belo dia, Bette tomou a iniciativa de pedir a alguém no RH para ver sua ficha (o que era permitido nessa empresa) e descobriu que a chefe vinha acrescentando anotações que simplesmente não eram verdadeiras, omitindo as informações positivas que Bette pedira que fossem incluídas.

Bette teve que reconhecer, enfim, que estava no meio de uma disputa de poder com sua supervisora. Mas não sabia o que fazer. Ela repetiu inúmeras vezes, em especial, que não queria se rebaixar ao nível de sua adversária.

Para mim, o mais importante passou a ser ajudar a Bette a entender por que tinha virado um alvo. De fato, ela admitia que aquele não era o primeiro caso na sua vida profissional. Desconfiei disso porque, por mais que não fosse verdade, ela parecia indiferente, arrogante e, portanto, ameaçadora para uma pessoa mais jovem e insegura. Mas na raiz de tudo encontrava-se a incapacidade de Bette – até mesmo sua recusa – de ver o conflito que se aproximava.

Naquela empresa, como em outras nas quais havia trabalhado antes, Bette se tornara um alvo fácil por preferir "se destacar da manada". Como muitas PAS introvertidas, ela preferia ir para o trabalho, cumprir bem seu papel e voltar para casa sem aumentar sua estimulação com atividades sociais. Costumava me dizer: "Não gosto de fofocar com os outros." Uma consequência do seu estilo era que ela se mantinha desinformada demais sobre o que se passava em esferas mais informais. Precisava lançar mão de sua persona e participar de alguns bate-papos para se proteger, para saber o que se passava e ter "alguns amigos na corte". Uma segunda consequência era que, de certo modo, Bette rejeitava os outros, ou pelo menos era o que seus colegas sentiam. Em todo caso, o fato era que ninguém sentia grande desejo de ajudá-la. Por isso a supervisora soube que seria seguro atacá-la.

Outro erro compreensível cometido pela Bette, tão típico de uma PAS, foi permanecer totalmente alheia aos aspectos mais "sombrios" ou menos desejáveis da sua chefe. Na verdade, Bette tendia a idealizar seus superiores. Esperava apenas gentileza e proteção de alguém no comando. E muitas vezes não recebia o que esperava. Nesse caso ela se dirigiu ao superior da sua supervisora para pedir ajuda. Mas achou que seria "justo" informar sua chefe sobre o que pretendia fazer! A supervisora, claro, antecipou-se e fez com que seus superiores hierárquicos ficassem contra Bette – mais uma figura de autoridade excessivamente idealizada tinha se comportado como um simples mortal, como era previsível.

Quando pedi a Bette que fosse mais astuciosa, mais "política", a princípio ela achou que eu estava pedindo que ela sujasse suas mãos. Mas eu sabia que tamanha pureza devia estar deixando marcas. Bette acabou encontrando em seus sonhos uma cabra zangada confinada, depois uma pequena "lutadora de rua" e por fim uma mulher de negócios bastante sofisticada. Cada um dos personagens de seus sonhos acrescentava a Bette algo que ela, de fato, possuía mas não tinha usado e que reprimia veementemente como algo inaceitável. Os personagens lhe ensinaram a ter um pouco de desconfiança de todo mundo, em especial daqueles que ela idealizava (inclusive eu).

Ao aprofundar suas reflexões – boa parte delas exigindo obviamente considerável coragem e inteligência –, Bette admitiu que tinha profundas dúvidas a respeito das motivações de todas as pessoas. Mas sempre tentava suprimir essas desconfianças, considerando-as uma parte desagradável de si mesma. Ao se tornar ciente desses sentimentos e examiná-los, Bette descobriu que podia confiar mais em algumas pessoas – e não menos – e, acima de tudo, nas suas conflituosas intuições. Você terá uma oportunidade de encontrar o agente do seu poder interior no fim deste capítulo.

Arrependimentos – o que é evitável e inevitável

É duro enfrentar tudo que não seremos capazes de fazer nesta vida. Mas isso faz parte da nossa mortalidade. Como será maravilhoso se pudermos fazer um progresso, ainda que pequeno, diante da questão que a vida nos apresentou! Será ainda mais maravilhoso se encontrarmos um modo de ganhar dinheiro enquanto o fazemos. E será quase um milagre se formos capazes de trabalhar nisso junto a outros, em um ambiente de harmonia e apreciação mútua. Se você foi abençoado, valorize o que recebeu. Se ainda não chegou lá, espero que tenha agora uma noção de como atingir seu objetivo.

Por outro lado, você talvez tenha que lidar com uma vocação que ficou fora de seu alcance por conta de outras responsabilidades ou pela incapacidade da sua cultura em apreciá-la. Se conseguir alcançar um lugar de paz em meio a tudo isso, então você pode ser o mais sábio de todos nós.

TRABALHE COM O QUE APRENDEU
O encontro com seu Maquiavel interior

Maquiavel, conselheiro dos príncipes italianos durante a Renascença, escreveu com franqueza brutal sobre a forma de progredir e se manter à frente dos demais. Seu nome está associado, talvez de modo excessivo, a manipulação, mentiras, traições e todos os estratagemas que se passam "na corte". Não recomendo que você se torne maquiavélico, mas afirmo que quanto mais as qualidades dele lhe causem repulsa, mais você precisará estar ciente de que elas se escondem dentro de você e dos outros. Quanto mais alegar ignorar essas coisas, mais você será perturbado pelas tramas secretas que se desenrolam dentro de você ou dos outros.

Em suma, dentro de você, em algum lugar, reside um Maquiavel. Sim, com certeza ele é um manipulador inescrupuloso, mas nenhum príncipe, muito menos um príncipe bondoso, permaneceria muito tempo no poder sem ter pelo menos um conselheiro com uma visão tão impiedosa quanto a de seus inimigos. O truque é prestar atenção no que ele diz, mas manter Maquiavel no seu devido lugar.

Talvez você já conheça essa sua faceta. Mas dê um corpo para ela. Tente imaginar como se parece, o que diz e qual seria seu nome. (É provável que não seja Maquiavel.) E aí tenham uma conversa. Deixe que esse personagem conte tudo sobre a organização onde você trabalha. Pergunte quem está fazendo o que para progredir e quem está perseguindo você. Pergunte o que *você* poderia fazer para avançar. Deixe que essa voz se pronuncie por algum tempo.

Depois, tendo muito cuidado para manter intactos seus valores e seu bom caráter, pense no que aprendeu. Por exemplo, você ouviu que alguém está empregando táticas injustas e prejudicando você e a empresa? A voz interior está sendo paranoica ou é algo que você sabia mas não queria admitir? Existe alguma manobra sábia que possa ser feita para neutralizá-lo ou pelo menos para proteger você?

CAPÍTULO 7

RELACIONAMENTOS ÍNTIMOS
O desafio do amor sensível

Este capítulo é uma história de amor. Começa com a forma como as PAS se apaixonam ou iniciam uma profunda amizade. Em seguida, busca contribuir com o trabalho compensador de manter vivo o amor, ao estilo das PAS.

A intimidade das PAS – tantas formas de se aproximar

Cora tem 64 anos, é dona de casa e escritora de livros para crianças. Casou-se apenas uma vez com "seu único parceiro sexual" e informou-me com firmeza que "está muito satisfeita com esse aspecto da vida". Dick, seu marido, "é tudo menos uma PAS". Mas os dois apreciam a contribuição de ambos ao casamento, especialmente agora que as dificuldades foram superadas. Por exemplo, com o passar dos anos ela aprendeu a resistir aos desejos dele de partilhar o prazer que encontra nos filmes de aventura, esquiando e na plateia do Super Bowl. Ele passou a ir com amigos.

Mark, na casa dos 50 anos, é professor universitário e poeta, especialista em T. S. Eliot. É solteiro e vive na Suécia, onde ensina literatura inglesa. As amizades são fundamentais na vida de Mark. Ele se tornou habilidoso em encontrar aquelas poucas almas gêmeas mundo afora, cultivando relações profundas. Desconfio que seus amigos se consideram muito afortunados.

Quanto à vida romântica, Mark se recorda de ter tido paixões intensas desde cedo. Já adulto, seus relacionamentos foram "raros mas avassaladores.

Dois deles permanecem. Dolorosos. Não há fim à vista, embora a porta esteja fechada". Lembro-me então de que ele adotou um tom irônico: "Mas tenho uma vida intensa na fantasia."

Ann também se lembra de ter se apaixonado intensamente quando adolescente. "Sempre houve alguém. Era uma missão, uma busca." Casou-se aos 20 anos; teve três filhos em sete anos. Nunca havia dinheiro suficiente e as tensões se acumularam, assim como os abusos perpetrados pelo marido. Depois de ter levado algumas surras feias, Ann sabia que precisava partir. Tinha que crescer e se sustentar de alguma forma.

Com o passar dos anos, houve outros homens na vida de Ann, mas ela nunca voltou a se casar. Aos 50 anos, ela diz que sua busca pelo "parceiro mágico" por fim acabou. De fato, quando perguntei se ela havia organizado a sua vida de algum modo especial para acomodar sua sensibilidade, a primeira resposta foi: "Eu finalmente tirei os homens da minha vida; isso não me abala mais." Grandes amizades com outras mulheres, bem como vínculos próximos com os filhos e as irmãs, deixam Ann muito feliz.

Kristen, a estudante que conhecemos no Capítulo 1, foi outra que viveu intensas paixões durante toda a infância. "Cada ano eu escolhia um. Mas, quando fui ficando mais velha e tudo ficou mais sério, especialmente quando eu estava mesmo com eles, queria que me deixassem em paz. Houve então aquele que me levou ao Japão. Era tão importante para mim, mas está passando, graças a Deus. Tenho 20 anos agora e não estou interessada em rapazes. Quero primeiro entender quem eu sou." Kristen, tão preocupada com a própria sanidade, definitivamente parece bem sã.

Lily, de 30 anos, passou uma juventude promíscua rebelando-se contra a mãe, uma chinesa muito rigorosa. Mas dois anos atrás, quando ela teve problemas de saúde por conta da sua vida desregrada, Lily finalmente percebeu que era infeliz. Durante a nossa entrevista, chegou mesmo a se perguntar se havia escolhido aquela vida excessivamente estimulante para se distanciar de uma família que ela considerava tediosa. De qualquer modo, recuperou a saúde e iniciou um relacionamento com um homem que ela considerava mais sensível do que ela. A princípio, eram apenas amigos – como sua família, ele parecia entediante. Mas algo delicado e profundo se desenvolveu entre os dois. Foram morar juntos, mas Lily não teve pressa em se casar.

Lynn está na casa dos 20 anos e casou-se recentemente com Craig, com quem compartilha um caminho espiritual em comum e um amor profundo e novo. Mas um problema entre eles diz respeito à frequência do sexo. Dentro da tradição espiritual que ele escolhera e que Lynn adotou ao encontrá-lo, Craig abstinha-se da sexualidade. Na época da nossa entrevista, ele mudara de ideia e era ela que queria seguir a tradição e se abster. O meio-termo que funciona para os dois até o momento tem sido fazer amor "com pouca frequência" (uma ou duas vezes por mês), mas sempre como algo "muito especial".

Esses exemplos ilustram o modo rico e diverso com que as PAS satisfazem o desejo muito humano de estar próximas de outras pessoas. Embora eu não tenha dados estatísticos em grande escala para confirmar, é minha impressão, a partir das entrevistas com as PAS, que elas encontram formas mais variadas que os outros para equacionar essa área, escolhendo a vida de solteiro com mais frequência do que a população em geral, ou optam por uma monogamia firme ou por amizades e relacionamentos familiares profundos em vez de romance. É verdade que essa dança ao som de uma canção de amor diferente talvez se deva às histórias pessoais e às diferentes necessidades das PAS. Mas a necessidade é a mãe da invenção.

Com toda essa diversidade entre as PAS, nós ainda compartilhamos algumas questões em comum. No que diz respeito aos relacionamentos íntimos, todas decorrem da nossa capacidade especial para perceber as sutilezas e da nossa grande tendência à hiperexcitação.

Quando uma PAS se apaixona

No que diz respeito ao ato de se apaixonar, minha pesquisa sugere que as PAS se apaixonam com mais intensidade do que os outros. Isso pode ser bom. Por exemplo, estudos demonstram que a pessoa apaixonada tende a apresentar uma visão ampliada da própria competência e da autoconfiança.[1] Ao encontrar o amor, o indivíduo se sente maior e melhor. Por outro lado, é bom ter conhecimento de algumas das razões que nos levam a mergulhar na experiência com mais intensidade e que têm pouca ou nenhuma relação com a pessoa amada. É bom saber, para aquelas ocasiões em que preferimos não nos envolver.

Antes de começarmos, porém, escreva o que aconteceu com você em uma ou mais ocasiões em que se apaixonou profundamente. Aí você pode observar e constatar se algo do que descrevo se aplica ao seu caso.

Percebo que algumas PAS parecem nunca se apaixonar. (Em geral, elas têm o estilo de apego evitativo que descrevi anteriormente.) Mas dizer "Nunca me apaixonarei" é como dizer que nunca choverá no deserto. Qualquer um que conhece o deserto lhe dirá que, quando a chuva cai, é melhor tomar cuidado. Se você acha que nunca se apaixonará com intensidade, é melhor prosseguir com a leitura deste livro – caso chova.

Intensidade excessiva

Antes de examinar o tipo poderoso de paixão ou de amizade que pode levar a um relacionamento maravilhoso, você talvez se interesse em conhecer o caso mais raro, mais famoso, de amor impossível e avassalador. Pode acontecer com qualquer um, mas parece ser mais frequente entre as PAS. E, como costuma ser uma experiência terrível para as duas partes envolvidas, há algumas informações úteis caso você esbarre com a situação.

Esse tipo de amor costuma não ser correspondido. A falta de reciprocidade pode ser a razão dessa intensidade. Se um relacionamento real pudesse se desenvolver, a idealização absurda esfriaria à medida que a pessoa passasse a conhecer melhor o amado, com todos os seus defeitos. Mas a intensidade também pode interromper o relacionamento. O amor extremo costuma ser rejeitado por quem o inspira por ser tão exigente e pouco realista. O objeto desse amor costuma se sentir sufocado, sem realmente ser amado, pois seus sentimentos não são levados em consideração. Na verdade, pode parecer que aquele que ama não tem uma compreensão *real* do amado, mantendo apenas alguma visão impossível de perfeição. Ao mesmo tempo, aquele que ama pode abandonar tudo em nome de um sonho de felicidade perfeita que só pode ser proporcionada pelo outro.

Como acontece esse amor? Não existe uma resposta única, mas algumas fortes possibilidades de explicação. Carl Jung sustentava que os habitualmente introvertidos (como é o caso da maioria das PAS) voltam suas energias para dentro, para evitar que sua preciosa vida interior seja atropelada pelo mundo exterior. Mas Jung destacou que quanto mais bem-sucedido você é na sua introversão, maior se torna a pressão do inconsciente para compensar esse ensimesmamento. É como se a casa estivesse cheia de crianças entediadas (mas provavelmente inteligentíssimas) que acabam descobrindo a porta dos fundos. Essa energia represada costuma ser depositada em uma pessoa (ou em um lugar ou uma coisa), que se transforma em tudo para o pobre introvertido que tombou. Você se apaixona intensamente e isso tem menos relação com a pessoa amada e mais relação com quanto você demorou para procurar alguém.

Muitos filmes e romances capturaram esse tipo de amor. No cinema, o exemplo clássico seria *O anjo azul*, sobre um professor que se apaixona por uma dançarina de cabaré. Na literatura, seria *O lobo da estepe*, de Hermann Hesse, sobre um homem mais velho, altamente introvertido, que conhece uma jovem e provocante dançarina e seu círculo de amigos, apaixonados e sensuais. Nos dois casos, os protagonistas dão um mergulho desesperado em um mundo de amor, sexo, drogas, ciúme e violência – todo tipo de estímulo e exacerbação dos sentidos que o eu intuitivo e introvertido havia rejeitado até então e com os quais não sabia lidar. Mas as mulheres também experimentam esses sentimentos, como acontece em alguns romances de Jane Austen e Charlotte Brontë, nos quais personagens controladas, introvertidas e estudiosas são arrebatadas pelo amor.

Por mais introvertido que seja, você é um ser social. Não pode escapar da necessidade e do desejo espontâneo de estabelecer ligação com os outros, mesmo que sinta forte e conflitante necessidade de se proteger. Por sorte, assim que você tem experiências e se apaixona algumas vezes, percebe que ninguém é tão perfeito. Como dizem, há sempre mais peixes no oceano. A melhor proteção contra uma paixão intensa demais é estar mais (e não menos) exposto ao mundo. Ao alcançar um equilíbrio, talvez descubra até que certas pessoas o ajudam a permanecer calmo e seguro. Então, como você vai ficar na chuva um dia desses, é melhor se molhar agora com o resto de nós.

Volte a examinar suas histórias de amor e de amizade. Elas foram antecedidas de um longo período de isolamento?

O amor humano e o amor divino

Outra forma de se apaixonar com intensidade é projetar seus anseios espirituais em alguém. Repito: confundir seu amado humano com um amado divino seria corrigido se você pudesse morar com a pessoa por algum tempo. Mas, quando isso não é possível, a projeção consegue ser surpreendentemente persistente.

A fonte desse amor precisa ser algo bem grande, e acho que é mesmo. Segundo os junguianos, cada um de nós possui um ajudante interno para nos conduzir aos mais profundos domínios interiores. Mas talvez não conheçamos esse ajudante tão bem ou, o que ocorre com frequência, o projetemos equivocadamente em outras pessoas, no nosso desejo desesperado de encontrar aquele de quem tanto precisamos. Queremos que aquele ajudante seja real e, claro, embora as coisas possam ser bem reais e ao mesmo tempo completamente interiores, essa é uma ideia difícil de aprender.

A tradição junguiana afirma que, para o homem, esse ajudante interno costuma ser uma alma feminina ou uma representação da "anima", e, para a mulher, um guia espiritual masculino, ou "animus". Assim, quando nos apaixonamos, com frequência estamos realmente nos apaixonando pela anima ou pelo animus internos que nos levarão aonde desejamos ir, ao paraíso. Vemos a anima ou o animus em gente de carne e osso com quem esperamos compartilhar um paraíso sensual, terreno (incluindo em geral um cruzeiro tropical ou um fim de semana esquiando nas montanhas – os publicitários ficam felizes em nos ajudar a projetar esses arquétipos no mundo exterior). Não me compreenda mal. Carne e osso e sensualidade são ótimos. Apenas não vão substituir a figura interna ou a meta interior. Mas você percebe a confusão causada pelo amor divino quando dois mortais decidem se amar, ambos à moda humana.

Mas talvez a confusão seja boa por um tempo, em algum momento da vida. Como escreveu o romancista Charles Williams: "A menos que a devoção seja entregue a algo que se revela falso, aquilo que é verdadeiro no fim não consegue entrar."

Amor avassalador e apego inseguro

Como já mencionamos, os relacionamentos das PAS com tudo e com todos são muito afetados pela natureza de seus vínculos com seus primeiros cuidadores, na infância. Como apenas 50% a 60% da população desfrutou de apego seguro[2] (uma estatística chocante, é verdade), PAS que tendem a ser muito cautelosas com relacionamentos íntimos (evitativos) ou muito intensas neles (ansiosos/ambivalentes) ainda podem se considerar bem normais. Mas suas reações são muito poderosas porque há inúmeras questões em aberto nesse departamento.

Com frequência, aqueles com estilos de apego inseguro se esforçam muito para evitar o amor e não se machucar. Ou talvez pareça um desperdício de tempo e você tente não pensar nos motivos que o levam a encarar o amor de uma forma tão diferente do resto do mundo. No entanto, por mais que se esforce, um belo dia você se pega tentando acertar mais uma vez. Surge alguém e parece ser seguro correr o risco de um vínculo. Ou há algo no outro que traz a lembrança de alguém confiável que passou depressa demais pela sua vida. É possível, ainda, que exista algo dentro de você que se desespera o suficiente para arriscar-se mais uma vez. De repente, você cria um vínculo, como aconteceu com a Ellen.

Embora Ellen nunca tivesse se sentido tão próxima do marido quanto ele gostaria, ela considerava que tinha um casamento bastante feliz na época em que concluiu sua primeira grande escultura. Mas, depois que o projeto de um ano de trabalho foi concluído e despachado, Ellen se sentiu estranhamente vazia. Era raro compartilhar tais sentimentos com alguém, mas certo dia ela se pegou falando do assunto com uma mulher mais velha, corpulenta, que costumava prender os longos cabelos grisalhos em um coque.

Até aquela conversa, Ellen nunca havia reparado naquela pessoa, considerada uma espécie de criatura excêntrica na comunidade. Mas a mulher mais velha, por acaso, tinha sido treinada para dar aconselhamentos e sabia como ouvir os outros com empatia. No dia seguinte, Ellen descobriu que não parava de pensar nela. Queria revê-la. A outra sentiu-se lisonjeada por ter a amizade de uma artista glamourosa e o relacionamento desabrochou.

Mas, para Ellen, aquilo era mais do que uma simples amizade. Era uma necessidade estranhamente desesperada. Para seu espanto, o relacionamento entre as duas assumiu contornos sexuais e o casamento de Ellen entrou em turbulência. Por causa do marido e dos filhos, ela decidiu que queria terminar o relacionamento, mas não conseguiu. Era absolutamente impossível.

Depois de um ano de cenas tempestuosas entre os três, Ellen começou a encontrar defeitos intoleráveis na outra – em especial, um temperamento violento. O relacionamento terminou e o casamento de Ellen sobreviveu. Mas ela só foi compreender o que acontecera anos depois, com a psicoterapia.

Enquanto explorava sua primeira infância, Ellen descobriu por intermédio da irmã mais velha que a mãe das duas, ocupadíssima, tinha tido pouco tempo ou pouca disposição para cuidar de bebês. Ellen havia sido criada por uma série de babás. Lembrava-se de uma delas, a Sra. North, que depois se tornaria sua primeira professora de religião na escola dominical. A Sra. North tinha sido extraordinariamente bondosa e carinhosa. De fato, a pequena Ellen chegara a pensar que a Sra. North era Deus. E a Sra. North era uma mulher corpulenta e sem graça, que usava o cabelo grisalho preso em um coque.

Ellen crescera com uma programação inconsciente. Em primeiro lugar, tinha sido programada para evitar qualquer tipo de vínculo, pois suas cuidadoras mudavam com frequência. Mas, em um nível mais profundo, tinha sido programada para procurar por alguém como a Sra. North e arriscar tudo para voltar a se sentir segura, como acontecia durante algumas horas diárias com a verdadeira Sra. North.

Somos todos programados de algum modo: para agradar e nos agarrar à primeira pessoa gentil que prometer nos amar e nos proteger; a encontrar o pai perfeito e adorar completamente aquela pessoa; a ter extremo cuidado para não nos ligarmos a ninguém; a nos ligarmos a alguém que seja igual àquela pessoa que não nos quis da primeira vez (e ver se conseguimos mudá-la nessa segunda oportunidade) ou que insistiu que nunca virássemos adultos; ou apenas para encontrar outro porto seguro como aquele de que desfrutamos na infância.

Volte a examinar a sua história amorosa. Consegue entendê-la com base no seu vínculo de infância? Trouxe para ela intensas carências não satisfeitas quando criança? Ter algumas dessas carências de sobra resulta na "cola" normal para a intimidade na vida adulta. Mas há limites para o que podemos pedir a outro adulto. Qualquer um que realmente queira um adulto com necessidades de criança (como, por exemplo, a necessidade de nunca perder o outro de vista) tem também algo mal resolvido no passado. A psicoterapia é praticamente o único lugar onde é possível despertarmos para as perdas, chorá-las e aprendermos a controlar sentimentos avassaladores.

E quanto ao amor romântico normal que torna a vida por algum tempo tão maravilhosamente anormal?

Os dois ingredientes para o amor correspondido

Ao estudar centenas de relatos de amores (e de amizades) escritos por pessoas de todas as idades, meu marido (um psicólogo social com quem realizei extensas pesquisas sobre relacionamentos íntimos) e eu descobrimos dois temas mais comuns.[3] Em primeiro lugar, era óbvio que a pessoa que se apaixonava gostava muito de algumas coisas no outro. Mas a flecha do Cupido costumava atravessar a armadura apenas quando descobria que o outro correspondia àquele sentimento.

Esses dois fatores – gostar de algumas coisas no outro e descobrir que o outro gosta de você – me fazem pensar em uma imagem de um mundo em que as pessoas desfilam se admirando, esperando apenas que alguém confesse seu amor. É importante que as PAS tenham essa imagem em mente, pois um dos momentos mais empolgantes da vida é quando se confessa o amor ou quando se recebe uma declaração de afeto. Mas, se desejamos ficar próximos de alguém, é preciso fazê-lo! Devemos aceitar todos os riscos da aproximação, inclusive o risco de dizer o que sentimos. Cyrano de Bergerac aprendeu essa lição, assim como o capitão John Smith.

Como a excitação pode fazer qualquer um se apaixonar

Um homem encontra uma mulher atraente em uma ponte suspensa, precária, que sacode com o vento, no alto de um desfiladeiro nas montanhas. Ou encontra a mesma mulher em uma ponte de madeira robusta, 30 centímetros acima de um riacho. Em que lugar um homem tenderia a se sentir mais atraído romanticamente à mulher? De acordo com os resultados de um experimento feito por meu marido e um colega (que é agora famoso na psicologia social), um número bem maior de paixões surgirá na ponte suspensa.[4] Outro estudo descobriu que estamos mais propensos a sentir atração romântica se estivermos excitados de algum modo, seja praticando corrida estacionária ou ouvindo uma gravação de um monólogo cômico.[5]

Existem várias teorias para explicar por que qualquer tipo de excitação pode dar lugar à atração se alguém apropriado estiver por perto. Um motivo é que sempre tentamos atribuir a excitação a alguma coisa e, se possível, gostaríamos especialmente de atribuí-la à atração que sentimos. Ou talvez seja porque níveis elevados (mas toleráveis) de excitação estejam associados em nossa mente à expansão e à empolgação, e essas coisas, por sua vez, estão provavelmente associadas à atração que sentimos por alguém. Essa descoberta tem implicações interessantes para as PAS. Se somos mais excitáveis do que os outros, em geral estaremos mais propensos a nos apaixonar (e talvez também com mais intensidade) quando estivermos com alguém atraente.

Volte a examinar sua história amorosa. Havia passado por uma experiência excitante antes ou enquanto conhecia alguém a quem você amou? Aliás, depois de passar por provações, já se sentiu fortemente ligado às pessoas que o acompanharam – ou a médicos, terapeutas, parentes ou amigos que o ajudaram a lidar com uma crise ou com a dor? Pense em todas as amizades formadas durante o ensino médio e a universidade, quando todo mundo está experimentando tantas situações novas, intensas e excitantes. Agora você entende o motivo.

Mais duas razões que explicam por que as PAS estão mais propensas ao amor

Outro fator que leva as PAS a se apaixonarem está ligado a dúvidas que tenham a respeito do seu valor. Por exemplo, uma pesquisa revelou que estudantes do sexo feminino com a autoestima abalada (por algo que haviam ouvido durante o experimento) se sentiam mais atraídas por um potencial parceiro do que aquelas cuja autoestima permanecia intacta.[6] De modo semelhante, as pessoas ficam mais propensas a se apaixonar depois de um rompimento.

Como destaquei, as PAS estão inclinadas a ter problemas com a autoestima por não corresponderem ao ideal cultivado na sua cultura. Assim, às vezes elas se consideram sortudas quando qualquer um as deseja. Mas o amor, sobre essa base, tende a sair pela culatra. Mais tarde você pode perceber que o objeto da sua paixão era muito inferior ou simplesmente não fazia seu tipo.

Volte a examinar a sua história amorosa. A autoestima abalada teria desempenhado um papel?

A melhor solução, claro, é fortalecer a autoestima ressignificando a sua vida com base na sua sensibilidade, trabalhando interiormente no que quer que tenha diminuído a sua autoconfiança e se mostrando ao mundo de acordo com seus termos – provando a si mesmo que está tudo bem. Você ficará surpreso ao descobrir quantas pessoas o amarão profundamente *por causa* da sua sensibilidade.

Há também a tendência muito humana de iniciar ou dar continuidade a um relacionamento íntimo por puro medo da solidão, da hiperexcitação ou de enfrentar situações novas ou assustadoras. Acho que essa é uma das principais razões para que as pesquisas constatem que um terço das estudantes universitárias se apaixona no primeiro ano, depois que sai da casa da família.[7] Somos todos animais sociais, sentindo-nos mais seguros na companhia dos outros. Mas você não quer suportar qualquer um apenas pelo medo de se sentir sozinho. O outro acabará percebendo, se magoará ou se aproveitará de você. Vocês dois merecem algo melhor.

Volte a examinar a sua história amorosa. Você já se apaixonou por ter medo de ficar sozinho? Acredito que as PAS devam saber que são capazes de sobreviver, pelo menos por algum tempo, sem um relacionamento íntimo e romântico. De outro modo, não estaremos livres para esperar alguém de quem realmente gostemos.

Se você ainda não consegue viver sozinho, não deve se envergonhar. É bem provável que algo tenha danificado a sua confiança no mundo ou que alguém quisesse que você não desenvolvesse essa confiança. Mas, se existirem condições para isso, tente viver por conta própria. Se parecer difícil demais, procure um terapeuta para apoiá-lo e aconselhá-lo –

alguém que não o maltratará nem o abandonará, cujo único interesse é ver sua autossuficiência.

E você também não precisa ficar *totalmente* sozinho. Existem grandes fontes de conforto disponíveis, como bons amigos, parentes leais, a pessoa que mora com você e que por acaso está em casa e disposta a ir ao cinema, cães afáveis e gatos fofos.

Aprofundando uma amizade

As PAS, em particular, nunca devem subestimar as vantagens das grandes amizades. Elas não precisam ser tão intensas, complicadas ou exclusivas como os relacionamentos românticos. Alguns conflitos podem se resolver sozinhos. Características irritantes podem ser ignoradas um pouco mais, talvez por todo o tempo do relacionamento. E na amizade é possível verificar o que é viável construir com o outro sem que haja danos duradouros caso um dos dois decida não seguir com ela. Ocasionalmente, uma amizade pode mesmo dar lugar a um relacionamento romântico.

Para aprofundar uma amizade (ou um relacionamento familiar), use um pouco daquilo que você sabe sobre os motivos saudáveis para se apaixonar. Diga ao outro que você gosta dele. Não hesite em compartilhar uma experiência intensa – passem por uma provação juntos, trabalhem em um projeto, formem uma equipe. É difícil se aproximar se tudo que vocês fazem é sair para almoçar. No processo de partilha de experiências, vocês farão revelações. Quando são recíprocas e apropriadas, elas são o caminho mais curto para a intimidade.[8]

Encontrar a pessoa certa

Na verdade, é a pessoa não altamente sensível que costuma nos encontrar. Houve uma época em que a maioria dos meus amigos era extrovertida, menos sensível (mas certamente gentil e empática), gente que parecia um pouco orgulhosa de ter me descoberto, a escritora reclusa. Eram boas amizades para mim, dando-me perspectivas e oportunidades que eu não teria encontrado sozinha. Por muitos motivos, porém, é sempre bom que PAS tenham por perto algumas outras PAS.

Uma tática excelente para descobrir outras PAS é pedir a seus amigos extrovertidos que o apresentem para outras pessoas que eles conhecem e que se parecem com você. Por outro lado, você pode encontrar uma PAS quando pensa como ela. Esqueça happy hours, academias e coquetéis. Sob o risco de alimentar estereótipos, é mais provável encontrar PAS em cursos de extensão para adultos, excursões para observação da natureza, em igrejas, grupos de estudos para católicos e judeus que buscam mergulhar em sua tradição religiosa ou aprender seus aspectos esotéricos, aulas de arte, palestras sobre psicologia junguiana, saraus de poesias, reuniões de sociedades de alto QI, sinfonias, óperas, apresentações de balé (e nas palestras antes desses espetáculos) ou em retiros espirituais de todos os tipos. Essa lista deve servir de ponto de partida.

Assim que encontrar outra PAS, é fácil engrenar a conversa, falando sobre o barulho ou o excesso de estímulos no lugar onde vocês estão. Em seguida vocês podem escapulir, dar uma volta ou encontrar juntos algum lugar tranquilo – e estará tudo resolvido.

PAS na dança

Como disse antes e voltarei a dizer, PAS necessitam de relacionamentos íntimos e podem ser muito habilidosas nisso. No entanto, precisamos vigiar aquele nosso lado que deseja ficar introvertido e se proteger. Em geral, podemos nos encontrar repetindo uma espécie de dança.

Primeiro queremos nos aproximar e emitimos todos os sinais que convidam à intimidade. E então alguém reage, querendo ver mais de nós, nos conhecer melhor, talvez nos tocar. E aí recuamos. A outra pessoa é paciente por algum tempo e depois também recua. Nós nos sentimos sozinhos e voltamos a mandar sinais. Aquela pessoa ou outra volta a tentar. Ficamos felizes – por algum tempo. Depois nos sentimos sufocados.

Um passo para a frente, um passo para trás, um passo para a frente, um passo para trás, até que todos se cansam da dança.

O equilíbrio apropriado entre distância e intimidade parece impossível. Se você tenta agradar os outros, perderá de vista as próprias necessidades. Se você tenta agradar apenas a si mesmo, deixará de exprimir muito amor e não assumirá os compromissos exigidos pelos relacionamentos.

Uma solução possível é manter um relacionamento com alguém como você. Porém os dois podem acabar tão fora de sincronia a ponto de cada um terminar dançando em lados opostos do salão. Por outro lado, um relacionamento com alguém que deseja se envolver mais e se estimular mais pode transformar a dança em uma provação. Não tenho a resposta para você. Mas sei que as PAS precisam continuar na dança e não desistir nem desejar que ela chegue ao fim. Na melhor das hipóteses, esse é um fluxo que equilibra as necessidades de ambos e que reconhece que os sentimentos flutuam. Você simplesmente fica mais gracioso com o tempo, pisa em menos pés. Vamos então olhar mais de perto os seus relacionamentos íntimos.

Relacionamentos entre duas PAS

Ser íntimo de outra PAS deve ter muitas vantagens. Cada um se sente finalmente tão compreendido... Deve haver menos conflitos sobre limites, sobre o tempo passado a sós. É provável que os dois apreciem os mesmos passatempos.

As desvantagens estão no fato de os dois terem provavelmente mais dificuldades nas mesmas tarefas, seja pedindo orientação a desconhecidos ou encarando um dia no shopping. Por isso essas coisas tendem a não ser feitas. Além disso, se os dois tendem a se manter afastados dos outros, não haverá ninguém obrigando-os a aumentar o grau de intimidade, a encarar a insegurança. Um relacionamento distante talvez pareça bom para vocês, mas há nele uma aridez que estaria ausente em um relacionamento com alguém que cobrasse mais proximidade. Isso é, no entanto, uma decisão só de vocês. A despeito do que diz a psicologia popular, se os dois estão felizes, não há lei natural ou humana que diga que é preciso manter intimidade e compartilhar com intensidade para encontrar satisfação.

Por fim, tenho a impressão de que, em geral, sempre que duas pessoas em uma relação têm personalidades parecidas, a compreensão mútua é forte e os conflitos são mínimos. Pode ser tedioso, mas isso cria um porto seguro e tranquilo para onde os dois podem viajar, dali para o mundo ou interiormente. Ao se reencontrarem, é provável que desfrutem a empolgação de compartilhar a experiência do outro.

Quando o outro não é tão sensível

Qualquer diferença em um casal que passa muito tempo junto tenderá a crescer. Se você é um pouco melhor na leitura de mapas ou de extratos bancários, cuidará disso para os dois o tempo inteiro e se tornará o especialista. O problema é que, quando aquele que não tem essa habilidade estiver sozinho às voltas com um mapa ou com um banco, querendo saber o que se passa na sua conta, ele se sentirá realmente tolo e desamparado. (Embora haja vezes em que a pessoa se surpreende ao descobrir que, graças à observação do outro, ela sabe bem mais do que os dois imaginavam.)

Cada um tem que decidir por si em quais áreas basta ser parvo na companhia de um especialista e em quais não é nada bom ser uma completa negação. O respeito próprio é uma questão e, no caso dos casais heterossexuais, acredito que os estereótipos de gênero também tendam a tomar conta. Talvez você se sinta pouco à vontade fazendo coisas que não costumam ser feitas por alguém do seu gênero. Ou talvez, como eu e meu marido, você se sinta desconfortável ao deixar que esses estereótipos se mantenham. (Gosto de saber como trocar um pneu; ele gosta de saber como trocar uma fralda.)

A especialização é mais problemática e é maior a tentação de ignorá-la quando acontece em torno do "trabalho" psicológico. Um dos membros do casal sente as emoções pelos dois; o outro fica tranquilo. Ou um dos dois sente apenas bons sentimentos e não ganha nenhuma resiliência em lidar com o luto, o medo, etc. Ao outro cabem toda a ansiedade, toda a depressão.

Quando se trata da alta sensibilidade, qualquer um que seja um pouco menos sensível se torna um especialista em fazer qualquer coisa que poderia deixar hiperexcitado o mais sensível. (Ou, se os dois são sensíveis, podem se especializar em áreas diferentes.) Os dois obtêm vantagens. Há mais tranquilidade. Um dos dois se sente prestativo, o outro se sente ajudado. De fato, o menos sensível pode passar a se sentir indispensável e achar tudo reconfortante demais.

Nesse ínterim, o mais sensível se ocupa de todas as sutilezas para os dois. Pode ser que parte dessas coisas pareça menos crucial – ter ideias novas e criativas, saber por que vivemos, aprofundar as comunicações, apreciar a beleza. Mas, se houver um forte vínculo entre os dois, é provável que seja porque o menos sensível precisa de verdade e valoriza as contribuições do mais sensível. Sem isso, toda a eficiência na execução de tarefas seria inútil e provavelmente também menos efetiva. Às vezes o mais sensível pode sentir tudo isso e se sentir indispensável e superior demais.

Em um relacionamento que dura muitos anos, os dois parceiros podem ficar bem satisfeitos com a distribuição particular das tarefas. No entanto, em especial na segunda metade da vida, um dos dois pode ficar insatisfeito – às vezes ambos. O desejo de totalidade, de experimentar a parte da vida em que não se especializou, pode ser mais premente que o desejo de ser eficiente e de evitar falhas. Além do mais, se a especialização se tornou extrema, como pode acontecer em um longo casamento, cada um pode se tornar tão dependente do outro a ponto de perder a capacidade de escolher ficar ou não naquele relacionamento. No caso da sensibilidade, um dos dois talvez se sinta incapaz de sobreviver no mundo exterior, enquanto o outro pode se sentir incapaz de descobrir seu interior. Nesse ponto, a cola não é mais o amor, mas sim a falta de qualquer alternativa.

A solução é óbvia, mas nada fácil. Os dois precisam concordar que a situação tem que mudar, mesmo se as coisas não se desenrolarem com a mesma eficiência de antes. O mais sensível deve experimentar coisas novas, tomar iniciativas, agir sozinho algumas vezes. O menos sensível deve experimentar a vida sem as contribuições "espirituais" do outro e fazer contato com as sutilezas à medida que se torne ciente delas.

Cada um deve se converter em uma espécie de treinador do outro, fazendo isso sem interferir diretamente nem assumir o controle. De outro modo, o papel mais útil é o de um torcedor na arquibancada. Ou talvez o de alguém que se esquece do outro completamente por algum tempo, para que o amador consiga seguir em frente sem ser observado e sem se envergonhar de seus frágeis esforços. O amador sabe quando buscar um auxílio amoroso e especializado se for necessário. Isso não deixa de ser um magnífico presente. Talvez nessa situação seja o maior presente de todos.

Diferenças no nível ideal de excitação

Acabamos de examinar uma situação em que você e seu parceiro/amigo menos sensível tornam tudo quase confortável demais para você, "o sensível". Mas também haverá muitas ocasiões em que o outro não se dará conta de que você está excessivamente estimulado. Haverá ocasiões em que os dois andaram fazendo as mesmíssimas coisas e tudo estará bem. Qual é o seu problema?

Como reagir a um pedido bem-intencionado para "pelo menos experimentar" e não ser um "desmancha-prazeres"? Esse é um dilema do meu passado – primeiro como filha, na minha família, e mais tarde com o meu marido. Se eu dissesse que não poderia participar, ou deixavam de sair por minha causa, fazendo com que eu me sentisse culpada, ou saíam sem mim e eu sentia que tinha perdido uma oportunidade. Que escolha difícil! Sem compreender o meu traço, minha solução, em geral, era aceitar o que havia sido planejado. Às vezes funcionava. Outras, era angustiante. E muitas vezes eu acabava doente. Não me surpreende que tantas PAS percam o contato com o seu "eu autêntico".[9]

Durante um ano que passamos na Europa, quando nosso filho era um bebê, viajamos com amigos por algumas semanas, no verão. No primeiro dia, dirigimos de Paris até a costa do Mediterrâneo, depois seguimos rumo ao leste, até a Itália, pela Riviera. Não tínhamos antecipado que nos encontraríamos com tantos veranistas europeus, seguindo de vilarejo em vilarejo em longos engarrafamentos, para-choque grudado em para-choque, buzinas, ronco dos motores das motocicletas. Enquanto isso, nós cinco tentávamos decidir qual cidade e hotel transformariam nossa fantasia sobre a Riviera em realidade, apesar de não termos feito reservas nem termos muito dinheiro. Meu filho, que tinha permanecido feliz durante horas, acabou se cansando e começou a chorar e a fazer manha. Aí começou a gritar. Ao anoitecer, nada parecia muito divertido.

Assim que chegamos ao quarto do hotel, eu ansiava por repouso e por botar meu filho na cama. Na época, não compreendia nada disso como parte de uma característica especial. Sabia apenas que nós dois precisávamos daquilo e naquele exato momento.

Meu marido e nossos amigos, contudo, estavam prontos para visitar o cassino em Monte Carlo. Como muitas PAS, não gosto de jogo, embora pareça algo glamouroso. Mas não havia como aguentar. Contudo, se pudéssemos encontrar uma babá... – eu detestava a ideia de ficar de fora.

Acabei não indo. Meu filho dormiu bem. Permaneci acordada, sentindo-me triste, solitária, com inveja dos outros, tensa por estar sozinha em um lugar desconhecido. Claro que quando os outros voltaram, animados, eles me contaram histórias engraçadas e disseram um monte de "Você devia ter ido". Eu não fui nem dormi porque estava chateada por não ter dormido!

Como gostaria de saber naquela época o que sei agora! A hiperexcitação é facilmente confundida com preocupações, arrependimento – qualquer coisa do gênero –, e ir para a cama não é o mesmo que dormir. Pode ser que se esteja agitado demais para isso, mas ainda é o melhor lugar para estar. E geralmente haverá uma nova oportunidade, até mesmo de visitar Monte Carlo. Acima de tudo, pode parecer maravilhoso ficar em casa, se você aceita que esse é o lugar onde você às vezes deve permanecer.

Nessas situações, seu amigo ou parceiro vive um verdadeiro dilema. Ele quer que você venha e insistir nisso é tentador, pois trata-se de uma estratégia que já funcionou no passado. E, além de sentir sua falta, o outro pode se sentir profundamente culpado por deixá-lo sozinho.

Acho que a PAS precisa tomar a frente dessas situações para que ninguém se sinta culpado mais tarde. Afinal de contas, é você quem conhece melhor os seus sentimentos e sabe o que tem ou não condições de desfrutar. Se está hesitando em fazer algo por medo do excesso de estímulos – não pelo seu estado de fadiga atual –, terá que pesar bem como isso fica se comparado à diversão que você pode ter. (E bote um pouco mais de peso na balança a favor de ir, caso você tenha um pouco de medo, vindo da infância, de se lançar em experiências novas.) Você precisa tomar suas próprias decisões e agir. Se a sua ação se revelar um erro, pelo menos foi você quem o cometeu. Pelo menos tentou. Se sabe que está excessivamente estimulado e precisa ficar em casa, faça isso com elegância e minimize os arrependimentos que manifesta. Insista para que os outros se divirtam sem você.

Um tempo diário para a solidão

Outro problema frequente nas relações íntimas com parceiros ou amigos menos sensíveis é que você tem uma necessidade maior de ficar sozinho para simplesmente pensar e digerir os acontecimentos do dia. O outro pode se sentir rejeitado ou ainda querer sua companhia. Deixe claras as suas razões para precisar dessa pausa. Diga quando voltará a estar disponível e cumpra a promessa. Outra possibilidade seria que os dois permanecessem juntos mas repousando em silêncio.

Se encontrar resistência em relação à sua necessidade de solidão (ou em relação a qualquer uma das suas necessidades especiais), você vai precisar tratar do assunto com mais profundidade. Você tem direito a ter experiências diferentes e necessidades diferentes. Mas compreenda que elas não são as mesmas para seu parceiro ou amigo, nem para a maioria das pessoas que ele conhece. Tente ouvir e perceber o que o outro está sentindo. Talvez ele queira negar que possa existir tamanha diferença entre os dois. Ou talvez ele tenha receio de que exista algo de errado com você, um defeito ou uma doença. O outro pode ter uma sensação de perda por conta de aventuras, reais ou imaginadas, que o traço parece impossibilitar para os dois. Talvez haja raiva ou a sensação de que tudo não passa de uma invenção sua.

Será útil recordar ao outro, com modéstia e tato, todos os benefícios que ele desfruta por causa do seu traço. E você deve tomar cuidado para não usar a sua sensibilidade como uma desculpa para que as coisas sejam sempre do seu jeito. Você *consegue* tolerar altos níveis de estímulo, *especialmente* quando está com alguém que o deixa descontraído e lhe passa segurança. Às vezes, fazer um esforço sincero para acompanhar o amigo ou o parceiro será apreciado. Pode dar certo. Se der errado, você terá demonstrado seus limites – de preferência sem acrescentar um "Eu bem que disse". Ficará claro que você geralmente se torna mais feliz, mais saudável e menos ressentido quando cada um reconhece e respeita o nível ideal de excitação do outro. Vocês se encorajarão mutuamente a fazer o que é necessário – sair, se divertir, ficar e repousar – para permanecer dentro de um patamar confortável.

Outras questões, claro, podem vir à tona quando você afirmar suas necessidades. Se o relacionamento já anda em terreno movediço, anunciar seu traço de personalidade como um fator que precisa ser tolerado pelo amigo ou parceiro pode provocar um grande terremoto. Mas, se já existia uma falha sísmica ali o tempo todo, não culpe a sua característica nem a defesa da sua sensibilidade, por mais que se torne um motivo de conflito.

O medo da comunicação sincera

De modo geral, a sensibilidade pode potencializar em grande medida a comunicação íntima. Você consegue captar muito mais sinais sutis, nuances, paradoxos e ambivalências, os processos inconscientes. Você compreende que esse tipo de comunicação exige paciência. Você é leal, consciencioso e sabe apreciar o valor do relacionamento a ponto de estar disposto a dedicar-lhe seu tempo.

O principal problema, como sempre, é a hiperexcitação. Naquele estado, podemos ficar extremamente sensíveis a tudo que nos rodeia, inclusive àqueles a quem amamos. Podemos culpar o nosso traço – "Eu estava cansado demais, esgotado". Mas ainda é nosso dever fazer o que for possível para nos comunicarmos de um modo útil ou deixar que o outro saiba, com antecedência, se possível, quando somos incapazes de segurar as pontas.

As PAS provavelmente cometem os maiores erros de comunicação ao evitar a hiperexcitação causada por situações desagradáveis. Acho que a maioria das pessoas – as PAS, especialmente – detesta raiva, confrontos, lágrimas, ansiedade, "cenas", enfrentar mudanças (significa sempre algum tipo de perda), que nos peçam para mudar, ser julgados ou envergonhados por nossos erros, ou julgar ou envergonhar outra pessoa.

É provável que você saiba racionalmente (pela leitura, pela experiência e até pela orientação profissional) que, para que uma relação se mantenha fresca e viva, é preciso passar por tudo aquilo que acabamos de mencionar. Mas por algum motivo esse conhecimento não ajuda quando é hora de mergulhar e trazer à tona o que você sente.

Além do mais, sua intuição não para de dar saltos. Em um mundo imaginário muito real, muito excitante e semiconsciente, você já está experimentando os diversos rumos que a conversa pode tomar – e a maioria deles é angustiante.

Existem duas formas de enfrentar seus medos. Em primeiro lugar, você pode se conscientizar do que está imaginando e imaginar também outras possibilidades – por exemplo, como tudo ficará depois que o conflito for resolvido e como será caso você *não* resolva o problema. Em segundo lugar, você pode conversar com seu amigo ou parceiro sobre aquilo que supõe ser o motivo para não se abrir mais. Há algo de manipulador em dizer alguma coisa como: "Gostaria de falar sobre isso e aquilo, mas não vou conseguir se você reagir dizendo isso e aquilo." Mas isso pode levar a análises mais profundas sobre a forma como vocês se comunicam.

A necessidade de fazer pausas durante os conflitos

Um casal formado por uma ou duas PAS precisa estabelecer mais algumas regras para as comunicações mais exaltadas, que costumam ser as discussões. Presumo que vocês já tenham eliminado o uso de palavras ofensivas, a mistura do conflito atual com questões passadas, assim como o uso abusivo de confidências compartilhadas quando os dois se sentiam seguros e próximos. Mas os dois podem adotar outras regras para lidar com a hiperexcitação. Uma delas é fazer uma pausa.

Em geral, não é conveniente sair no meio de uma discussão (ou sugerir "deixar para lá"). Mas, quando alguém tem um forte desejo de se afastar, essa pessoa está se sentindo desesperada e encurralada – as palavras não estão funcionando. Às vezes é pela culpa de ter visto algo muito desagradável a seu respeito. É hora de o outro recuar e mostrar um pouco de compaixão, não insistir no assunto nem envergonhar mais o parceiro. Às vezes, quem se sente acuado ainda se acha com a razão, mas sem munição. As palavras são velozes demais, incisivas demais, não há resposta possível. A fúria assoma e sair é a única forma segura de expressá-la.

De qualquer modo, como uma PAS, você pode se sentir às vezes tão hiperexcitado com a discussão que ela vai se tornando rapidamente um dos piores momentos da sua vida. Como o seu relacionamento estaria condenado a se tornar amargo e distante sem a expressão ocasional de queixas legítimas, você deseja que as duas partes encarem os conflitos como válidos, apesar de dolorosos na ocasião. Isso significa ser civilizado. Portanto, faça uma pausa. Ofereça uma saída de emergência, mesmo que seja por apenas 5 minutos, 1 hora, uma noite de sono. Ninguém está indo embora, apenas adiando o assunto.

Pode ser árduo para os dois interromper a discussão e adiar o fim do conflito. Por isso ambos devem concordar com a pausa. Tratem disso antes, como uma regra realmente útil, e não como uma fuga. Na verdade, pode ser algo tão útil que vocês prontamente concordarão em usá-lo no futuro. As coisas sempre parecem diferentes depois de uma pausa.

O poder das metacomunicações positivas e da escuta reflexiva

Metacomunicações consistem em falar sobre a forma como se fala ou simplesmente falar de como se sente em geral, não apenas no momento da conversa.[10] Metacomunicações negativas soam assim: "Só espero que você entenda que, embora eu esteja discutindo isso com você, planejo fazer o que eu quiser." Ou então: "Já reparou que toda vez que temos uma discussão você fica irracional?" Declarações desse tipo levam a disputa para outro patamar. Evite-as, pois são armas poderosas.

As metacomunicações positivas, porém, fazem o oposto, colocando um teto seguro para os danos que podem ocorrer. Soam assim: "Sei que estamos no meio de uma discussão séria e pesada, mas quero que você saiba que quero que encontremos uma solução. Eu me importo com você e aprecio que esteja passando por tudo isso comigo."

As metacomunicações positivas são importantes em todos os momentos tensos entre as pessoas. Elas diminuem a excitação e a ansiedade ao lembrar aos envolvidos que eles se importam um com o outro e que as coisas provavelmente vão se acertar. Os casais com uma ou duas PAS, em especial, devem incluí-las na caixa de ferramentas dos relacionamentos íntimos.

Sugiro também que você experimente a "escuta reflexiva". Essa valiosa ferramenta está em uso desde os anos 1960 e é provável que você a conheça muito bem. Incluí um lembrete aqui porque ela salvou meu casamento em duas ocasiões – e não estou exagerando. Como poderia omiti-la? É a manobra de reanimação do amor e da amizade.

A escuta reflexiva se resume a ouvir a outra pessoa; em especial, ouvir seus sentimentos. Para ter certeza de ter ouvido, você repete os *sentimentos* citados pelo outro. É isso. Mas é mais difícil do que parece. Em primeiro lugar, você dirá que isso parece algo forçado ou "coisa de terapeuta". E, de fato, quando é a única coisa que se faz, parece mesmo. Mas essa reação também pode ter relação com um mal-estar com os sentimentos, algo que é, pelo menos parcialmente, ensinado pela sua cultura. Acredite em mim, parece bem menos artificial para a pessoa que recebe a atenção. E, assim como bons jogadores de basquete que passam horas dedicando-se exclusivamente a acertar a cesta ou driblar, você precisa praticar apenas ouvir de vez em quando para lançar mão desse recurso quando for necessário. Por isso experimente pelo menos uma vez a escuta exclusiva, pura e reflexiva, de preferência com alguém da sua intimidade.

Ainda inseguro? Outro bom motivo para se prender aos sentimentos é que no mundo lá fora pouco se ouve falar deles. Queremos que sejam considerados pelo menos em nossos relacionamentos próximos. E os sentimentos são mais profundos que as ideias e os fatos porque costumam colorir, controlar e confundir as ideias e os fatos. Quando os sentimentos são claros, as ideias e os fatos também ficam mais claros.

Ao praticar a escuta reflexiva durante um conflito no seu relacionamento, você será obrigado a ouvir quando está sendo injusto, quando chega a hora de deixar de lado certas necessidades e desistir de certos hábitos; você terá que ouvir sobre o impacto negativo que exerce sem se defender, sem se trancar diante das más notícias, sem se exaltar e sem se abalar a ponto de o outro precisar cuidar de você. Isso nos leva a um tópico profundo.

Relacionamentos íntimos como caminho para a individuação

No Capítulo 6 descrevi o que os psicólogos junguianos chamam de processo de individuação, o processo de seguir o próprio caminho na vida, de aprender a ouvir suas vozes interiores. Outro aspecto desse processo é ouvir especificamente aquelas vozes ou partes de nós que foram rejeitadas, desprezadas, ignoradas ou negadas. Essas "sombras", como os junguianos as chamam, são sempre necessárias para que nos tornemos alguém forte e pleno, mesmo se passamos metade de nossa vida acreditando que reconhecê-las poderia nos matar.

Por exemplo, alguém pode estar tão convencido de que é forte a ponto de nunca conseguir admitir qualquer fraqueza. A história e a ficção estão repletas de lições sobre esse perigoso ponto cego, que acaba conduzindo à derrota. Também vimos o contrário – aqueles que estão convencidos de que são sempre vítimas frágeis e inocentes, abrindo mão de seu poder pessoal mas ganhando a oportunidade para que se vejam como totalmente bons e os outros como maus. Algumas pessoas negam a parte que amam. Outras, a parte que odeiam. E assim por diante.

A melhor forma de lidar com as "sombras" é conhecê-las e aliar-se a elas. Até agora, eu tenho sido positiva em relação às PAS, falando da nossa consciência elevada, da nossa lealdade, da nossa intuição e da nossa perspicácia. Mas eu prestaria um desserviço se não dissesse também que as PAS têm tantas razões ou mais para rejeitar partes de si. Algumas PAS negam sua força, sua potência e sua capacidade de ser rudes e insensíveis às vezes. Algumas negam suas partes irresponsáveis e pouco amorosas. Outras negam sua necessidade dos outros, ou sua necessidade de ficar sozinhas, ou a raiva que sentem – ou mesmo tudo que acabo de mencionar.

Descobrir essas partes rejeitadas é difícil porque normalmente nós as rejeitamos por bons motivos. E, embora seus conhecidos possam saber um pouco sobre suas sombras, eles provavelmente hesitarão em mencioná-las. Mas, em um relacionamento muito íntimo, em especial se vocês vivem juntos ou se precisam da confiança recíproca para as coisas básicas da vida, não será possível deixar de ver e de falar sobre as sombras de cada um – às vezes em discussões acaloradas. Na verdade, seria possível dizer que um relacionamento íntimo não começa de fato até que os dois conheçam esses aspectos um do outro e decidam conviver com eles ou alterá-los.

É doloroso e vergonhoso quando alguém revela seu pior lado. Esse é o motivo pelo qual isso só pode acontecer quando se é obrigado pela pessoa mais querida e quando você sabe que não será abandonado por falar daquelas partes "horríveis" e secretas nem por possuí-las. Desse modo, um relacionamento íntimo é a melhor forma de se apropriar delas, de recuperar a energia positiva que foi perdida com o negativo e de individuar, no caminho para a sabedoria e para a plenitude.

ESCUTA REFLEXIVA

Quando praticada como um exercício, estabeleça um limite de tempo (mínimo de 10 minutos e máximo de 45 minutos). Depois troque os papéis, dando o mesmo tempo ao outro, mas não faça isso imediatamente. Espere 1 hora ou até um dia. Se o assunto era algum conflito ou ressentimento entre os dois, espere também antes de discutir o que foi dito. Você pode fazer algumas anotações com o que deseja dizer, se quiser. Mas a melhor aposta nesse caso é exprimir suas reações na sua vez de receber a escuta reflexiva.

O QUE FAZER:
1. Assuma a postura corporal de alguém que está realmente ouvindo. Sente-se com as costas eretas, sem cruzar as pernas. Incline-se para a frente, talvez. Não olhe para o relógio.
2. Em um tom de voz moderado, reflita os verdadeiros sentimentos que foram expressados. O conteúdo factual é secundário e virá à tona conforme você fala – seja paciente. Se desconfia que outros sentimentos estão presentes, espere que se apresentem em palavras e que fiquem completamente óbvios pelo tom de voz.

Para começar com um exemplo um tanto bobo para demonstrar a ideia de enfatizar o reflexo dos sentimentos, talvez seu parceiro diga: "Não gosto do casaco que você está vestindo." Neste exercício, com o objetivo de enfatizar o sentimento, você diria: "Você *realmente* detesta este casaco." Você não diz "Você realmente detesta *este* casaco", o que enfatiza o casaco como se você estivesse perguntando o que há de errado com ele. E você não diz "Você realmente detesta que *eu* vista este casaco", o que traz o foco para você (em geral, de forma defensiva).

Mas exemplos bobos podem levar bem mais longe. Seu parceiro reage à sua reflexão dos sentimentos dizendo: "Sim, esse casaco sempre me faz pensar no inverno passado." Aqui não há tantos sentimentos – ainda. Por isso você espera.

Seu parceiro diz: "Eu detestava morar naquela casa." Você volta a enfatizar os sentimentos: "Aquele lugar era muito ruim para você." Não pergunta o porquê. Não diz: "Tentei tirar a gente daquele lugar o mais depressa possível." E em breve você poderá estar ouvindo coisas que nunca soube sobre o inverno passado: "Sim, percebo agora que nunca me senti tão só, mesmo quando você estava no mesmo ambiente comigo." Coisas que precisam ser discutidas. É até aí que a reflexão sobre os sentimentos do outro pode levar, ao contrário da concentração nos fatos ou nos próprios sentimentos.

O QUE NÃO FAZER:
1. Não faça perguntas.
2. Não dê conselhos.
3. Não mencione suas experiências semelhantes.
4. Não analise nem interprete.
5. Não faça nada que possa ser dispersivo ou que não reflita a experiência do sentimento da pessoa.
6. Não faça silêncios longuíssimos, deixando que o outro desenvolva um monólogo. Seu silêncio é metade da "escuta". No tempo certo, o silêncio dá ao outro o espaço para se aprofundar. Mas também continue a refletir sobre o que foi dito. Use sua intuição para criar um ritmo entre esses dois aspectos.
7. Não importa o que o outro disser, não se defenda nem dê sua opinião sobre o assunto. Se achar necessário, você pode enfatizar depois que a sua escuta não significa concordância. Embora os sentimentos presumidos possam estar errados (e podemos fazer algo errado pelo que sentimos), os sentimentos em si não estão certos nem errados e costumam causar menos problemas, e não mais, quando ouvidos com respeito.

Autoexpansão em relacionamentos íntimos

Nós, seres humanos, parecemos ter uma forte necessidade de crescer, de nos expandir – não é apenas uma questão de possuir mais território, bens ou poder, mas de buscar uma expansão de conhecimento, consciência e identidade. Uma das formas de fazer isso é incluindo outros no nosso eu. Deixa-se de ser "eu" e torna-se algo maior: "nós."[11]

Quando nos apaixonamos, a autoexpansão que ocorre pela inclusão de outro na nossa vida é rápida. As pesquisas sobre o casamento, porém, demonstram que depois de alguns anos o relacionamento se torna bem menos satisfatório,[12] mas a boa comunicação torna mais lento esse declínio[13] e, com o processo de individuação que acabamos de descrever, o declínio pode se tornar mais lento ainda ou ser revertido. Meu marido e eu fizemos pesquisas que revelaram outro modo de aumentar a satisfação. Em diversos estudos com casados e namorados, descobrimos que os casais se sentiam mais satisfeitos com relacionamentos se fizessem juntos aquilo que eles definiam como "empolgante" (e não apenas "agradável").[14] Isso parece lógico: se você não consegue se expandir mais pela incorporação de coisas novas vindas do outro, ainda é possível criar uma associação entre o relacionamento e a autoexpansão ao fazer coisas novas juntos.

Para uma PAS, em especial, parece que a vida já é estimulante demais e, quando volta para casa, você quer tranquilidade. Mas tenha cuidado para não deixar que seu relacionamento se torne tão reconfortante a ponto de os dois nunca fazerem nada de novo juntos. Para que isso se dê, talvez seja preciso tornar menos estressantes as horas que passam separados. Ou você tem que procurar o que o expande sem causar hiperexcitação – um concerto de música tranquila e especialmente bela, uma conversa sobre os sonhos da noite anterior, um novo livro de poesia para compartilhar ao pé do fogo. Não é preciso andar de montanha-russa juntos.

Se o relacionamento tem sido uma fonte de conforto, ele também merece que você se empenhe em torná-lo uma fonte de autoexpansão satisfatória.

PAS e sexualidade

Esse é um tema que merece uma boa pesquisa e um livro inteiro. Nossa cultura nos alimenta com muitas informações sobre o que é ideal, o que é anormal, mas esses dados vêm dos 80% da população que não são PAS. O que é ideal e normal para nós? Não consigo dizer com certeza, mas, se somos mais sensíveis aos estímulos em geral, faz sentido achar que podemos ser mais sensíveis aos estímulos sexuais. Isso poderia tornar nossa vida sexual mais satisfatória. Também poderia nos fazer sentir menos necessidade de variação. E aquelas ocasiões em que estamos hiperexcitados com estímulos em geral poderiam obviamente interferir no nosso funcionamento e no prazer sexual. Você já sabe o suficiente sobre essa característica, na teoria ou na prática, para pensar na forma como sua sexualidade pode ser afetada. Se essa área da sua vida tem sido confusa ou angustiante, talvez você também queira fazer o exercício de ressignificação com algumas das suas experiências ou dos seus sentimentos sexuais.

PAS e filhos

As crianças parecem prosperar com cuidadores sensíveis.[15] E conheci muitos cuidadores altamente sensíveis que passavam seus melhores momentos cuidando dos seus filhos ou dos filhos dos outros. Encontrei também quem tenha preferido não ter filhos ou que tivesse se limitado a um único filho inteiramente por causa da sua sensibilidade. Não causa surpresa que essa escolha reflita em parte a experiência que tiveram como crianças no passado – foi agradável ou foi demais?

Quando pensar se quer filhos, é bom se lembrar de que seus filhos e sua futura família serão mais adequados a você do que os dos outros. Eles terão seus genes e sua influência. Quando as famílias são barulhentas, tumultuadas ou cheias de discussões, costuma ser porque os integrantes consideram isso confortável ou pelo menos aceitável. Sua vida familiar pode ser diferente.

Por outro lado, ninguém pode negar que os filhos aumentam imensamente a estimulação na vida. Para uma PAS muito meticulosa, eles são uma grande responsabilidade, bem como motivo de alegria. É preciso se expor ao mundo ao lado deles, na pré-escola, no ensino fundamental e no médio. É preciso conhecer outras famílias, médicos, dentistas, ortodontistas, professores de piano, etc. Os filhos abrem um mundo enorme para você – com as questões relativas a sexo, drogas, direção, educação, emprego, parceiros. É muita coisa para lidar (e não é possível partir do princípio de que haverá um parceiro durante todo o processo). Você terá que abrir mão de outras coisas – essa é uma certeza.

Não há nada de errado em não ter filhos. Não podemos ter tudo neste mundo. Às vezes é inteligente reconhecer nossos limites. Sobre esse assunto, aliás, eu costumo dizer que é *maravilhoso* não ter filhos. E é *maravilhoso* tê-los. As duas opções têm as próprias maravilhas.

Sua sensibilidade enriquece os relacionamentos

Não importa se você é uma PAS introvertida ou extrovertida, sua maior realização social tende a vir dos relacionamentos próximos. Essa é a área da vida em que quase todo mundo mais aprende ao conquistar grande satisfação, e é onde você consegue brilhar. Pode ajudar os outros e a si mesmo ao aplicar sua sensibilidade a esses relacionamentos.

> **TRABALHE COM O QUE APRENDEU**
> *Nós três: você, eu e minha (ou nossa) sensibilidade*

O exercício a seguir deve ser feito com outra pessoa com quem você mantenha uma relação estreita. Se não houver ninguém disponível no momento, imagine que está sendo feito com alguém com quem você manteve um relacionamento no passado ou espera manter no futuro – ainda assim, você vai aprender um bocado.

Se a outra pessoa existe e não leu o livro, faça com que ela leia o primeiro capítulo e este aqui, pelo menos destacando o que parece muito relevante para o relacionamento. Pode ser muito valioso lerem alguns trechos em voz alta, juntos. Depois reserve um tempo para conversar sobre as perguntas a seguir. (Se os dois forem PAS, faça para você e depois repita com o outro.)

1. *Que aspectos seus são valorizados pelo outro e são causados pelo fato de ser uma PAS?*
2. *Que aspectos seus, provocados pela sensibilidade, o outro gostaria de mudar? Tenha em mente que a questão não é que esses aspectos sejam "ruins", mas difíceis em determinadas situações ou em relação às características ou aos hábitos do outro.*
3. *Que conflitos vocês já tiveram e que foram provocados pelo fato de você ser PAS?*
4. *Converse sobre os casos em que o outro desejou que você tivesse levado em conta a sua sensibilidade e se protegesse mais.*

5. *Converse sobre os casos em que você usou a sua sensibilidade como uma desculpa para não fazer algo ou como uma arma em uma discussão.* Se a discussão se tornar acalorada, empregue seus conhecimentos sobre "escuta reflexiva" para contê-la.
6. *Havia alguém altamente sensível na família dos dois? De que forma esse relacionamento pode estar afetando o atual?* Por exemplo, imagine uma mulher altamente sensível casada com um homem cuja mãe era altamente sensível. O marido teria atitudes muito arraigadas em relação à sensibilidade. Ter consciência disso poderia melhorar os relacionamentos entre os três – ele, a esposa e a mãe.
7. *Conversem sobre o que cada um ganha com a especialização – um de vocês sendo mais sensível e o outro, menos.* Além da eficiência e de benefícios específicos, será que os dois apreciam ser necessários por seus talentos individuais? Sentem-se mutuamente indispensáveis? Sentem-se bem quando fazem algo que o outro não consegue?
8. *Converse sobre o que cada um perde com essa especialização.* O que você desejaria ser capaz de fazer por si mesmo que é feito atualmente pelo outro? Você se sente cansado em função de o outro depender de você quando está envolvido na sua especialidade? Sente menos respeito pelo parceiro porque você faz essas coisas de um modo melhor? Isso diminui a autoestima do outro?

CAPÍTULO 8

A CURA DE FERIDAS PROFUNDAS
Um processo diferente para as PAS

Lembranças de um amigo sensível do passado

No ensino médio, conheci um garoto chamado Drake. Na época, ele era o CDF da turma. Hoje, eu diria que ele era uma PAS.

No entanto, Drake tinha que lidar com muitas outras preocupações. Nascera com um defeito cardíaco congênito, com epilepsia, com um monte de alergias e uma pele muito clara que não tolerava a luz solar. Incapaz de praticar qualquer esporte ou mesmo de ficar ao ar livre, Drake foi completamente desprovido de uma infância normal segundo os padrões da nossa cultura. Como era de esperar, ele se apegou aos livros e na adolescência se apaixonou pelas ideias. Apaixonou-se também pelas meninas, como acontece com a maioria dos garotos daquela faixa etária.

As meninas, claro, não queriam nada com ele. Suponho que não ousávamos acolher sua atenção. Sua necessidade de aceitação o tornava intenso demais – e representaria a morte social para qualquer uma de nós. Mas ele amava uma e depois outra garota de um modo tímido e esfaimado que fazia dele motivo de riso. O ponto alto do ano, para alguns de seus colegas, foi conseguir pôr as mãos nos poemas de amor rejeitados escritos por Drake e lê-los em voz alta pela escola.

Por sorte, Drake fazia parte do programa para alunos superdotados e, entre nós, ele era mais aceito. Admirávamos suas redações, os comentários em sala de aula. Por isso ficamos muito orgulhosos quando ele recebeu uma bolsa integral em uma das melhores universidades do país.

Ele deve ter sentido mais medo de partir para a universidade do que o resto de nós. Isso significava conviver dia e noite com garotos da sua idade, aqueles que haviam tornado a sua vida impossível no passado. Claro que ele nunca recusaria tal honra. Mas como seria para ele? Como seria deixar para trás o aconchego do lar e todo o apoio médico que recebia?

A resposta veio depois das primeiras férias de Natal. Na primeira noite depois de voltar ao seu alojamento, Drake se enforcou.

PAS e a cura de feridas psicológicas

Não tive intenção de assustá-lo com essa história. Como repito, Drake tinha muitas dificuldades. A vida das PAS raramente apresenta um final tão ruim. Mas, para ser útil, este capítulo precisa servir de alerta, além de ser um conforto. Os resultados da minha pesquisa deixam claro que PAS que enfrentaram dificuldades extremas na infância e na adolescência correrão risco muito maior de apresentar ansiedade, depressão e suicídio até que reconheçam seu passado e seu traço e comecem a curar suas feridas. As PAS com sérios problemas atuais também precisam dar a si mesmas atenção especial. As não-PAS simplesmente não absorvem tantos dos aspectos sutis e perturbadores dessas situações. Seu traço em si não é um defeito, mas como um instrumento bem afinado ou uma máquina calibrada, ou ainda como um animal bem-criado e enérgico, você precisa de tratamento especial. E muitos de vocês receberam cuidados medíocres ou mesmo prejudiciais na infância.

Neste capítulo vou examinar as diversas formas de lidar com dificuldades do passado e do presente, especialmente por meio da psicoterapia no seu sentido mais amplo. Vou tratar também dos prós e contras da psicoterapia para PAS sem maiores problemas e falarei das diferentes abordagens, do modo de escolher um terapeuta e assim por diante. Mas vou começar pela questão das feridas da infância.

Quanta ênfase devemos dar à nossa infância?

Não acredito que a nossa vida psicológica possa ser reduzida ao que aconteceu conosco enquanto crescíamos. Há o presente – as pessoas que nos influenciam, a saúde física, o ambiente – e há também algo dentro de nós que nos incita a ir em frente. Como disse no Capítulo 6, sobre vocação, acredito que cada um de nós tem que responder pelo menos uma parte de uma pergunta para a nossa geração, uma tarefa a ser levada um pouquinho adiante em nome dos nossos tempos. Embora um passado difícil pareça a princípio atrapalhar uma vida com propósito, às vezes ele também serve a esse mesmo propósito. Ou ele *é* o propósito – experimentar integralmente e compreender determinado tipo de problema humano.

Quero também destacar um erro comum cometido por muitos psicoterapeutas, aqueles que não compreendem ainda as PAS. Naturalmente, esses terapeutas procuram na infância de uma PAS alguma explicação para "sintomas" que talvez sejam normais para nós. Acham que a PAS se isola "demais", relatando sentimentos de dissociação "sem motivo", apresenta ansiedade "excessiva" ou "neurótica" e problemas "incomuns" no trabalho, nos relacionamentos íntimos ou com a sexualidade. Encontrar uma explicação é sempre um alívio tanto para o terapeuta quanto para o paciente, mesmo que seja saber que alguém fez algo ruim para nós que desde então esquecemos ou subestimamos.

Constato que as pessoas cujas dificuldades reais começam com o traço (talvez mal compreendido ou mal administrado) ficam tremendamente aliviadas e sentindo-se melhor quando aprendem o básico sobre a sensibilidade. Ainda pode haver um trabalho significativo a ser feito na terapia, como ressignificar experiências e aprender a conviver com o traço, mas há uma mudança natural de foco.

Acho também que as pessoas não sabem o que dizem quando falam: "Ah, deixa disso. A infância é difícil para todo mundo. Nenhuma família é perfeita. Todos têm esqueletos no armário. É simplesmente infantil o modo como as pessoas passam anos a fio na terapia. Olhe para meus irmãos e irmãs... os mesmos problemas... mas eles não estão criando caso. *Eles* estão seguindo com suas vidas."

Nem todas as infâncias são iguais. Algumas são realmente terríveis. E podem ser diferentes dentro da mesma família. A análise estatística da influência do ambiente familiar sobre crianças diferentes de uma mesma família não demonstra sobreposição.[1] Seus irmãos e irmãs viveram uma infância completamente diferente. Vocês tinham diferentes posições na família, diferentes experiências precoces, até mesmo, em certo sentido, pais diferentes, considerando-se como os adultos mudam com as circunstâncias e com a idade. E, para completar, você era altamente sensível.

Quem nasceu com essa característica é mais afetado por tudo. Além disso, o mais sensível da família costuma se tornar o foco. Em uma família com problemas, em especial, essa pessoa se torna um profeta, por exemplo, ou um pacificador, prodígio, alvo, mártir, paciente, responsável ou o fraco cuja proteção se torna o objetivo de vida de outra pessoa. Enquanto isso, a principal necessidade da criança sensível, que é aprender a se sentir segura no mundo, costuma ser ignorada.

Em resumo, acredite se lhe parece que a "mesma" infância ou uma infância "normal" foi mais difícil para você do que para os outros da sua família ou para outros com passado semelhante. E, se achar que precisa de terapia para curar as feridas de infância, *procure-a*. Cada infância tem a própria história, que merece ser ouvida.

Como Dan sobreviveu

A princípio, as respostas de Dan para minhas perguntas eram típicas, até mesmo extremas, para uma PAS. Considerava-se altamente introvertido e tinha sempre sentido necessidade de ficar muito tempo sozinho. Qualquer tipo de violência o desagradava. Disse-me que gerenciava o departamento de contabilidade de uma grande instituição sem fins lucrativos onde achava que era apreciado por ser gentil e "diplomático". Considerava que a maior parte das situações sociais era desgastante demais. Mas aí a entrevista voltou a tratar do seu desagrado com a violência.

Dan recordava-se de brigas frequentes com o irmão, que o segurava no chão, aplicando-lhe socos e chutes. (O abuso praticado por irmãos permanece como uma das formas menos estudadas da violência familiar.) Eu me questionava o que mais estaria errado naquela família. Por que aquele tipo de briga tinha sido permitido? Perguntei se a mãe o considerava uma criança sensível.

"Não sei. Ela não era muito atenta."

Um sinal de alerta. Como se lesse meus pensamentos, ele falou: "Minha mãe e meu pai não faziam muitas demonstrações."

Assenti.

"Na verdade, eram bizarros. Não me lembro de nada positivo neles. De carinho e coisas assim." Aí o estoicismo derreteu. Revelou-se a história da doença mental da mãe, nunca tratada. "Depressão crônica. Esquizofrenia. Gente na televisão falando com ela." Alcoolismo – sóbria de segunda a sexta, "bebendo até cair de sexta à noite até a manhã de domingo. "Meu pai também era alcoólatra. Batia nela. Espancava. Acabava sempre perdendo o controle."

Quando bêbada, a mãe sempre contava a mesma história – dizia que sua mãe era uma inválida fria e distante, que seus únicos cuidadores tinham sido uma série de criadas e babás, contava das doenças do pai e de como tinha sido obrigada a ficar sozinha com ele, dia após dia, enquanto ele agonizava lentamente. (A história se repete com muita frequência – falta de cuidados, geração após geração.)

"Ela soluçava e soluçava ao me contar tudo. Era uma boa mulher. Era *sensível*. Bem mais que eu." E sem dar pausa: "Mas era tão cruel. Sempre encontrava meu calcanhar de aquiles. Tinha aquela incrível habilidade." (PAS nem sempre são santas.)

Dan enfrentava a terrível ambivalência que se desenvolve quando o único protetor de uma criança também é perigoso.

Ele descreveu como vivia se escondendo quando criança – em armários, debaixo da pia do banheiro, no carro da família, em um determinado banco perto da janela. Mas, como ocorre na maioria dessas histórias, havia alguém que fez toda a diferença. Dan tinha uma avó paterna, mulher rígida, "fanática por limpeza". Mas depois da morte do marido ela transformou o pequeno Dan em seu companheiro.

"Uma das minhas primeiras lembranças é de estar sentado com essas três mulheres, todas na casa dos 60 anos, jogando canastra, eu com 6 anos e mal conseguindo segurar as cartas. Mas elas precisavam de um quarto jogador e quando eu jogava canastra eu era adulto e importante e podia dizer a elas coisas que não diria para mais ninguém."

Essa avó forneceu a estabilidade crucial necessária para que uma criança altamente sensível desenvolva estratégias de sobrevivência.

Dan também tinha uma incrível resiliência: "Minha mãe costumava me passar sermões dizendo: 'Por que você se esforça tanto? Nunca vai ser nada na vida. Não tem a mínima chance.' E eu simplesmente resolvi desafiá-la."

Ser altamente sensível não elimina a capacidade de ser, do seu jeito, um sobrevivente tenaz. E Dan precisou disso, como me mostrou ao contar o resto da história.

Aos 14 anos arranjou emprego. Havia um homem com quem trabalhava, a quem admirava por sua cultura e que o tratava como se ele fosse um adulto. "Eu confiava nele e acabei sendo molestado."

(Volto a repetir, não é apenas o episódio de abuso em si que preocupa, mas a situação de vida que o tornou mais provável. Considerando a infância de Dan, sua carência por proximidade deve ter feito com que ele ignorasse sinais sutis de perigo. Além disso, ele seria lento ao se defender, pois não tinha modelos por quem se pautar – ninguém o protegera.)

Dan deu de ombros. "Assim, pelo que aprendi, se você consegue sair disso, podem vir com tudo pra cima de você que não vai fazer muita diferença."

Dan se casou com a namorada de infância, vinda de uma família tão problemática e caótica quanto a dele. Os dois tinham decidido fazer com que as coisas funcionassem e elas havia funcionado por 20 anos. Parte do sucesso se devia ao fato de terem estabelecido com firmeza limites entre a família dele e a dela. "Agora sei como cuidar de mim."

Uma parte dessa lição foi aprendida durante 3 meses de psicoterapia no ano anterior, quando ele caíra em uma depressão profunda. Tinha lido também muitos livros sobre a psicologia da codependência e sobre os filhos de alcoólatras. Porém não chegou a participar dos grupos de apoio. Como muitas PAS, ele preferia não revelar sua vida em uma sala cheia de gente desconhecida.

"Permitir-me fazer o que *eu* preciso fazer... isso tem sido o mais importante. Para reconhecer a minha sensibilidade e respeitá-la. Para projetar uma calma positiva, direcionada para as soluções no trabalho. Mas é também importante que eu tenha cuidado para não parecer demais, por fora, alguém ou alguma coisa que eu não sinto por dentro."

Porque, por dentro, "há um buraco negro. Às vezes não consigo pensar em uma única razão para continuar vivo. Apenas não me importo se vou viver ou morrer."

Depois, no mesmo tom equilibrado, ele me contou que tinha um amigo, um psiquiatra, que o ajudava muito e dois outros amigos que eram conselheiros. E me disse que sabia que havia uma riqueza decorrente da sua sensibilidade combinada às suas experiências de vida.

"Eu me emociono profundamente com as coisas. Detestaria perder essa satisfação intensa", ele sorriu com bravura. "Embora haja um bocado de solidão. Demorei mais a apreciar a dor na vida. Mas a vida é feita das duas coisas. Procuro uma resposta espiritual."

E é assim que Dan sobrevive.

E quanto ao seu passado?

No fim deste capítulo você terá a oportunidade de avaliar sua infância e pensar no que se passou. Quero repetir a conclusão da minha pesquisa, tratada no Capítulo 4. As PAS são mais afetadas por uma infância problemática, manifestando mais depressão e ansiedade quando adultas. Tenha em mente também que quanto mais cedo o problema ocorreu ou começou, mais profundamente enraizados e duradouros serão seus efeitos. É preciso ter grande paciência com você mesmo durante toda a vida. Você vai sarar, mas do seu modo e com algumas qualidades que não poderia ter adquirido caso não tivessem ocorrido problemas. Por exemplo, você se tornará mais escrupuloso, mais complexo e mais compreensivo com as outras pessoas.

Não esqueçamos das vantagens de ser sensível na infância, mesmo em uma família disfuncional. Você estava mais propenso a se isolar e a refletir, sem se deixar envolver totalmente. Como Dan e a avó, você talvez soubesse intuitivamente para onde se virar e pedir ajuda. Talvez tenha desenvolvido vastos recursos espirituais e interiores como compensação.

Meu entrevistado mais velho tinha mesmo passado a crer que as infâncias difíceis são escolhidas pelas almas destinadas à vida espiritual. Isso faz com que elas continuem a trabalhar na vida interior, enquanto os outros se acomodam em existências mais ordinárias. Ou, como disse um amigo meu, "nos primeiros 20 anos, recebemos nosso currículo. Nos 20 anos seguintes, nós o estudamos". Para alguns de nós, esse currículo é o equivalente a uma pós-graduação em Oxford!

Quando adultas, as PAS tendem a ter uma personalidade perfeita para o trabalho interior e para a cura. De modo geral, a intuição aguçada o ajuda a descobrir os fatores ocultos mais importantes. Você tem mais acesso ao seu inconsciente e assim uma melhor percepção do inconsciente dos outros e de como você foi afetado. Pode desenvolver uma boa noção do processo em si – quando insistir, quando recuar. Tem curiosidade sobre a vida interior. Acima de tudo, tem integridade. Permanece comprometido com um processo de individuação por mais difícil que seja enfrentar determinados momentos, determinadas feridas, determinados fatos.

Presumindo que você seja uma de muitas PAS com uma infância difícil ou com um presente difícil, vamos explorar suas opções.

Quatro abordagens

É possível "dividir a torta" dos métodos curativos em muitas fatias – longo ou curto, autoajuda ou ajuda profissional, terapia individual ou de grupo, tratamento para você ou tratamento para toda a família. Mas podemos cobrir todas as opções ao servir quatro grandes fatias: cognitivo-comportamental, interpessoal, física e espiritual.

Existem terapeutas que usam as quatro e talvez sejam os melhores. Mas pergunte a eles qual é a sua abordagem favorita, mencionando as quatro explicitamente. É lamentável passar tempo na terapia com alguém cuja filosofia básica não coincide com aquela que você teria preferido.

Terapia cognitivo-comportamental

Essa abordagem é "cognitiva" porque trabalha com seu modo de pensar e é "comportamental" pois funciona no modo como você se comporta. Tende a ignorar sentimentos e motivações inconscientes. Tudo tem a intenção de ser prático, racional e claro, com o objetivo de aliviar sintomas específicos.

O terapeuta irá lhe perguntar o que você deseja resolver. Se sua queixa é ansiedade geral, você vai aprender as últimas técnicas de relaxamento ou "biofeedback". Se temer coisas específicas, será exposto a elas gradualmente, até que o medo desapareça. Se estiver deprimido, vai aprender a examinar suas crenças irracionais de que não há esperança, de que ninguém se importa com você, de que não deve cometer erros e assim por diante. Se você acalenta essas crenças quando está deprimido, aprenderá como conter tais pensamentos.

Se não está realizando tarefas específicas que podem ajudá-lo psicologicamente, como o ato de se vestir e sair todos os dias ou fazer amigos, você será ajudado a estabelecer metas em torno desses pontos específicos. Aprenderá quais são as habilidades necessárias para atingir suas metas e como se recompensar quando são cumpridas.

Se está tendo dificuldades com a tensão no trabalho, com um divórcio ou problemas familiares, receberá ajuda para ressignificá-los de modo a incluir mais fatos, mais percepções que o ajudarão a lidar com o assunto.

Esses métodos podem não parecer muito profundos nem glamourosos, mas costumam funcionar e vale a pena experimentá-los. As habilidades serão úteis mesmo se não resolverem tudo. E o aumento da autoconfiança por superar uma dificuldade costuma melhorar a vida em geral.

Além de aprender essas técnicas na psicoterapia, você pode encontrar todas elas em livros. Mas em geral é muito útil ter um mestre atencioso para ajudá-lo a atravessar todas as etapas. Você e um amigo podem fazer isso reciprocamente. Mas os profissionais têm experiência considerável. Em particular, eles sabem quando deixar uma abordagem e experimentar outra.

Terapia interpessoal

Psicoterapia interpessoal é aquela que a maioria das pessoas tem em mente quando pensa em "terapia". Alguns exemplos são a freudiana, a junguiana, a de relação objetal, a Gestalt, a rogeriana ou centrada no cliente, a análise transacional, a existencial e outras mais ecléticas. Todas envolvem conversa e fazer uso do relacionamento entre você e outra pessoa ou várias pessoas – em geral um terapeuta, mas às vezes um grupo ou um orientador.

Existem provavelmente centenas de teorias e técnicas, por isso preciso falar em termos gerais. Além do mais, a maioria dos terapeutas emprega uma combinação que se ajuste às necessidades do paciente. No entanto, há ênfases diferentes. Alguns tornam o relacionamento um lugar seguro para desbravar seu interior. Outros veem como um lugar para dar a você especificamente uma nova experiência de um vínculo precoce, um novo retrato mental daquilo que deve esperar em relacionamentos íntimos no futuro. Alguns dizem que é um lugar para chorar o passado, desapegar-se dele e encontrar significado; outros, que é um lugar para observar e tentar novos comportamentos. Há ainda os que dizem que é um lugar para explorar seu inconsciente até estabelecer harmonia com ele.

Você e seu terapeuta trabalham juntos em seus sentimentos sobre o terapeuta, outros relacionamentos, sua história pessoal, seus sonhos (talvez) e qualquer coisa que apareça. Você não vai aprender apenas com o que é conversado, vai aprender como fazer esse tipo de trabalho interior por conta própria.

Desvantagens? É possível falar e falar e não ir a lugar nenhum se o terapeuta não for habilidoso ou se seu problema real estiver em outra parte. O terapeuta precisa compreender muito bem as próprias questões. É possível que sejam necessários vários anos para trabalhar em torno de seus relacionamentos anteriores, do relacionamento com o terapeuta, além daqueles ainda em vigor. Mas às vezes grandes progressos são feitos em apenas poucos meses, como aconteceu com Dan.

Terapia física

Abordagens físicas incluem a prática de exercícios, como caminhada, taichi, ioga, pilates, etc., melhorias na nutrição ou cuidado com alergias alimentares, acupressão (acupuntura com os dedos), suplementos herbais, massagem, rolfing, bioenergética, terapia pela dança, entre outras, e, claro, todas as medicações, especialmente antidepressivos e ansiolíticos. De fato, as abordagens físicas atuais se resumem em grande parte a medicações prescritas por um psiquiatra, o que será discutido no Capítulo 9.

Qualquer coisa que se faça ao corpo altera a mente. Esperamos que seja o caso das drogas projetadas especificamente com esse propósito. Mas esquecemos que nosso cérebro, portanto nossos pensamentos, pode ser alterado pelo sono, por exercícios, nutrição, ambiente e estado dos nossos hormônios sexuais, para nomear alguns fatores sobre os quais é possível ter controle. É igualmente verdadeiro que qualquer coisa que seja alterada na mente também mudará o corpo – meditação, contar nossas dificuldades para um amigo ou mesmo a simples escrita.[2] Cada sessão de "terapia da fala" tem o potencial de mudar o cérebro. Desse modo, não deve surpreender que as três formas de terapia mencionadas até aqui – cognitivo-comportamental, interpessoal e física – sejam igualmente eficientes para curar a depressão.[3] Você tem opções.

Terapia espiritual

As abordagens espirituais incluem todas as coisas que as pessoas fazem para explorar o aspecto não material de si mesmas e do mundo. Abordagens espirituais nos confortam, dizendo-nos que realmente há mais na vida do que veem nossos olhos. Elas saram ou tornam mais suportáveis as feridas que acumulamos durante a vida. Dizem-nos que não estamos encurralados nesta situação, que há algo além. Talvez haja até alguma ordem ou um plano por trás de tudo, um propósito.

Além do mais, quando nos abrimos a uma abordagem espiritual, começamos a ter experiências que nos convencem de que há realmente algo mais a saber. Então passamos a querer uma abordagem espiritual na terapia. Sem ela, pareceria que um importante aspecto da vida estaria sendo omitido.

Alguns terapeutas têm uma orientação que é principalmente espiritual. Não deixe de perguntar antes de começar e pense se você se julga compatível com o caminho espiritual específico dessa pessoa. Ou você pode procurar sacerdotes, líderes espirituais ou outros diretamente associados a uma religião ou prática. Nesse caso, examine com cuidado se eles contam com um treinamento psicológico adequado para realizar o trabalho que vocês combinarem fazer juntos.

PAS e a abordagem cognitivo-comportamental

Quanto à adequação dessas quatro abordagens às PAS, o que importa, claro, é se elas combinam com você. Mas aqui estão alguns pensamentos. É provável que todas as PAS devam ser expostas a alguns pontos dos métodos cognitivos-comportamentais. Como falamos no Capítulo 2, as PAS se beneficiam quando desenvolvem integralmente sistemas cerebrais que nos dão controle sobre para onde direcionamos nossa atenção e sobre como lidamos com os conflitos entre os sistemas de ativação e de pausa e verificação. Como ocorre com os músculos, é provável que algumas pessoas tenham naturalmente sistemas de atenção mais robustos do que outras. Mas todos podemos desenvolvê-los, e a abordagem cognitivo-comportamental é a melhor academia da cidade.

Trata-se, no entanto, de uma abordagem bastante racional e, em geral, desenvolvida por não-PAS (que às vezes acreditam, no fundo, que as pessoas sensíveis são apenas tolas e irracionais). Essa atitude da parte de um terapeuta ou do autor de um livro pode diminuir a sua autoestima e provocar excitação, em especial se você deixar de alcançar o nível ou a meta estabelecidos. Ficará implícito que tal meta é "normal", mas talvez seja a meta deles ou da maioria das pessoas, ignorando as diferenças de temperamento. Um bom terapeuta cognitivo-comportamental, porém, estará sintonizado com as diferenças individuais, bem como com a importância da autoestima e da autoconfiança em todo o trabalho psicológico.

As PAS costumam preferir uma abordagem mais "profunda" ou mais intuitiva em vez de técnicas que se concentram em sintomas superficiais. Mas esse tipo de viés existente em alguns de nós, que resiste ao que é prático e pé no chão, talvez seja um bom motivo para explorar esse caminho.

PAS e a abordagem interpessoal

A psicoterapia interpessoal tem amplo apelo para as PAS e podemos aprender um bocado com ela. Descobrimos nossas habilidades intuitivas, nossas camadas mais profundas. Nós desenvolvemos nossas habilidades para manter relacionamentos muito íntimos. Com alguns métodos interpessoais, nosso inconsciente se torna um aliado, e não uma fonte de sintomas.

A desvantagem é que as PAS podem passar tempo demais na terapia interpessoal apenas porque são muito boas em trabalhar com esses detalhes. Um bom terapeuta, porém, insistirá que você se encarregue sozinho do seu trabalho interior quando parecer pronto para isso. As PAS também podem empregar esse tipo de terapia para evitar a exposição ao mundo, embora um bom terapeuta também não vá permitir que isso aconteça.

Por fim, há em geral uma forte atração pelo terapeuta com quem fazemos todas essas explorações – o que é chamado de transferência positiva ou idealizadora. Para as PAS, ela costuma ser especialmente forte, o que torna a terapia cara para manter e quase impossível de largar.

Mais sobre a transferência

Na verdade, uma transferência forte ou positiva ou um vínculo com o terapeuta pode ocorrer em qualquer abordagem, por isso o assunto merece mais alguns comentários.

As transferências nem sempre são positivas. E aqui falamos da transferência de sentimentos reprimidos que você teve em relação a outras pessoas importantes na sua vida – por isso a raiva, o medo e todo o resto são possíveis. Mas os sentimentos positivos costumam predominar, acentuados pela gratidão ao terapeuta, pela esperança de receber ajuda e pelo deslocamento de todo o tipo de sentimento para esse alvo.

Uma transferência positiva tem muitos benefícios. Ao querer ser como o terapeuta ou ter o afeto dele, você mudará de formas que, de outro modo, nunca tentaria mudar.

Ao enfrentar o fato de que o terapeuta não pode ser sua mãe, seu amante ou seu amigo de longa data, você encara uma realidade amarga e aprende a lidar com ela. Ao perceber a natureza dos sentimentos – essa pessoa parece perfeita, estar com ela seria o paraíso –, você pode pensar em como canalizá-los de uma forma mais apropriada. Por fim, pode ser bom apreciar a ajuda e a companhia de alguém de quem você gosta tanto.

Contudo, a transferência pode ser o equivalente a um intenso caso de amor com alguém que não pode corresponder. (E, se seu terapeuta corresponder, ele incorre em comportamento antiético. Você está se consultando com o terapeuta errado e precisa de uma ajuda *mais* profissional para sair dessa situação, pois é improvável que consiga fazê-lo sozinho.) Desse modo, pode ser uma experiência inesperada, indesejada, difícil. Uma transferência forte interfere na sua autoestima de uma forma que pode deixá-lo completamente dependente e constrangido. Ela afeta outras pessoas íntimas suas que sentem seu vínculo profundo com esse novo alguém. Se a transferência prolonga a sua terapia, ela irá afetar o seu bolso. Isso precisa ser considerado e a hora de pensar nessa questão é antes de começar o processo terapêutico.

Existem muitos motivos para que a transferência seja mais intensa para as PAS. Primeiro, ela é mais forte quando o inconsciente deseja grandes mudanças mas o ego não consegue fazê-las nem contribuir para que aconteçam. As PAS têm com frequência necessidade de implementar imensas mudanças para obter um contato maior ou menor com o mundo ou para se "liberar" do excesso de socialização ou da aceitação dos vieses culturais que as afetam, ou, ainda, simplesmente para lidar melhor com esse aspecto da sua personalidade. Segundo, a psicoterapia contém todos os elementos descritos no Capítulo 7 que levam as pessoas a se apaixonar – e as PAS se apaixonam com mais intensidade. O terapeuta escolhido obviamente parecerá desejável a você, sábio e capaz. Você se sentirá apreciado por ele, como parte da experiência, e compartilhará tudo que temia que ninguém estivesse disposto a ouvir ou a aceitar – tudo que você temia até pensar. Isso torna a situação muito perturbadora.

Não estou sugerindo de forma alguma que você evite a terapia por correr o risco de desenvolver uma forte transferência. De fato, talvez seja um sinal de que a terapia é necessária. E, nas mãos de um profissional competente, a transferência será a maior força para a sua mudança. Mas esteja alerta para não estabelecer vínculos prematuros com o primeiro terapeuta que aparecer ou para não passar do ponto em que possa obter todos os benefícios dessa pessoa em particular.

PAS e a abordagem física

As PAS se beneficiam especialmente com as abordagens físicas quando precisamos interromper uma situação psicológica que ameaça sair de controle do ponto de vista físico e mental. Talvez você esteja perdendo o sono, sentindo-se cansado e deprimido, terrivelmente ansioso ou tudo isso junto. As causas dessa espiral descendente podem variar muito. Já vi soluções físicas, em geral medicação, sendo eficientes em casos de depressões (causadas por vírus, problemas no trabalho, morte de um amigo íntimo) e na abordagem de questões dolorosas na psicoterapia. Em todos os casos, fazia sentido interromper essa espiral com uma intervenção física porque não havia como a pessoa pensar de forma diferente antes que o seu corpo se acalmasse.

O método mais utilizado é a medicação. Mas já vi uma PAS interromper a mesma espiral ao tirar férias em um lugar novo, no calor dos trópicos, esquecendo-se dos problemas por algum tempo. Ao retornar, a pessoa encarou as questões antigas com perspectiva e fisiologia renovadas.

Em outros casos, em vez de fazer uma viagem, a pessoa precisou voltar das férias para interromper uma espiral de ansiedade. Precisava de menos estímulo. Sua intuição pode ser um ótimo guia para saber exatamente o que você precisa fazer do ponto de vista físico para alterar sua química mental.

Um terceiro caso reagiu bem a uma cuidadosa orientação nutricional. Todos os seres humanos têm necessidades nutricionais variadas, bem como alimentos que precisam evitar. As PAS parecem variar ainda mais nesse aspecto. Em especial quando nos tornamos cronicamente excitados, precisamos de nutrientes adicionais bem naquele momento em que é provável que estejamos mais desatentos em relação a essas coisas. Podemos até perder o apetite ou ter problemas de digestão, fazendo com que aproveitemos bem pouco do que precisamos dos alimentos que ingerimos. Uma boa orientação nutricional é bem importante para PAS.

Existe um ponto no qual variamos menos: desabamos depressa quando ficamos com fome. Por isso consuma refeições pequenas, regulares, por mais ocupado ou distraído que esteja. Se você é uma PAS com transtorno alimentar, há uma forte tendência de que desenvolva sérios problemas caso não resolva essa questão – e existem muitos recursos por aí para fazer exatamente isso.

É importante mencionar a poderosa influência das flutuações nos níveis dos hormônios sexuais que, acredito, afetam mais as PAS. O mesmo é verdadeiro em relação à produção dos hormônios tireoidianos. Todos esses sistemas estão interligados, afetando de forma dramática o cortisol e os neurotransmissores cerebrais. Um indício de que o problema é provavelmente hormonal é um tipo inexplicável de alteração de humor em que você se sente bem numa hora e na seguinte tudo parece inútil e sem valor. Outro sinal seriam variações imensas semelhantes nos níveis de energia ou na clareza mental.

Com todas as abordagens físicas, das medicações à massagem, lembre-se de que você é muito sensível! Ao recorrer às medicações, peça para começar com a dose mais baixa. Escolha de maneira consciente quem vai cuidar do seu corpo e converse com antecedência sobre a sua sensibilidade. A menção, em geral, faz com que o profissional se lembre de experiências anteriores com pessoas como você e ele saberá exatamente o que fazer.

(Se não acontecer, é provável que você não tenha condições de trabalhar com essa pessoa.)

Esteja ciente de que fortes transferências podem ocorrer com qualquer tipo de terapeuta corporal, e não apenas com psicoterapeutas. Isso se aplica em especial aos casos em que eles trabalhem também em suas questões psicológicas. Essa combinação, na verdade, pode ser tão intensa que, em geral, a considero uma imprudência, pelo menos para as PAS. O desejo de ser acolhido, confortado, compreendido pode ser explorado e, em alguma medida, satisfeito por meio de palavras ou toques. Quando os dois vêm da mesma pessoa, fica muito parecido com aquilo que você mais deseja e talvez isso se torne confuso ou perturbador demais.

Se seu terapeuta trabalha tanto com seus pensamentos quanto com seu corpo, seja especialmente cuidadoso na inspeção de suas credenciais e referências. Devem acumular anos de treinamento em psicologia interpessoal, e não apenas no trabalho corporal.

PAS e abordagens espirituais

As abordagens espirituais costumam estar entre as mais atraentes para as PAS. Os recursos espirituais foram usados por quase todas as PAS que entrevistei quando haviam necessitado de algum tipo de trabalho interior de cura. Uma das razões para essa atração é o fato de que somos muito inclinados a olhar para dentro. Outra razão é o fato de nos considerarmos capazes de lidar com situações perturbadoras se pudermos acalmar nossa excitação por meio de um novo modo de ver as coisas – pela transcendência, pelo amor, pela confiança. A maior parte das práticas espirituais tem como objetivo exatamente esse tipo de perspectiva. E muitos de nós tiveram experiências espirituais que foram realmente reconfortantes.

Porém existem desvantagens, ou pelo menos riscos, em relação à abordagem espiritual, em especial quando ela é empregada com exclusividade. Em primeiro lugar, podemos estar evitando outras lições, como aprender a nos relacionar com os outros ou compreender nosso corpo, nossos pensamentos e sentimentos. Em segundo lugar, pode haver transferências positivas para líderes ou movimentos espirituais também, e em geral esses líderes e movimentos não são muito capazes de ajudá-lo a superar esse tipo de idealização excessiva. Talvez até queiram cultivá-la, pois esses sentimentos fazem com que você esteja pronto a seguir qualquer sugestão deles, aquilo que eles acreditam ser o melhor para você. Não estou me referindo apenas a "seitas". É possível incorrer no mesmo tipo de idealização excessiva em relação a um bom líder de uma igreja tradicional e estar sujeito ao mesmo tipo de equívoco.

Em terceiro lugar, a maior parte dos caminhos espirituais fala da necessidade do sacrifício do eu, do ego, dos desejos pessoais. Às vezes prega-se o abandono de si mesmo em nome de Deus, às vezes em nome do líder espiritual (o que costuma ser mais fácil, mas questionável). Acho que há épocas na vida em que alguma espécie de sacrifício da perspectiva do ego cai como uma luva. Há alguma verdade na visão oriental de que os desejos do ego são fonte de sofrimento e que olhar para trás, para nossos problemas pessoais, desvia nosso olhar do presente, da nossa verdadeira responsabilidade, e impede que nos preparemos para o que está à frente, além da esfera pessoal.

No entanto, vi muitas PAS abandonarem o ego cedo demais. É fácil fazer um sacrifício se você acha que seu ego não tem muito valor. E, se você conhece alguém que verdadeiramente conseguiu abandonar o ego, essa pessoa emana tamanha espiritualidade que parece irresistível fazer o mesmo. Mas um fulgor carismático não é uma garantia. Ele pode refletir apenas uma vida tranquila, sem estresse, bem disciplinada – o que é bem raro nos tempos atuais. A alma iluminada pode viver em uma confusão psicológica, social e às vezes até moral. É como uma casa bem iluminada no andar de cima, mas com o andar de baixo escuro e maltratado.

A redenção ou a iluminação real, tanto quanto podem ser obtidas neste mundo, vêm por meio de um trabalho árduo que não tenta evitar questões pessoais complicadas. Para as PAS, a tarefa mais difícil de todas pode não ter qualquer relação com uma renúncia ao mundo; pelo contrário, mais difícil é se expor e mergulhar nele.

A psicoterapia é útil para PAS sem problemas específicos na infância ou na vida adulta?

Se você não sofreu traumas sérios nem tem feridas precoces para curar, talvez conclua que os conhecimentos fornecidos neste livro bastam e que não é necessário nenhum tipo de ajuda adicional na sua vida, pelo menos no momento.

A psicoterapia, porém, não tem necessariamente a função de consertar problemas nem de aliviar sintomas. Ela pode ser também uma ferramenta para ganhar perspectiva, sabedoria e desenvolver uma parceria com seu inconsciente. Claro, é possível aprender muito sobre o trabalho interior a partir de outras fontes – publicações, seminários, conversas. Muitos bons terapeutas, por exemplo, estão escrevendo livros e dando aulas. Mas, como costumam ter a mente, a intuição e uma vida interior especialmente aguçadas, as PAS tendem a ganhar muito com a psicoterapia. Ela não só confirma essas qualidades como as aprimora. Conforme essas partes tão valiosas se desenvolvem, a psicoterapia se torna um espaço sagrado. Não existe nada parecido.

Especialmente para PAS – análise junguiana ou psicoterapia de orientação junguiana

A forma de psicoterapia que eu recomendo para a maioria das PAS é aquela de orientação junguiana, ou análise junguiana, a partir dos métodos e dos objetivos de Carl Jung. (Se existem traumas de infância para trabalhar, no entanto, é preciso ter certeza de que o junguiano foi preparado nessa área.)

A abordagem de Jung enfatiza o inconsciente, como todas as "psicologias profundas", tais como a psicanálise freudiana ou as abordagens de relação com o objeto, todas na categoria "interpessoal". Mas a abordagem junguiana acrescenta a dimensão espiritual ao compreender que o inconsciente está tentando nos levar a algum lugar, a expandir nossa percepção para além da estreita consciência do ego. As mensagens nos chegam a todo momento, sob a forma de sonhos, sintomas e comportamentos que nosso ego julga serem problemáticos. Precisamos apenas de prestar atenção.

O propósito da terapia ou análise junguiana é, em primeiro lugar, fornecer um recipiente no qual materiais rejeitados ou assustadores possam ser examinados com segurança. O terapeuta é como um guia experiente na selva. Em segundo lugar, ela ensina ao paciente a se sentir à vontade na selva também. Os junguianos não buscam cura, mas um compromisso de uma vida inteira com o processo de individuação por meio da comunicação com os domínios interiores.

Como as PAS têm um contato bem estreito com o inconsciente, com sonhos tão vívidos e uma pulsão tão intensa em direção ao imaginário e ao espiritual, nós não conseguimos desabrochar até nos tornarmos especialistas nessa faceta. Em certo sentido, o trabalho junguiano profundo é o campo de treinamento para a classe dos conselheiros reais da atualidade.

Você faz "análise junguiana" quando consulta um analista junguiano, alguém preparado por um instituto de formação junguiana. Em geral, os analistas já são terapeutas competentes e podem usar qualquer abordagem que lhes parecer benéfica, mas eles obviamente preferem a de Jung. Esses analistas esperam trabalhar com você durante muitos anos, talvez duas vezes por semana, e costumam cobrar mais por conta de toda a sua formação. É possível consultar também um psicoterapeuta de orientação junguiana que não seja um analista. Mas você vai querer saber qual é a sua formação em técnicas junguianas. Alguns se beneficiam de extensas leituras, de cursos, residências ou um longo processo de análise. A análise pessoal é especialmente importante.

Alguns institutos de formação junguiana cobram honorários mais baixos caso você esteja interessado em se consultar com alguém que ainda está aprendendo – um "candidato a analista" ou "residente de psicoterapia". Essas pessoas serão habilidosas e entusiasmadas: você pode conseguir um bom negócio. O único problema é que encontrar alguém que combine com a sua personalidade, o que é considerado essencial no trabalho junguiano, talvez seja mais difícil de conseguir.

Esteja alerta também em relação a junguianos com atitudes sexistas e homofóbicas ultrapassadas. A maioria se mantém sintonizada com a cultura em que vive, e não com a Suíça da era vitoriana onde Jung viveu. São encorajados a pensar com independência. O próprio Jung disse uma vez: "Graças a Deus que sou Jung e não sou um junguiano." Mas alguns seguem as noções muito estreitas de Jung sobre gênero e orientação sexual.

Algumas observações finais sobre PAS e psicoterapia

Primeiro, não tente agradar os outros e suportar um terapeuta que se coloca no centro do processo. Ele deve ser um recipiente suficientemente amplo para que você não fique esbarrando no seu ego. Em segundo lugar, não fique encantado demais com a intensa atenção pessoal (fornecida pela maioria dos bons terapeutas) durante as primeiras sessões. Dê tempo a si mesmo para assumir um compromisso.

Assim que o processo começar, tenha em mente que se trata de trabalho duro e nem sempre agradável. Uma transferência forte é apenas um exemplo dos tipos de força inexplicável que são liberados quando se diz ao inconsciente que ele está livre para se expressar um pouco.

Às vezes a psicoterapia se torna intensa demais, hiperexcitante – mais como um caldeirão em ebulição do que como um recipiente seguro. Se isso acontecer, você e seu terapeuta precisam conversar e decidir como controlar esse processo. Talvez você precise de uma pausa, de algumas sessões mais calmas, mais acolhedoras e superficiais. Uma pausa pode acelerar o seu progresso, embora pareça estar tornando-o mais lento.

A psicoterapia, no sentido mais amplo, é um conjunto de caminhos para a sabedoria e a plenitude. Se você é uma PAS com uma infância problemática, é quase essencial que siga esse caminho. O trabalho em profundidade, em especial, pode também ser uma espécie de playground para as PAS – onde outros se sentem perdidos, nós nos sentimos mais à vontade do que qualquer um. Essa selva vasta e bela nos permite viajar por todos os tipos de terreno. Acampamos felizes, por algum tempo, com qualquer coisa que nos seja útil – livros, cursos e relacionamentos. Tornamo-nos companheiros de amadores e especialistas que encontramos pelo caminho. É uma boa terra.

Não deixe que as atitudes da sociedade o afastem quando ela transforma o seu caminho na última moda ou em uma fonte de piadas. Há um algo mais nas PAS que muitas vezes os outros não conseguem compreender na totalidade.

TRABALHE COM O QUE APRENDEU
Avaliando as feridas da infância

Se você sabe que sua infância foi razoavelmente feliz e sem eventos mais graves, pode pular esta avaliação ou usá-la para apreciar a sorte que teve e aumentar a sua compaixão pelos outros. Pule também caso já tenha trabalhado com as questões da infância até um nível que o deixa satisfeito.

Para os outros, a tarefa pode ser perturbadora. Pule se não lhe parecer o momento certo para tais investigações sobre o passado. Mesmo se a sua intuição disser que deve prosseguir, esteja preparado para efeitos posteriores. Como sempre, pense na possibilidade de fazer terapia se sentir que o nível de perturbação causado está acima daquele com que você consegue lidar.

Quem for em frente deve ler a lista e verificar o que se aplica ao seu caso. Além disso, ponha uma estrela em qualquer coisa que tenha acontecido nos primeiros 5 anos, outra estrela se aconteceu antes de você completar 2 anos. Se a situação prosseguiu por muito tempo (defina *muito tempo* como lhe parecer adequado), faça um círculo ao redor do item ou insira estrelas. Faça o mesmo se o evento ainda parecer ter domínio sobre toda a sua vida.

Essas marquinhas, estrelas e círculos vão lhe dar uma ideia de onde estão os maiores problemas, sem tentar lhes conferir um valor numérico.

____ Seus pais se sentiam infelizes com os sinais de sua sensibilidade e/ou lidavam particularmente mal com ela.

____ Você foi claramente um filho indesejado.

____ Você teve múltiplos cuidadores que não eram seus pais nem outras pessoas amorosas e próximas da família.

____ Você foi superprotegido de uma forma invasiva.

____ Você foi obrigado a fazer coisas que temia, desconsiderando seus sentimentos em relação ao que era bom para você.

____ Seus pais pensavam que havia algo de errado com você, do ponto de vista físico ou mental.

____ Você foi dominado por um pai, irmã, irmão, vizinho, colega, etc.

___ Sofreu abuso sexual.
___ Sofreu abuso físico.
___ Sofreu maus-tratos verbais – insultado, provocado, tratado aos gritos, criticado constantemente – ou a autoimagem espelhada por pessoas próximas era extremamente negativa de algum modo.
___ Não era bem cuidado fisicamente. (Não tinha comida suficiente, etc.)
___ Recebia pouca atenção ou a atenção que recebia decorria inteiramente de suas realizações excepcionais.
___ Um de seus pais ou alguém próximo era alcoólatra, viciado em drogas ou tinha doença mental.
___ Um de seus pais era fisicamente doente ou ficava incapacitado boa parte do tempo e indisponível.
___ Você precisou cuidar de um ou dos dois pais, do ponto de vista físico e emocional.
___ Você teve um pai que seria reconhecido por um profissional de saúde mental como alguém narcisista, sádico ou de convívio extremamente difícil.
___ Na escola ou no bairro, você era vítima recorrente – alvo de abuso, de provocações, etc.
___ Teve outros traumas de infância além dos abusos (por exemplo, doença grave ou crônica, lesão, incapacitação, pobreza, desastres naturais, seus pais viviam sob tensão constante devido ao desemprego, etc.)
___ Seu ambiente social limitava as oportunidades e/ou o tratava como inferior porque você era pobre, fazia parte de uma minoria, etc.
___ Houve mudanças drásticas na sua vida sobre as quais não tinha controle (mudanças, mortes, divórcio, abandono, etc.).
___ Foi tomado por um forte sentimento de culpa por algo pelo qual você julgava ser responsável e não pôde conversar com ninguém a respeito.
___ Quis morrer.
___ Perdeu o pai (por morte, divórcio, etc.), não era próximo dele e/ou ele não se envolveu na sua criação.
___ Perdeu a mãe (por morte, divórcio, etc.), não era próximo dela e/ou ela não se envolveu não sua criação.

___ Um dos dois eventos anteriores foi um caso claro de abandono voluntário ou de uma rejeição pessoal a você, ou você acreditou que havia perdido um dos pais por alguma falha ou por algum comportamento seu.

___ Um irmão, uma irmã ou algum parente próximo morreu ou se perdeu de você por outro motivo.

___ Seus pais brigavam sem parar e/ou se divorciaram e brigaram por sua causa.

___ Na adolescência, você foi especialmente problemático ou com tendências suicidas, ou abusou de drogas ou de álcool.

___ Na adolescência você vivia com problemas com as autoridades.

Agora que você terminou, olhe as marcas, as estrelas e os círculos. Se não existirem muitos, celebre e exprima sua gratidão a quem merece. A presença de algumas marcas provavelmente provocou nova dor ou o medo de ser profundamente defeituoso ou danificado. Deixe que o panorama completo da sua história se apresente. Depois concentre-se nos seus melhores talentos, características, realizações, além de todas as pessoas prestativas e os eventos que ofuscaram a negatividade. Por fim, passe alguns momentos (talvez saia para dar uma caminhada) celebrando a criança que suportou e contribuiu tanto. E pense no que ela precisa daqui para a frente.

CAPÍTULO 9

MÉDICOS, MEDICAMENTOS E PAS
Ser um pioneiro nas fronteiras da ciência

Este capítulo aborda dois tópicos relacionados. Primeiro vamos examinar como o seu traço afeta a sua resposta aos cuidados médicos em geral. Em seguida, entraremos em detalhes sobre a dor, a estimulação excessiva e os medicamentos às vezes associados ao traço na mente dos profissionais de saúde e que você pode estar tomando ou que podem ser oferecidos por causa da sua característica.

Como o seu traço pode afetar os cuidados médicos

- Você pode ser mais sensível aos sinais e sintomas corporais.
- Se você não leva uma vida adequada às suas características, pode desenvolver mais doenças relacionadas ao estresse e/ou psicossomáticas.
- Você provavelmente é mais sensível a medicamentos.
- Você provavelmente é mais sensível à dor.
- Você ficará mais excitado, em geral hiperexcitado, pelo ambiente médico, pelos procedimentos, exames e tratamentos.
- Em ambientes de "atendimento de saúde", em particular, sua intuição profunda provavelmente não consegue ignorar a presença sombria do sofrimento e da morte, da condição humana.
- Considerando tudo que foi dito antes e o fato de que a maioria dos profissionais médicos convencionais não é de PAS, seu relacionamento com eles costuma ser mais problemático.

A boa notícia é que você consegue perceber os problemas antes que eles se agravem; além disso, você tem grande consciência do que de fato ajudará a resolvê-los. Como foi mencionado no Capítulo 4, crianças altamente sensíveis que não vivem sob estresse costumam ter uma saúde excepcionalmente boa. Um estudo de longo prazo com adultos que foram conscienciosos na infância, o que se aplica à maioria das PAS, mostrou que eles eram excepcionalmente saudáveis na vida adulta. O mesmo não foi verificado em adultos tímidos, o que sugere que as PAS têm uma saúde excelente mas precisam aprimorar a vida social e aliviar seus desconfortos sociais para que tenham a vida acolhedora e livre de estresse de que precisam.

Mas vamos discutir os problemas implícitos na lista anterior porque eles o preocupam mais. Estar mais atento a sinais físicos sutis significa que você provavelmente terá muitos alarmes falsos. Isso não deve ser um problema – você vai a um médico e pergunta. Se permanecer inseguro, você procura uma segunda opinião.

Às vezes não é tão simples assim, não é? Os médicos podem ser pessoas ocupadas e insensíveis hoje em dia. Normalmente, você, a PAS, fica um pouco nervosa e superexcitada. Você notou algo pequeno, mas que o preocupa – do contrário, não teria procurado ajuda. Sabe que provavelmente não será nada de mais e que o médico vai achar que você é excessivamente suscetível. Você sabe que tanto a sua sensibilidade a sutilezas quanto a sua hiperexcitação por causa do desconforto social antecipado estão levando a melhor. Talvez chore. Normalmente, é o que eu faço nessas situações.

Enquanto isso, seu profissional de saúde talvez compartilhe o preconceito da cultura vigente em confundir o seu traço com timidez, introversão ou apenas neurose. Além disso, especialmente para alguns médicos do sexo masculino, a sensibilidade é uma fraqueza temida que eles tiveram que reprimir para sobreviver à faculdade de medicina. Assim, eles projetam essa parte "excessivamente sensível" de si mesmos (e toda a fraqueza que associam a ela) em pacientes com qualquer sinal disso.

Em suma, há muitos motivos pelos quais um profissional de saúde pode começar supondo que, no seu caso particular, esse leve sintoma está "todo na sua cabeça" e possivelmente acabar sugerindo isso. (É claro que a mente e o corpo estão muito ligados e que tudo pode ter começado com um estresse psicológico. Mas a maioria dos profissionais médicos acha que não lhes cabe lidar com a psicologia.)

Então você vai embora, sem querer parecer neurótico por contestar, mas se perguntando se foi mesmo ouvido, se foi bem examinado, se realmente está tudo bem. Você se sente envergonhado e não quer incomodar. Mas vai embora ainda preocupado, o que o leva a conjeturar se não seria mesmo neurótico. E talvez decida ignorar seus sintomas da próxima vez até que eles sejam tão óbvios que qualquer um possa vê-los.

Educando os seus profissionais de saúde

A solução é encontrar ou educar profissionais de saúde que compreendam a sua característica na totalidade. Isso significa que a pessoa leva a sério a sua capacidade de captar aspectos sutis da sua saúde e das reações a um tratamento. Um verdadeiro profissional deve ficar encantado com esse excelente sistema de alarme. Ao mesmo tempo, conhecendo a sua sensibilidade, ele pode assumir o papel de especialista calmo e tranquilizá-lo quando provavelmente não há nada de errado, afinal de contas. Mas essa segurança deve ser oferecida de modo respeitoso, não com base na suposição de que você tem algum tipo de problema, do ponto de vista psicológico.

Muitos daqueles que trabalham com medicina alternativa, trabalho corporal, aconselhamento nutricional, entre outros, estão totalmente alinhados à noção de alta sensibilidade, pois andam sendo procurados por muitas PAS. Explicar o traço para aqueles que ainda não o conhecem ajuda muito. Gostamos desses profissionais porque nos ouvem e porque frequentemente nos ajudam. Mas às vezes precisamos daqueles outros médicos e enfermeiras treinados em escolas de medicina e enfermagem tradicionais. Em geral, eles sentem que aprenderam tudo que realmente precisavam saber durante a formação e com suas experiências clínicas. Não têm tempo para ler periódicos e ainda não têm um termo para essa característica, embora possam saber da sua existência de diversas maneiras. Precisamos transformá-los em cuidadores sofisticados, totalmente cientes das variações de temperamento e sabedores do modo de lidar com as PAS com respeito, gentileza e atenção. A longo prazo, o que é bom para as PAS costuma ser bom para todos. (Recentemente visitei uma pessoa em um hospital onde agora impõem um horário de silêncio da meia-noite às 5 da manhã. Tenho certeza de que isso foi o resultado das reclamações de PAS, mas acabou sendo bom para todos os pacientes.)

Como você opera tais milagres? Você pode presentear este livro. Anote o endereço do site (www.hsperson.com) e mencione ao profissional de saúde que toda a pesquisa está explicada lá (no momento, são mais de 100 estudos). Você quer demonstrar que se trata de ciência de verdade, embora seja recente. Para alguns, uma alternativa melhor do que o livro será entregar uma cópia do filme *Sensitive: The Untold Story*. Assegure-lhes que é divertido e que, ao mesmo tempo, irá ensinar-lhes sobre aqueles 20% ou mais de seus pacientes que são altamente sensíveis.

Tenha cuidado para não dar a entender que você os considera ignorantes em um assunto que é bacana o suficiente para virar tema de filme. Em vez disso, sugira que, como excelentes profissionais, eles já sabem disso até certo ponto. "Tenho certeza de que já notou pessoas como eu, que são sensíveis à dor e aos medicamentos, e que podem ficar um tanto hiperexcitadas apenas por estar num consultório e ter que explicar seus problemas, mas que são muito boas em seguir as orientações!" Se eles assistiram ao filme, você pode recorrer a uma rápida revisão do PEES. "Sei que faço muitas perguntas – isso por conta do meu P, da profundidade do meu processamento. E, como você sabe, em função do E, fico excessivamente estimulado com facilidade, inclusive pelas minhas reações à dor e aos medicamentos. O outro E explica ainda minhas lágrimas ocasionais, mas também a minha empatia com todos vocês. E o S, você sabe, fala da minha percepção de estímulos sutis – eu noto mais sintomas, mas também percebo quando estou melhorando."

Certifique-se de que eles saibam que é algo inato, e não algum problema decorrente de uma personalidade neurótica. "Você sabe, nascemos com esse temperamento. Todas as crianças têm temperamento... extrovertido, ativo, seja o que for. E algumas são mais sensíveis do que outras, como eu. Quando crescemos, mantemos nosso temperamento." Como veremos na página 230 no quadro "Prática para lidar com profissionais de saúde de uma nova forma", prepare um roteiro e pratique-o, se isso ajudar. Ou tenha algumas anotações com você – os pacientes geralmente trazem anotações sobre coisas que desejam saber, de modo que não parecerá fora do comum.

Se eles obviamente não estiverem interessados ou não disserem mais tarde que assistiram ao filme ou leram o livro, pare de vê-los. Você é o paciente. Na verdade, se eles fazem você se sentir mal de outras maneiras (as "vibrações" deles), considere não voltar a seus consultórios. Lembro-me de uma PAS que escreveu para um de meus primeiros boletins informativos sobre seu demorado processo de recuperação depois de um grave acidente de carro. Ela aprendeu a não permitir que pessoas negativas a tocassem, pois isso apenas atrasava sua cura. Se você tiver um plano de saúde ou se consultar um especialista com quem precise ficar, não desista deles. Às vezes os profissionais parecem não ouvir novas informações, mas depois costumam verificar por conta própria.

Sensibilidade a medicamentos

Quanto à sua sensibilidade a medicamentos, ela é bem real. Fizemos duas pesquisas sobre o assunto.[1] Basicamente, isso parece fazer parte da sua característica, como a sua tendência a ser mais sensível à cafeína ou à fome. Ela pode ser aumentada, é claro, pela hiperexcitação e pela hipervigilância devido à preocupação com os efeitos colaterais (e a maioria dos medicamentos os tem, então você não está sendo neurótico). Essa sensibilidade pode também ser maior se você estiver extremamente agitado em função de outro motivo no momento em que toma a primeira dose. Assim, é melhor se acalmar primeiro e depois ver como vai fazer com o medicamento.

Quando tiver certeza de que está tendo uma reação negativa a um medicamento, confie na sua percepção. Existem variações extremamente amplas na sensibilidade às drogas. Espere que os profissionais médicos trabalhem com você de maneira respeitosa. Se não o respeitarem, repito, você é o paciente – procure outro lugar.

Sensibilidade à dor

A sensibilidade à dor também varia muito entre as pessoas em geral. Por exemplo, algumas mulheres quase não sentem dor no parto, e pesquisas constataram que essas mesmas mulheres raramente sentem dor em algum momento da vida.[2] O oposto, sem dúvida, também é verdadeiro – algumas pessoas sentem muita dor durante a vida.

Algumas PAS me disseram que não são particularmente sensíveis à dor, mas, ao questioná-las, muitas vezes descobri que se tornaram boas em controlá-la de várias maneiras. O melhor tratamento não farmacológico da dor parecem ser a distração e a hipnose.[3] No entanto, nem todo mundo pode ser totalmente hipnotizado[4] e talvez não haja ninguém por perto para hipnotizá-lo. A auto-hipnose é uma opção que costuma ser bem-sucedida, por exemplo, no caso de dores de dente.[5] Existem muitos métodos oferecidos para aprender a auto-hipnose. Eles frequentemente envolvem instruções de áudio, pelo menos no início, mas você também pode aprender a fazê-la por meio de instruções escritas.

A distração é uma maneira particularmente fácil de controlar a dor. Tenho certeza que você já percebeu como funciona bem. Por exemplo, sempre que vou passar por algum procedimento que me deixe tensa, a enfermeira ou o médico podem ser bastante calados ou formais comigo até a hora de começar, mas de repente puxam assunto. Fico feliz em manter esse diálogo sobre qualquer tema. Funciona muito bem para desviar minha atenção, especialmente quando fazem perguntas que eu gosto de responder. Experimente em outras situações. Se você estiver fazendo um exame de sangue, inicie uma conversa com a pessoa encarregada da coleta (e desvie o olhar).

Qualquer outra sensação no corpo também costuma funcionar como uma distração – concentrar-se na mão quando seu pé doer e vice-versa. Ou você pode olhar pela janela e "observar profundamente" as folhas das árvores ou as nuvens no céu (embora algo mais fascinante possa funcionar melhor). Se você está sentindo dor por horas ou dias, terá que se esforçar mais e as distrações não funcionarão o tempo todo. Mas entre nas conversas. Procure por onde andam pessoas com quem não fala há algum tempo – talvez você nem mencione que está com dor. Se for capaz, ocupe-se com algo que o distraia mentalmente. Assista a filmes de comédia, de mistério ou de ação que não irão perturbá-lo, mas que o manterão ocupado. A realidade virtual e os videogames podem ser altamente eficazes. E até mesmo as palavras cruzadas.

Nosso estado mental afeta um pouco a percepção da dor, então é sempre útil se você puder ser um pai gentil, amoroso, compreensivo e calmo para seu bebê/corpo quando ele está com dor. Também é essencial que você comunique a sua sensibilidade extra à dor para quem tem condições de ajudar. Se ele(s) estiver(em) bem informado(s) sobre o assunto, interpretará(ão) sua reação como uma variação normal da fisiologia humana e o tratará(ão) de maneira adequada. (Mas lembre-se de que você também pode ser mais sensível a medicamentos para o alívio da dor.)

Excesso de excitação em geral nas situações médicas

Vamos considerar a hiperexcitação sobre sua condição médica (juntamente com a perspectiva de se encontrar com profissionais de saúde) e a hiperexcitação durante os tratamentos ou procedimentos. Talvez queira reler o que escrevi no Capítulo 1. Quando você está fora do seu nível ideal de excitação, não apenas se sente mal como também tem um desempenho pior. Por exemplo, a sua capacidade de comunicar os seus pensamentos e de lembrar o que foi dito diminuirá, muitas vezes deixando-o ainda mais excitado e provavelmente com medo de estar sendo visto como neurótico, não muito inteligente ou o que seja.

Ajuda se você, desde o início, não confundir estimulação excessiva com medo; a confusão pode aumentar o sofrimento. Talvez você pense que está com mais medo do que de fato está ao analisar o significado dos seus sintomas, ao encontrar alguém novo, ao repetir uma experiência ruim na área médica ou ainda ao imaginar o que vão pensar de você. Talvez sejam medos reais, mas tente aceitá-los em vez de julgá-los. Sei que parece estranho, mas preocupar-se com o medo só vai aumentá-lo. Lembre-se de que você pode apenas estar se sentindo hiperexcitado, excessivamente estimulado. Isso se aplica, em especial, se você estiver em um novo consultório no qual irá se encontrar com gente nova.

O que fazer? Como eu disse, você pode levar uma lista de dúvidas e fazer anotações, ou pedir a alguém que vá com você para ouvir e fazer perguntas que não lhe venham à lembrança. (Dessa forma, há outra memória à qual recorrer depois.) E pode também explicar a sua tendência a ficar hiperexcitado, como mencionei. Eles vão compreender especialmente bem se assistiram ao filme e conhecem o PEES. (Talvez você possa visitar a sala de espera noutro dia, para se familiarizar. A familiaridade com certeza reduzirá o excesso de estimulação que você irá sentir no dia da consulta.)

Deixe os profissionais acalmá-lo com um bate-papo ou qualquer método de sua preferência. Você pode pedir-lhes que o ajudem a compensar sua excitação, solicitando que repitam as instruções e que se disponham a atender seus telefonemas para responder perguntas que não lhe tenham ocorrido durante a consulta.

Quando falarem sobre os sintomas ou sobre "o que pode acontecer", peça para ser informado sobre o que é normal, pois você pode notar pequenas mudanças que os outros não notam. Dessa forma você não ficará preocupado com essas mudanças se elas acontecerem (nem terá que ligar para o médico à noite ou no fim de semana). Às vezes é normal sentir dor, mas os médicos ou as enfermeiras preferem evitar o tema. Mesmo que você pareça sugestionável (ou seja), provavelmente é melhor saber das possibilidades do que ser surpreendido por elas.

Quanto à excitação excessiva devido a tratamentos e procedimentos, leve em conta o fato de estar se deparando com sensações novas e intensas, muitas vezes de invasões ameaçadoras ao seu corpo. As soluções passam mais uma vez por uma explicação sobre sua alta sensibilidade para quem está fazendo o procedimento. Expresse isso de uma forma que seja ao mesmo tempo respeitosa aos profissionais e a você. Há boas chances de que sua franqueza seja apreciada. Quem realiza o procedimento pode tomar medidas extras para torná-lo mais fácil para você, o que também significa mais fácil para o profissional.

Você deve estar ciente do que funciona melhor na redução da excitação no seu caso. Alguns de nós se saem melhor com tudo explicado à medida que a pessoa avança, outros preferem o silêncio. Alguns gostam de ter um amigo do lado, outros querem ficar sozinhos. Alguns se dão bem com mais medicamentos, outros acham mais angustiante a perda de controle no uso de medicações. Além disso, há muito que você mesmo pode fazer: pode se familiarizar ao máximo e com antecedência com a situação; pode se acalmar, centrar-se e se reconfortar de todas as maneiras que conhece; e pode se consolar depois com a compreensão e a aceitação amorosa de qualquer reação intensa que tenha tido.

Se você ou seu corpo infantil precisam parar porque "isso não é para mim", diga ou pelo menos insista em uma pausa para falar sobre o assunto. Diga quando precisar de alguma coisa, seja para dar uma parada, para baixar ou desligar o som, para que a pessoa pare de falar ou qualquer outra coisa. Sei que pode ser difícil – especialmente se você é do tipo que sempre tenta ser bom ou educado, escondendo suas necessidades – mas faça isso.

Sempre que você definir um limite ou expressar uma necessidade inegociável, aqui vai um pensamento: você *não precisa* dar um motivo, de modo nenhum – a menos que vá ajudá-lo. Como uma PAS me ensinou, "Simplesmente não funciona para mim" pode ser a melhor resposta porque impede que outra pessoa argumente, querendo oferecer uma solução para contornar o seu "não". Um desdobramento disso é: se alguém disser "Você é muito sensível", responda com um: "Especificamente, o que é que não está funcionando para você em relação à minha sensibilidade?" (E termine mencionando: "Eu gosto da minha sensibilidade."). Esses pontos específicos podem ser muito esclarecedores e muitas vezes solucionáveis.

O resumo da história é que você costuma ficar mais excitado do que o paciente comum. Mesmo que seu profissional de saúde seja inteligente o suficiente para não tratar a sua excitação como um incômodo nem como um sinal de perturbação, isso ainda torna as coisas mais difíceis.

Lembre-se também de que, conforme explicado no Capítulo 7, é comum sentir uma ligação com qualquer pessoa com quem você compartilhou uma experiência estimulante, em especial se foi uma provação verdadeiramente dolorosa ou emocionalmente significativa. No campo médico, você ouve isso quando as pessoas descrevem seu cirurgião ou quando as mulheres falam sobre a pessoa que fez o parto dos seus filhos. É perfeitamente normal. A solução é saber por que isso acontece e levar tudo isso em conta.

O excesso de excitação é difícil. Não há como contornar. E em situações médicas, com dor, envelhecimento e morte bem diante de você, é mais complicado. Ainda assim, levar a vida ciente da morte faz sentido para mim desde que amplie sua apreciação do momento. Quando essa consciência é excessiva, é sempre útil contar com a ajuda de quem você ama e em quem confia. Deixe seus amigos ou familiares se reunirem ao seu redor; eles também enfrentaram ou enfrentarão essas coisas algum dia. Não é hora de sentir-se um fardo. Estamos todos no mesmo barco.

Por falar em amigos e familiares, já passei um tempo num hospital, na cabeceira de alguns, quando começavam a se recuperar de uma cirurgia; num hospital quando o prognóstico era ruim; em lares de idosos após um acidente vascular cerebral ou por causa de demência; e enquanto morriam, às vezes muito lúcidos, às vezes nem tanto. Acho que as PAS podem viver seus melhores momentos nessas situações. Em um estudo não publicado perguntamos: "Você estaria disposto a sentar-se na cabeceira da cama de um desconhecido moribundo e reconfortá-lo?" As PAS responderam afirmativamente com mais frequência que as demais.

Todos os itens que compõem o PEES podem entrar em jogo, inclusive o excesso de estimulação. Talvez não seja possível que você perceba, antes de se afastar da situação, tudo que estava experimentando em um nível sutil ou inconsciente. O Capítulo 3 trata da saúde geral e do estilo de vida, e a maior parte dele é dedicada ao problema da estimulação excessiva.

Meditação como tratamento médico

No Capítulo 3 recomendei a meditação transcendental (MT). Vou repetir a indicação porque há novas pesquisas médicas sobre o assunto, além do que já mencionei sobre os efeitos dessa prática na redução do cortisol, o hormônio do "estresse" gerado pela hiperexcitação. Também porque, há mais de 50 anos, faço duas vezes ao dia (raramente perdendo uma sessão). Em certo sentido, todo esse tempo de prática atesta quanto gosto do modo como isso me relaxa. Eu sempre espero o momento da meditação com ansiedade. E definitivamente me tornei uma pessoa melhor por todo esse descanso!

Também pesquisei exaustivamente outros tipos de meditação. Para resumir um pouco das novas pesquisas, está claro que existem três tipos principais de meditação, cada um com diferentes efeitos no cérebro.[6] Isso mesmo, meditação não é apenas meditação. Existem diferenças importantes. Cada uma tem seu propósito e seus méritos.[7] A meditação focada, como a zen, como o nome indica, ajuda você a aprender a focar sua atenção. Na meditação de atenção plena você se sintoniza suavemente com sua respiração, com seu corpo, com seus pensamentos ou com o que quer que seja instruído a ter como foco, voltando a esse ponto focal quando se dispersar, de modo a se tornar mais atento ou ciente do seu corpo e dos seus pensamentos.

A abordagem automática autotranscendente da MT e da oração centralizante cristã (basicamente o mesmo método da MT) visa permitir que a mente vá ao seu nível de atividade mais tranquilo possível. Claro que existem pensamentos, mas eles são considerados parte da meditação e não há resistência a eles. O sono também é permitido. A ideia básica é que você transcende sem esforço – você *não tenta* fazer isso. O cérebro quer desacelerar por um tempo e se reorganizar, se tiver permissão (e, para um "processador profundo", em alguns dias haverá muitos pensamentos). Mas o corpo, assim como o cérebro, fica em profundo estado de repouso, sem dúvida o mais eficiente tipo de pausa.

O padrão de ondas cerebrais associado é um tipo de onda alfa. (Você já deve ter ouvido falar em "alfa biofeedback" para relaxamento.) Essas ondas se espalham para a maior parte do cérebro, criando uma sensação muito tranquila e repousante. Consideráveis pesquisas médicas descobriram que é muito bom para sua saúde, especialmente para manter o coração (que parece ser o mais prejudicado pela hiperestimulação crônica) em boas condições.[8] A MT é provavelmente o tipo ideal de meditação para PAS – se você estiver gostando de outro método, ótimo! Infelizmente, a MT pode ser o método mais caro, porque, ironicamente, requer instrução habilidosa durante vários dias para ajudá-lo a aprender a não se esforçar!

Reescrevendo a história médica

Talvez este seja um bom momento para ressignificar suas experiências de cuidados médicos à luz da sua característica.

Escolha de uma a três experiências significativas de doença e de cuidados médicos, especialmente hospitalizações ou experiências de infância. Em seguida, siga as três etapas já conhecidas. Primeiro, pense em como você sempre entendeu essas experiências, provavelmente com a ajuda das atitudes de profissionais médicos – que você é "muito sensível", um paciente difícil, com medo da dor, neurótico e assim por diante. Em seguida, considere essas experiências à luz do que você passou a saber sobre a sua característica. Por fim, pondere se há algo que precisa ser feito por causa desses novos conhecimentos, como procurar um médico diferente ou dar este livro, indicar o filme ou fornecer o endereço do nosso site na internet para ele.

Além disso, se esse tem sido um aspecto difícil da sua vida, consulte o quadro apresentado a seguir, "Prática para lidar com profissionais de saúde de uma nova forma".

PRÁTICA PARA LIDAR COM PROFISSIONAIS DE SAÚDE DE UMA NOVA FORMA

1. *Pense em uma situação médica que para você é hiperexcitante, socialmente desconfortável ou problemática.* Talvez a questão seja a sua reação por estar vestindo apenas um avental de hospital, por fazer certos tipos de exame ou por ter que tirar sangue, por ter uma broca nos dentes ou obter um diagnóstico ou relatório com atraso ou pouca clareza.
2. *Pense nessa situação à luz do seu traço,* inclusive com seu potencial aspecto positivo. Por exemplo, você notará antes se há um problema e será mais cuidadoso ao seguir as instruções. Mas, acima de tudo, pense no que você precisa (e a que tem direito) para tornar a situação menos estimulante. Lembre-se de que todos devem trabalhar para que seu corpo não seja inundado de cortisol, pois o resultado médico também será melhor se você mantiver a calma.
3. *Imagine como você obterá o que precisa.* Pode ser algo que você tenha condições de fazer por si mesmo. Mas é provável que envolva alguma comunicação sobre a sua sensibilidade a um profissional médico. Portanto, escreva um roteiro. Certifique-se de que transmite respeito próprio e de que vai gerar respeito dos outros, sem ser rude nem arrogante. Peça a alguém da sua confiança que examine seu roteiro. O ideal seria mostrar para alguém da área de saúde. Em seguida, encene a conversa com o seu parceiro. Peça-lhe que diga depois como se sentiu ao ouvir suas palavras.
4. *Pense em como você pode aplicar o que tem praticado na próxima vez que receber atendimento médico.* Nessa ocasião, talvez você possa retomar esses pontos e praticar mais para transformar o que imaginou em realidade.

Um alerta sobre rótulos médicos para o seu traço

Como você sabe, os médicos percebem depressa quanto nossas atitudes mentais afetam o sistema imunológico e as doenças. Também estão cientes de que algumas pessoas parecem ter pensamentos e sentimentos que poderiam contribuir para o quadro clínico com mais frequência do que outras. Mas, por se concentrarem nas doenças, eles costumam ignorar a existência de alguns aspectos positivos em um tipo de personalidade que parece acompanhar determinadas doenças. Digo "parece" porque, mesmo havendo um número superior ao esperado de PAS com fibromialgia, síndrome da fadiga crônica, transtornos autoimunes ou diabetes tipo 1, é muito difícil saber o percentual daqueles afetados na população total de PAS. De fato, levando em conta a suscetibilidade diferencial que abordo na "Nota da autora" no final do livro, talvez haja menos PAS com essas doenças, em comparação com o resto da população, entre as PAS que tiveram uma infância boa ou que foram criadas em ambientes com baixo nível de estresse. O problema é que quase sempre é impossível ter uma amostra representativa de todas as PAS para ver a taxa de doenças quando consideramos sua infância, mas é fácil olhar o percentual de PAS tratadas clinicamente por determinado problema.

Em especial, cuidado com aqueles que descrevem as PAS como tendo costumeiramente certo tipo de transtorno quando oferecem (e cobram por) um tratamento para o problema. Você deve perguntar qual é a pesquisa por trás desse tratamento. Se alguém disser que PAS têm certas tendências a doenças que poderiam ser evitadas com os suplementos certos ou qualquer coisa assim, fique atento mais uma vez. Como sabem disso? E o que têm a ganhar ao dizer isso para PAS?

Acima de tudo, enquanto as PAS experimentarem preconceitos culturais, essa pode ser precisamente a causa do problema. Na verdade, os médicos e outros profissionais ligados à área do bem-estar podem perpetuar inadvertidamente o preconceito ao proclamar, com toda a sua autoridade profissional, que determinado tipo de personalidade ou traço é prejudicial à saúde, negativo ou mais sujeito a doenças. Lembre-se de que algumas PAS, inclusive você, podem ser especialmente propensas a *não* sofrer dessas mesmas desordens.

Nada disso pretende ser uma crítica severa aos médicos. Mas você precisa estar ciente, pois o que descrevi obviamente costuma acontecer com pessoas que têm o nosso traço. Por exemplo, em 1989 publicou-se um livro chamado *Sick and Tired of Being Sick and Tired* (Doente e cansado de se sentir doente e cansado), de um eminente interno da John Hopkins, Neil Solomon, e de um psicólogo, Marc Lipton. O tema era a "síndrome da sensibilidade profunda", que eles sentiam estar presente em muitas pessoas.

> Na verdade, milhões de pessoas[9] têm uma efusão exagerada [dos bioquímicos liberados pelas reações de estresse e são] profundamente sensíveis [a eles]. Elas têm uma defesa deficiente contra eles e não conseguem alertar o cérebro para interromper o fluxo. Assim, o corpo é inundado por quantidades anormais e reage com uma variedade de sintomas físicos que não podem ser atribuídos a nenhuma outra fonte (...). A chave para a cura (...) está na capacidade da mente de perceber um problema com precisão e controlar o fluxo.

Observe as expressões "efusão exagerada", "defesa deficiente", "não conseguem alertar o cérebro" e a capacidade de "perceber um problema com precisão". Embora o livro possa ter envelhecido, esse é o tipo de linguagem que a maioria dos médicos ouviu na faculdade de medicina. Eu realmente aprecio esse esforço inicial feito por Solomon e Lipton para ajudar pessoas com essa característica, mas o preconceito está presente em toda parte. Seu padrão do que é normal não era apropriado para pessoas com essa característica herdada. Eles demonstraram ter alguma noção dos aspectos positivos do traço, reconhecendo que as pessoas com essa "síndrome" são mais criativas e sensíveis que as outras. Mas não entendiam à época as diferenças físicas neutras implícitas. Suas sugestões foram boas, mas há uma condescendência oculta. Somos vistos como pessoas que necessitam de um autocontrole mais racional. No entanto, as PAS costumam ser até controladas demais. E raramente é útil dizer a uma pessoa já excitada para ela "se controlar".

Volto a insistir que não pretendo implicar com Solomon e Lipton. Trata-se simplesmente de um exemplo de algo a ser observado à medida que os livros sobre saúde chegam mais perto de nos compreender mas continuam a cometer os mesmos velhos erros.

Quando a sua característica é considerada um problema de saúde mental

Sugeri várias vezes que você conversasse sobre a sua característica com os profissionais da área de saúde que costumam atendê-lo. No entanto, se o fizer, é possível que lhe seja oferecido um medicamento "psicoativo" como solução permanente – talvez um antidepressivo ou um ansiolítico. Na verdade, muitos de vocês provavelmente já experimentaram esses medicamentos. Eles podem ser bastante úteis se você estiver em uma crise; se precisa de um meio temporário para controlar a hiperexcitação; ou para lidar com seus efeitos como dormir mal ou se alimentar mal. A pergunta mais profunda é se você deve tomar algo de modo mais ou menos permanente para "curar" o seu traço. Alguns médicos acham que sim. Por exemplo, quando falei com meu médico de família sobre este livro, ele ficou muito animado. "O problema é mesmo pouco abordado na medicina", comentou. "É uma vergonha. Mas, graças a Deus, é facilmente curável, como a diabetes." E sacou seu receituário.

Sei que ele queria apenas ser prestativo e que isso aconteceu há 25 anos. Mas eu disse a ele, com algum sarcasmo, temo eu, que tentaria aguentar um pouco mais sem a sua ajuda.

Medicações em uma crise

Há uma distinção importante entre usar medicamentos psicoativos durante uma crise e usá-los para promover uma mudança de personalidade a longo prazo. Há momentos em que os medicamentos parecem ser a única forma de sair de um círculo vicioso de hiperexcitação, da falta de um funcionamento adequado durante o dia que conduz à perda de sono, que por sua vez provoca um funcionamento ainda pior no dia seguinte. Nessas situações, você talvez encontre alguém como o meu médico de família, quase ansioso demais para prescrever uma receita. Ou talvez encontre o outro extremo, aquele que sente que os estados mentais dolorosos devem sempre ser suportados, especialmente se a causa for "externa", como luto ou ansiedade em relação a um desempenho. A melhor solução é decidir com antecedência o que fazer em uma crise. Informe-se sobre os prós e os contras. Se você esperar até entrar em crise, tanto você quanto as outras pessoas podem sentir que não estão em condições de tomar grandes decisões; certamente haverá pressão para que você faça tudo que o médico mais próximo disser.

Procure um psiquiatra cuja filosofia sobre tais medicamentos seja adequada à sua. (Encontrar um bom psiquiatra nem sempre é fácil, mas os médicos de família não têm experiência suficiente com esses medicamentos.) Certifique-se de que o psiquiatra entenda o que é alta sensibilidade. Se ele não estiver interessado ou afirmar que sabe tudo sobre o assunto quando obviamente não sabe, encontre outro. Se você estiver interessado em tratamentos alternativos, o médico também deve estar informado sobre eles e deve ser capaz de dizer o que pode e o que não pode funcionar.

Sobre antidepressivos

Não vou me aprofundar no tema das medicações, exceto para dizer que as PAS com frequência tomam antidepressivos, pois somos facilmente sujeitas a depressão. Sei que essas drogas evitaram suicídios, aliviaram ou resolveram episódios depressivos e, portanto, melhoraram a vida daqueles que cercavam os medicados. No entanto, é preciso destacar que muitos têm dificuldade para largá-los. Algumas pesquisas indicam que os antidepressivos receitados com mais frequência são apenas um pouco melhores do que placebos,[10] fazendo com que os pacientes se sintam tão bem quanto se sentiriam caso tivessem recebido uma pílula de açúcar. E quanto aos efeitos colaterais? Em um estudo com 1.500 pessoas,[11] de 38 países, que tomaram antidepressivos, John Read e James Williams relataram que a maioria teve efeitos colaterais negativos relevantes, incluindo aumento de peso e perda de interesse por sexo. Esses dois efeitos são suficientes para deprimir qualquer um que ainda não estivesse deprimido. Outros pacientes reclamaram de sonolência, de "embotamento" emocional e até mesmo de desejos suicidas.

Existem argumentos contra e a favor, todos válidos, e sei que eles mudarão com o tempo. Portanto, não quero dizer mais nada e correr o risco de apresentar informações que logo estarão desatualizadas. Felizmente, toda a informação pode ser encontrada agora em algum lugar da internet (mas limite-se a procurar em pesquisas científicas, em fontes confiáveis, como o Google Scholar – evite ler histórias de terror que sustentem um ou outro argumento).

Há algo que não mudou: os antidepressivos devem ser acompanhados por psicoterapia para obtenção dos melhores resultados e, a longo prazo, a psicoterapia parece ser tão eficaz quanto o tratamento das duas técnicas combinadas.[12]

Medicamentos para interromper instantaneamente a excitação

Existem inúmeras drogas psicoativas que podem interromper a alta excitação rapidamente – pelo menos por algumas horas. (Como você já sabe, a excitação não precisa ser sinônimo de ansiedade, então não aceite o rótulo de "propenso a ansiedade". A excitação pode ser apenas excesso de estimulação.)

Muitas pessoas confiam nesses medicamentos para conseguir dormir ou lidar com uma apresentação ou com outro período estressante. No entanto, embora os efeitos sejam de curta duração, a necessidade deles pode não ser, caso não se tome cuidado. Você pode desenvolver dependência física bem depressa, no sentido de que, sem eles, você fica mais estressado do que nunca. Quando um novo ansiolítico aparece, costuma-se dizer que ele cria menos dependência do que seus antecessores. Mas parece provável que todas as drogas que nos transportam rapidamente para o nível ideal de excitação, seja quando estamos subexcitados ou hiperexcitados, podem causar algum grau de dependência. O álcool e os opiáceos nos afastam da hiperexcitação; a cafeína e as anfetaminas, da subexcitação. Todos são viciantes. Na verdade, qualquer coisa que funcione depressa para resolver um problema será tomada repetidamente, a menos que os efeitos colaterais superem os benefícios. Não tenho ideia de quantas PAS se automedicam e arriscam-se à dependência (ou já estão lidando com ela). Mesmo se um grande número de PAS (20% ou mais da população) fosse viciado em álcool, analgésicos, etc., seria quase impossível realizar estudos, porque não sabemos como todas as PAS se comportam, especialmente aquelas que tiveram uma infância saudável.

A questão é, no entanto, que o vício pode se infiltrar em você, e as substâncias viciantes têm o efeito desagradável de exigir doses cada vez maiores para que se obtenha o mesmo efeito, até que você as consome para evitar os sintomas de abstinência mais do que pelos seus bons resultados (pense no café e no tabaco). Além disso, o ato natural de equilíbrio da excitação do corpo será suprimido.

É claro que, se você está constantemente hiperexcitado, esse equilíbrio já está prejudicado. A pausa proporcionada por ansiolíticos de vez em quando pode ser exatamente o que você precisava.

Entretanto, existem outras maneiras de mudar sua química corporal: caminhada, respiração profunda, massagem, comida saudável e hábitos que estimulam a afetividade e a criatividade, como ser abraçado por alguém que você ama, escrever em um diário ou dançar. A lista não tem fim.

Agentes calmantes à base de ervas "naturais" têm sido usados desde que vivíamos em cavernas. O chá de camomila é um bom exemplo, assim como os chás de valeriana, lavanda, maracujá, lúpulo e aveia ou uma mistura. Você encontrará individualidade aqui como em qualquer lugar – alguns funcionarão de modo mais eficiente com você do que outros. Usado antes de dormir, o chá correto criará um período de sonolência que geralmente resolve. Se você tem deficiência de cálcio ou de magnésio, mais desses minerais também podem acalmá-lo.

No entanto, é provável que seu médico talvez não mencione esses métodos. Ele é frequentemente visitado por vendedores de empresas farmacêuticas. Ninguém aparece insistindo com os médicos que receitem um passeio ou uma xícara de chá de camomila.

Conclusão: você nas fronteiras da medicina

A medicina está se voltando rapidamente para cuidados individualizados ou de "precisão" (o que não era verdade na época em que este capítulo foi escrito originalmente).[13] Isso terá que incluir o traço de alta sensibilidade. A integração de temperamento e medicina já inclui pesquisas sobre como a personalidade pode prever doenças futuras,[14] o que ajuda na prevenção.

A personalidade, soma do temperamento inato e da história pessoal desde antes do nascimento, não é o mesmo que traços inatos, como a alta sensibilidade, encarados de maneira isolada.

Curiosamente, no estudo da personalidade e da prevenção, o neuroticismo tem sido um traço confuso,[15] às vezes visto como indicativo de resultados melhores e às vezes, piores. Talvez isso se explique por ele estar moderadamente relacionado à alta sensibilidade, e alguma preocupação (um aspecto do neuroticismo) pode ajudar na prevenção. Outra característica, a abertura,[16] tem uma associação baixa, mas definitiva, com alta sensibilidade e também prevê uma saúde melhor.

Meu ponto aqui é que, toda vez que explica seu traço a um profissional médico, você está individualizando seus cuidados, o que é muito bom para a sua saúde – e para os profissionais envolvidos também, uma vez que a medicina individualizada melhora os resultados, que é o objetivo deles. Você também está avançando na atenção que se dá a essa característica. Em breve, será um fator importante na medicina de "precisão" personalizada, tenho certeza. Além disso, sei que você ajudará os profissionais médicos a ter em mente os benefícios da alta sensibilidade, e não apenas como ela torna alguns de nós, talvez os que tiveram uma infância difícil, mais vulneráveis a uma ou outra doença.

Uma visão completa do traço não é útil apenas para você, mas para todos nós. Ou seja, toda vez que vai a um médico, você é um pioneiro e um porta-voz. Espero que este livro o ajude a se sentir preparado para falar por si mesmo e por todos nós.

TRABALHE COM O QUE APRENDEU
O que você mudaria se um comprimido seguro garantisse essa mudança

---

Pegue um pedaço de papel e trace uma linha no meio dele, de alto a baixo. À esquerda, faça uma lista de tudo sobre você que é (até mesmo vagamente) relacionado ao traço e que você ficaria feliz de eliminar se existisse uma medicação segura que pudesse tomar. Essa é a sua chance de ficar totalmente irritado com as desvantagens de ser uma PAS. É também a sua chance de sonhar com a droga perfeita para mudanças de personalidade. (Este exercício não é sobre o uso de medicações quando você está em crise, deprimido ou com tendências suicidas.)

Agora, para cada item que você escreveu à esquerda, coloque no lado direito o que você poderia perder na sua vida se aquele aspecto negativo fosse eliminado por esse comprimido maravilhoso. (Uma coisa que seu comprimido não pode fazer, assim como nenhum outro comprimido, é sustentar um paradoxo.) Alguns exemplos não relacionados ao traço: "teimosia" vai para a esquerda, mas sem ela você pode perder "persistência", que vai para a direita.

Se quiser, atribua os números 1, 2 ou 3 a cada característica – à esquerda, de acordo com quanto você gostaria de se livrar dela (3 sendo a maior nota); e, à direita, de acordo com quanto você deseja manter o item listado. Um total muito maior à esquerda sugere que ainda é difícil para você aceitar quem você é. Pense no que pode explicar isso, se é algo do passado ou do presente. Então imagine essa parte de você que não gosta da sua sensibilidade. Converse com ela. Descubra qual é o problema específico e deixe a PAS que existe em você praticar a sua defesa.

CAPÍTULO 10

A ALMA E O ESPÍRITO
Onde está o verdadeiro tesouro

Existe algo nas PAS que contém mais alma e espírito. Quando digo alma, estou me referindo àquilo que é mais sutil do que o corpo físico, mas ainda corporificado, como os sonhos e a imaginação. O espírito transcende e contém tudo que é alma, corpo e mundo.

Que papel deveria ser desempenhado pela alma e pelo espírito na sua vida? Diversas possibilidades se apresentam nestas últimas páginas, inclusive uma visão psicológica de que estamos destinados a desenvolver a plenitude tão necessária para a consciência humana. Afinal de contas, temos um profundo talento para ficar cientes daquilo que os outros ignoram ou negam, e é a ignorância que causa prejuízos repetidas vezes.

No entanto, este capítulo também tem sua parcela de vozes menos psicológicas, ao mesmo tempo angelicais e divinas.

Quatro sinais reveladores

Quando olho para trás, vejo que foi praticamente um momento histórico: a primeira reunião de PAS no campus da Universidade da Califórnia em Santa Cruz, em 12 de março de 1992. Eu havia anunciado uma palestra com os resultados das minhas entrevistas e dos primeiros levantamentos, convidando aqueles que participaram, além de alunos interessados e terapeutas – a maioria deles demonstrou ser PAS também.

A primeira coisa que notei foi o silêncio antes do começo da palestra. Não tinha ideia do que esperar, mas um ambiente educadamente tranquilo faria sentido. Mas aquilo era um pouco mais do que uma simples tranquilidade.

Havia um silêncio palpável, como em uma floresta fechada. Um auditório comum tinha se transformado pela presença daquelas pessoas.

Quando estava pronta para começar, reparei na atenção cortês. Claro, o assunto era importante para eles. Mas senti a energia deles da forma que agora costumo associar a todas as plateias de PAS. Tendemos a ser pessoas muito interessadas por ideias, examinando cada conceito e ponderando todas as possibilidades. Oferecemos apoio. Com certeza tentamos não arruinar algo ao cochichar, bocejar, entrar ou sair de uma sala em momentos inadequados.

Minha terceira observação vem dos meus cursos para PAS. Gosto de fazer diversas pausas, incluindo uma em silêncio, com todos juntos, para repousar, meditar, orar ou pensar, como cada um preferir. Sei, pela minha experiência, que parte de uma plateia comum fica confusa, até mesmo agitada, diante de uma situação assim. Com PAS, nunca percebi um momento de hesitação.

Em quarto lugar, cerca de metade de meus entrevistados falou mais sobre sua alma/espírito, como se para eles isso os definisse. Com os demais, quando eu perguntava sobre a vida interior, filosofia de vida, relacionamento com a religião ou com práticas espirituais, aquelas vozes ganhavam subitamente uma energia renovada, como se eu tivesse enfim chegado ao ponto principal.

Os sentimentos em relação à "religião organizada" eram muito intensos. Havia um punhado muito dedicado; o restante demonstrava insatisfação, até mesmo desdém. Mas a religião não organizada prosperava. Cerca de metade deles seguia algum tipo de prática diária que os fazia olhar para dentro e alcançar a dimensão espiritual.

Reproduzo a seguir um pouco do que tinham a dizer. Reduzido a pinceladas breves, tornou-se quase um poema.

>Meditou por anos, mas "deixa correr as experiências".
>Ora diariamente. "Você obtém aquilo que pede com a oração."
>"Pratico sozinho. Tento viver uma vida fiel à natureza humana e animal."
>Medita diariamente. Não tem "fé" além da fé de que tudo ficará bem.
>*Sabe* que o espírito existe, um poder maior, uma força que guia.

"Se eu fosse homem, teria me tornado jesuíta."
"Tudo que está vivo é importante. Há algo ainda maior, eu sei."
"Nós somos a forma com que tratamos o outro. Religião? Seria um conforto se eu pudesse crer."
"Taoísmo, a força que movimenta o universo. Pare de sofrer."
Começou a falar com Deus aos 5 anos, no alto das árvores. É guiado por uma voz nos momentos de crise, é visitado por anjos.
Faz relaxamento profundo duas vezes por dia.
"Estamos aqui para proteger o planeta."
Medita duas vezes por dia; já teve "experiências oceânicas", alguns dias de euforia duradoura. Mas a vida espiritual tem um progresso que exige compreensão também.
"Era ateu até entrar em um grupo Al-Anon."
"Penso em Jesus, nos santos. Tenho grandes ondas de sentimentos espirituais."
Medita, tem visões, seus sonhos a enchem com "energia radiante; muitos dias são repletos de alegria e graça transbordantes".
Aos 4 anos ouviu uma voz que prometeu que ela sempre seria protegida.
Diz que a vida é boa, de modo geral, mas não é destinada ao conforto. Ela ensina sobre Deus. Ela forma o caráter.
"Sinto-me atraído e repelido pela religião da minha infância, mas sempre tocado pelo transcendental, pelos mistérios com os quais não sei bem o que fazer."
Muitas experiências religiosas. A mais pura veio quando o filho dele nasceu.
Driblou sua religião e foi diretamente rumo a Deus (por meio da meditação) e aos necessitados.
Pratica em grupo um método espiritual da Indonésia, dançando e cantando para chegar a um "estado natural de existência que é profundamente feliz".
Ora todas as manhãs durante meia hora, refletindo sobre o dia anterior e o dia que começa – "O Senhor nos dá percepções, nos corrige, mostra o caminho."
"Acredito que quando renascemos em Cristo recebemos habilidades

para desenvolver, para podermos viver nossa vida na glória de Deus."

"As experiências religiosas verdadeiras se manifestam na vida diária, como a fé em que todos os acontecimentos são para o bem."

"Sou budista, hinduísta, panteísta: tudo acontece como deve ser, devemos ter alegria a todo custo, caminhar com beleza acima, abaixo e por trás."

"Costumo me sentir unido ao universo."

Em que somos bons – e para que servem nossas habilidades?

Mencionei quatro experiências repetidas que tive com PAS: silêncio profundo e espontâneo criando uma espécie de presença coletiva sagrada; de comportamento atencioso; de abertura de alma e espírito; e de percepções sobre tudo isso. Essas quatro são fortes evidências para mim de que nós, a classe dos conselheiros reais, somos a classe "sacerdotal", fornecendo alguma espécie de alimento intangível para nossa sociedade. Não tenho pretensão de rotulá-lo. Mas posso oferecer algumas observações a respeito.

Criar um espaço sagrado

Gosto do modo como os antropólogos falam da liderança ritual e do espaço ritual.[1] Líderes rituais criam para os outros experiências que só poderiam ocorrer dentro de um espaço ritual, sagrado ou transicional, separado do mundo cotidiano. As experiências vividas nesse tipo de espaço são transformadoras e dão significado. Sem elas, a vida se torna sem graça e vazia. O líder ritual delimita e protege a área, faz os preparativos para que outros possam entrar, guia os demais enquanto estão ali e os ajuda a voltar à sociedade com a leitura correta da experiência. Tradicionalmente, eram com frequência experiências de iniciação, marcando as grandes transições – para a vida adulta, o casamento, a parentalidade, a velhice e a morte. Outras tinham a intenção de curar, de proporcionar uma visão ou uma revelação que desse rumo, ou, ainda, tinham como objetivo promover uma harmonia mais próxima com o divino.

Hoje em dia os espaços sagrados se tornam mundanos bem depressa. Exigem muita privacidade e muito cuidado para que sobrevivam. É provável que sejam criados nos consultórios de certos psicoterapeutas, assim como nas igrejas, como também podem surgir em uma reunião de homens ou mulheres insatisfeitos com sua religião ou em uma comunidade que pratica suas tradições; podem ser sinalizados por uma ligeira mudança de assunto ou de tom em uma conversa e também pelo uso de trajes xamânicos e pelo desenho de um círculo cerimonial. Os limites do espaço sagrado hoje em dia estão sempre em mutação, são simbólicos e raramente visíveis.

Embora experiências ruins tenham feito com que algumas PAS rejeitassem qualquer coisa que tentasse parecer sagrada, a maioria se sente à vontade nesse tipo de espaço. Algumas quase o geram de forma espontânea. Desse modo, com frequência assumem a vocação de criá-lo para os outros, transformando as PAS na classe dos sacerdotes, no sentido de ser aquela que cria e mantém lugares sagrados nestes tempos conturbados.

Profetizar

Outra forma de encarar as PAS como "sacerdotes" vem da psicóloga Marie-Louise von Franz, que trabalhou com Carl Jung. Ela escreve sobre o que os junguianos chamam de tipo introvertido intuitivo,[2] como a maioria das PAS. (Para aqueles que sabem que não são nem uma coisa nem outra, peço desculpas por excluí-los por um momento.)

> O tipo introvertido intuitivo tem a mesma capacidade do extrovertido intuitivo para farejar o futuro (...). Mas a sua intuição é voltada para o interior. Portanto, ele é primariamente o tipo de profeta religioso ou vidente. Em um nível primitivo, é o xamã que sabe o que os deuses, os fantasmas e os espíritos ancestrais estão planejando, aquele que transmite suas mensagens para a tribo (...). Ele conhece os processos lentos que se passam no inconsciente coletivo.

Hoje em dia, muitos de nós são artistas e poetas (e não mais profetas e videntes), produzindo um tipo de arte que von Franz diz "ser em geral apenas compreendida por gerações posteriores como uma representação do que se passava no inconsciente coletivo na época". No entanto, tradicionalmente os profetas moldam a religião, e não a arte, e podemos ver que algo muito estranho acontece com a religião nos dias de hoje.

Pergunte a si mesmo se o sol se ergue no leste. Veja como se sente em relação à sua resposta "errada". Porque, é claro, você *está* errado. O Sol não se ergue. A Terra gira. A experiência pessoal não vale muito. Não podemos confiar nela, pelo que parece. Só podemos confiar na ciência.

A ciência triunfou como a Melhor Forma de Conhecer Todas as Coisas. Mas a ciência simplesmente não foi criada para responder às grandes perguntas espirituais, filosóficas e morais. Por isso quase nos comportamos como se elas não fossem importantes. Mas são. Estão sempre sendo respondidas, de maneira implícita, pelos valores e comportamentos de uma sociedade – quem ela respeita, quem ama, quem teme, quem deixa perecer sem teto e sem comida. Quando essas perguntas são tratadas de forma explícita, em geral é por PAS.

Mas hoje em dia nem as PAS estão seguras de como podem experimentar ou crer em algo que não conseguem ver, particularmente diante de todas as coisas nas quais se costumava acreditar e que a ciência demonstrou que não eram verdadeiras. Mal acreditamos nos nossos sentidos, muito menos na nossa intuição, diante da constatação de que o simples nascer do sol não passa de um tolo erro humano. Veja todos os dogmas que os sacerdotes ou a classe sacerdotal defendia no passado. Boa parte deles são agora "erros comprovados" ou, pior, descobriu-se que só atendiam a seus interesses.

Nem todos os golpes desferidos contra a fé partem diretamente da ciência. Há também a comunicação e as viagens. Se acredito no paraíso e alguns bilhões de pessoas do outro lado do planeta acreditam em reencarnação, como podemos estar corretos ao mesmo tempo? E, se parte da minha religião está errada, o que acontece com o restante da doutrina? E o estudo comparativo das religiões não mostra que são todas uma tentativa de encontrar respostas para fenômenos naturais, além de uma necessidade de conforto diante da morte? Por que não viver sem essas superstições e muletas emocionais? Além do mais, se existe um Deus, como explicar todos os problemas do mundo? E mais, como explicar que tantos desses problemas foram causados pela religião? É o que as vozes céticas dizem.

Existem muitas reações diante do recuo da religião. Alguns de nós concordam inteiramente com os céticos. Outros se prendem a um tipo de força abstrata ou bondade. Há os que se apegam mais às tradições e se tornam fundamentalistas. E ainda os que rejeitam os dogmas como uma fonte de grande turbulência no mundo, mas apreciam os rituais e alguns princípios de sua tradição religiosa. Por fim, existe uma nova linhagem de seres religiosos em busca de experiências diretas, e não de lições de autoridades. Ao mesmo tempo, sabem que por algum motivo outras pessoas têm experiências diferentes e por isso não tentam proclamar que conhecem a Verdade. Talvez sejam os primeiros seres humanos a viver com um conhecimento espiritual direto que é reconhecido como fundamentalmente incerto.

Há PAS em todas as categorias. Mas, por minhas entrevistas e meus cursos, acredito que a maioria está no último grupo. Como exploradores e cientistas, cada um esquadrinha um território desconhecido e depois volta para dar seu relato.

O problema é que muitos de nós hesitam em dar seu relato. Todo o negócio de religião, conversão, cultos, gurus e crenças da Nova Era pode ser muito complicado. Todo mundo já se sentiu constrangido por outros companheiros humanos que distribuem panfletos e apresentam um brilho fanático no olhar. Temos medo de ser vistos assim também. As PAS já têm sido bastante marginalizadas em uma cultura que privilegia o aspecto físico em detrimento da alma e do espírito.

No entanto, somos necessárias nestes tempos. Na sociedade, um desequilíbrio entre os aspectos dos conselheiros reais e dos reis guerreiros é sempre perigoso, mas especialmente quando a ciência renega a intuição e as "grandes perguntas" estão sendo resolvidas sem grande consideração, de acordo apenas com o que é conveniente no momento.

Sua contribuição é necessária nessa área mais do que em qualquer outra.

Escrever os preceitos da sua religião

Seja a sua religião organizada ou não, ela conta com alguns preceitos. Sugiro que você os escreva neste exato momento, se possível. O que você aceita, crê ou sabe a partir da sua experiência? Como integrante da classe dos conselheiros reais, é bom conseguir colocar tudo isso nas suas palavras. Depois, se sentir que alguém se beneficiaria ao ouvi-las, você pode pronunciá-las. Se não quiser se comprometer nem ser dogmático, transforme a sua insegurança e o seu desejo de não fazer pregações no primeiro dos preceitos da sua religião. Ter crenças não significa que elas sejam imutáveis, certas ou que devam ser impostas a outros.

Como inspiramos os outros na busca por significado

Se você não se sente à vontade com o papel de profeta, eu não o recrimino. No entanto, em uma "crise existencial" você talvez se descubra no alto de um caixote fazendo discursos ou mesmo em um púlpito. Aconteceu com Viktor Frankl, psiquiatra judeu que foi aprisionado em um campo de concentração nazista.

No livro *Em busca de sentido*, Frankl (obviamente uma PAS) descreve como costumava ser convocado a inspirar seus companheiros de prisão, como compreendia de modo intuitivo de que necessitavam e quanto necessitavam. Também observou que, sob aquelas circunstâncias terríveis, os prisioneiros que obtinham com os outros alguma espécie de sentido para suas vidas sobreviviam melhor do ponto de vista psicológico e, portanto, do ponto de vista físico também:

> Pessoas sensíveis[3] acostumadas a uma rica vida intelectual podem ter sofrido muita dor (com frequência, tinham uma constituição delicada), mas o dano à vida interior delas era menor. Eram capazes de se recolher para longe do ambiente terrível que as cercava, migrando para uma vida de riqueza interior e de liberdade espiritual. Apenas assim podemos explicar o aparente paradoxo de que alguns prisioneiros de aparência menos forte pareciam sobreviver melhor à vida no campo do que aqueles com natureza mais robusta.

Para Frankl, o significado nem sempre é religioso. No campo de concentração ele descobriu algumas vezes que sua razão de viver era ajudar os outros. Em determinadas ocasiões, era um livro que ele escrevia em pedaços de papel ou o profundo amor por sua esposa.

Etty Hillesum é outro exemplo de uma PAS que encontrou significado e compartilhou-o com outros durante os mesmos tempos difíceis. Em seus diários,[4] escritos em Amsterdã em 1941 e 1942, é possível ouvi-la tentando entender e ressignificar sua experiência, histórica e espiritualmente – e sempre de um modo interior. Devagar, uma vitória delicada, tranquila e pessoal do espírito nasce de seus medos e dúvidas. É possível ouvir também suas histórias de como as pessoas começaram a procurá-la para encontrar profundo conforto. Suas últimas palavras, escritas em um pedaço de papel lançado de um vagão de transporte de gado que se dirigia a Auschwitz, talvez sejam as minhas favoritas: "Deixamos os campos cantando."

Etty Hillesum apoiava-se fortemente na psicologia de Jung e na poesia de Rilke (duas PAS). Sobre Rilke, ela escreveu o seguinte:

> É estranho[5] pensar que (...) [Rilke] talvez ficasse alquebrado com as circunstâncias em que vivemos agora. Não seria isso mais um testemunho de que a vida é equilibrada com precisão? Uma evidência de que, em tempos pacíficos, sob circunstâncias favoráveis, artistas sensíveis podem buscar a expressão mais pura e mais adequada para seus pensamentos mais profundos de forma que, durante tempos mais turbulentos e enfraquecedores, outros possam se voltar para eles em busca de apoio e de prontas respostas para suas perguntas atônitas? Uma resposta que foram incapazes de formular por si mesmos, pois todas as energias foram consumidas cuidando das necessidades mais básicas. Infelizmente, nos tempos difíceis tendemos a descartar a herança espiritual dos artistas de uma era "mais fácil" perguntando: "Que utilidade teria para nós esse tipo de coisa neste momento?"
>
> É uma reação compreensível mas míope. E completamente empobrecedora.

Em qualquer época, o sofrimento acaba tocando todas as vidas. O modo como o enfrentamos e ajudamos os outros é uma das grandes oportunidades criativas e éticas para PAS.

Nós, as PAS, fazemos um grande desserviço a nós mesmas e aos outros quando nos consideramos fracas em comparação ao guerreiro. Nossa força é diferente, mas com frequência é mais poderosa. Costuma ser o único tipo de força que consegue lidar com o sofrimento e com o mal. Com certeza ela exige a mesma coragem e aumenta com seu tipo de treinamento. Nem sempre se trata de resistir, aceitar e encontrar significado no sofrimento; às vezes atos que exigem grande habilidade e estratégia se fazem necessários.

Em uma noite de inverno gelada, durante um blecaute, em um barracão lotado, prisioneiros desesperados imploraram a Frankl que conversasse com eles na escuridão. Sabia-se que vários deles planejavam se suicidar. (Além da desmoralização causada pelo suicídio, todos os prisioneiros em um barracão eram punidos quando alguém tirava a própria vida.) Frankl lançou mão de todas as suas habilidades psicológicas para encontrar as palavras certas e dizê-las no breu. Quando as luzes voltaram, os homens o cercaram e agradeceram com lágrimas nos olhos. Uma PAS havia vencido sua batalha.

Lideramos a busca pela plenitude

Nos Capítulos 6 e 7 descrevemos o processo de individuação em termos de conhecer suas vozes interiores. Desse modo você encontra o seu significado na vida, a sua vocação. Como escreveu Marsha Sinetar em *Ordinary People as Monks and Mystics* (Gente comum como monges e místicos): "O que está por trás da personalidade plena (...) é o seguinte: quem encontra o que é bom para si e não o larga se torna pleno."[6] Eu só acrescentaria que aquilo a que a pessoa se prende não é um objetivo fixo, mas um processo. O que precisa ser ouvido talvez mude dia após dia, ano após ano. De forma semelhante, Frankl sempre se recusou a tecer comentários sobre *o único* significado da vida:

> Pois o significado da vida[7] difere de homem para homem, de dia para dia e de hora para hora (...). Formular essa pergunta em termos gerais seria comparável a perguntar para um campeão de xadrez: "Diga-me, mestre, qual é a melhor jogada do mundo?"

Simplesmente não existe tal coisa como uma melhor jogada ou mesmo uma boa jogada dissociada de uma situação particular no jogo... Ninguém deve buscar um sentido abstrato para a vida.

A busca da plenitude é, na realidade, como fazer círculos cada vez mais próximos em torno de diferentes significados, de vozes diferentes. Nunca se chega, mas cada vez mais se obtém uma ideia melhor daquilo que está no centro. Mas, se fazemos círculos de verdade, não há muito espaço para a arrogância, pois nós mesmos estamos passando por todo tipo de experiência. Essa busca é a busca da *plenitude*, e não da perfeição; e a plenitude deve, por definição, incluir a imperfeição. No Capítulo 7 descrevi essas imperfeições como sendo a sombra de uma pessoa, aquilo que contém tudo que reprimimos, rejeitamos, negamos e não gostamos em nós. PAS escrupulosas estão cheias de características desagradáveis e de impulsos aéticos como todo mundo. Quando escolhemos não os seguir, como deve ser, eles não desaparecem inteiramente. Alguns apenas ficam subterrâneos.

Ao conhecer nossa sombra, a ideia é que é melhor reconhecer aspectos desagradáveis e aéticos e ficar de olho neles em vez de despachá-los pela porta da frente, "para sempre", só para que se esgueirem e voltem quando não estamos olhando. Em geral, as pessoas mais perigosas e que correm mais perigo, do ponto de vista moral, são aquelas que estão convencidas de que nunca fariam nada errado. São totalmente presunçosas e não fazem ideia de que têm uma sombra e de como ela é.

Além da maior chance de se comportar moralmente por conhecer a sua sombra, suas energias promovem vitalidade e profundidade a uma personalidade quando integradas de modo consciente. No Capítulo 6 falei de PAS "liberadas", não conformistas, altamente criativas. Saber um pouco sobre a sua sombra (nunca se sabe muito ou o bastante) é a melhor forma, e talvez a única, de se livrar da camisa de força da socialização excessiva que as PAS costumam vestir na infância. A PAS cheia de escrúpulos, fácil de agradar, que existe em você encontra e ganha contribuições de uma PAS poderosa, manipuladora, cheia de si, confiantemente impulsiva. Como uma equipe em que cada um respeita e reconhece as inclinações dos outros, elas – você – são algo muito bom para ter no mundo.

Tudo isso faz parte do que chamo de busca da plenitude, e as PAS podem liderar esse tipo importante de trabalho humano. A plenitude faz demandas particulares às PAS, pois nascemos em uma das extremidades de uma dimensão – a dimensão da sensibilidade. Além do mais, na nossa cultura não somos apenas uma minoria, mas uma minoria que se considera estar bem longe do ideal. Pode parecer que precisamos ir para o outro extremo, deixando de nos sentir fracos, defeituosos e vitimizados e passando a nos sentir fortes e superiores. E neste livro, até aqui, encorajei esse modo de pensar. Considerei que seria uma compensação necessária. Mas para muitas PAS o verdadeiro desafio está em encontrar um caminho intermediário. Não ser mais "tímida demais" ou "sensível demais" ou qualquer coisa demais. Ser apenas comum, normal.

A plenitude é também uma questão central para PAS em relação à vida espiritual e à psicológica porque, com frequência, já estamos bem nesses aspectos. De fato, se persistirmos neles, excluindo todo o resto, estaremos sendo unidimensionais. Para nós, é bem difícil ver que a coisa mais espiritual poderia ser a menos espiritual; que a postura psicológica mais reveladora talvez resida menos em nossas descobertas psicológicas. A busca da plenitude em vez da perfeição talvez seja a única forma de absorver a mensagem.

Além daquelas duas afirmativas gerais, o caminho para a plenitude é uma questão muito individual, mesmo para as PAS. Se permanecermos internalizados, seremos atraídos para o exterior ou finalmente lançados à força nele. Se andamos pelo mundo exterior, precisamos nos voltar para dentro. Se usamos armaduras de proteção, temos que finalmente admitir nossa vulnerabilidade. Mas, se formos tímidos, começaremos a nos sentir muito mal por dentro até nos tornarmos mais assertivos.

Com respeito às atitudes junguianas de introversão e extroversão, a maioria das PAS necessita ser mais extrovertida para se tornar mais plena. Ouvi a história de Martin Buber – que escreveu com tanta eloquência sobre o relacionamento "eu e tu" –, que disse que sua vida mudou no dia em que um rapaz o procurou para pedir ajuda. Buber achou que estava ocupado demais meditando e dedicando-se ao sagrado, não podendo apreciar a visita do jovem. Pouco depois, o visitante morreu em uma batalha. A devoção de Buber à atitude "eu e tu" começou quando ele ouviu a notícia da morte do rapaz e percebeu como era unidimensional a sua solidão espiritual introvertida.

A busca da plenitude por meio de quatro funções

Eu repito: ninguém alcança a plenitude. A vida humana corporificada tem limites – não conseguimos ser completamente luz e sombra, macho e fêmea, consciente e inconsciente. Acho que as pessoas têm vislumbres da plenitude. Muitas tradições descrevem uma experiência de pura consciência, além do pensamento e das suas polaridades. Isso chega a nós em profunda meditação, e uma consciência banhada por ela pode se tornar a fundação da nossa vida.

Ao agirmos neste mundo imperfeito, porém, usando nosso corpo imperfeito, somos simultaneamente um ser perfeito e imperfeito. Como seres imperfeitos, estamos sempre vivendo apenas uma metade de qualquer polaridade. Por algum tempo somos introvertidos, depois precisamos nos tornar extrovertidos para contrabalançar. Por algum tempo somos fortes, depois somos fracos e precisamos descansar. O mundo nos obriga a ser de uma única forma em um momento particular. "Não dá para ser ao mesmo tempo vaqueiro e bombeiro". Nosso corpo limitado também impõe limites. Tudo que podemos fazer é tentar constantemente recuperar o equilíbrio.

Com frequência, na segunda metade da vida precisamos encontrar o equilíbrio com a primeira metade. É como se tivéssemos nos esgotado ou nos tornado completamente entediados com um modo de ser, e temos então que experimentar o oposto. Uma pessoa tímida decide se tornar um comediante. Aquela devotada aos outros se exaure e se pergunta como foi que se tornou tão "codependente".

Em geral, qualquer que seja a nossa especialidade particular, ela precisa ser contrabalançada pelo oposto, aquilo que fazemos mal ou que temos medo de experimentar. Uma polaridade tratada pelos junguianos diz respeito às duas formas de assimilar informação, por meio da sensação (apenas os fatos) ou por meio da intuição (os significados sutis dos fatos). Outra polaridade se apresenta nos dois modos de decidir sobre as informações que assimilamos, por meio do pensamento (baseado na lógica ou no que parece ser uma verdade universal) ou do sentimento (baseado na experiência pessoal e no que parece ser bom para nós e para aqueles que nos são caros).

Cada um de nós tem sua especialidade entre essas quatro funções: sensação, intuição, pensamento e sentimento.[8] Para as PAS costuma ser a intuição. (Pensar e sentir são comuns entre PAS.) Porém, se você for introvertido – como são 70% das PAS –, você aplica a sua especialidade principalmente na sua vida interior.

Embora existam testes desenvolvidos para dizer qual é a sua especialidade, Jung achava que poderíamos aprender mais com a observação cuidadosa da função em que somos piores. Essa é a função que nos humilha com regularidade. Você se sente como um amador grosseiro quando quer pensar com lógica? Ou quando tem que decidir quais são seus sentimentos pessoais sobre algo? Ou quando precisa intuir o que se passa em um nível sutil? Ou quando precisa se ater aos fatos e aos detalhes sem elaborar, sem usar a criatividade nem partir para reinos imaginários?

Ninguém se torna igualmente hábil no uso das quatro funções. Mas de acordo com Marie-Louise von Franz, que escreveu um longo trabalho sobre o desenvolvimento da "função inferior",[9] a busca pelo fortalecimento dessa parte fraca e desajeitada é um caminho especialmente valioso na direção da plenitude. Coloca-nos em contato com aquilo que está enterrado no inconsciente e nos permite entrar em uma sintonia maior com o todo. Como o irmão caçula mais tolo dos contos de fadas, essa função é aquela que costuma render frutos inesperados.

Se você é intuitivo (o que é muito provável para PAS), sua função inferior seria a sensação – ater-se aos fatos, lidar com detalhes. Limites nessa função se revelam de forma individualizada. Por exemplo, considero-me bastante artística, mas de um modo intuitivo. As palavras são mais fáceis para mim, embora eu tenha a tendência a ter ideias demais e a dizer demais. Acho muito difícil ser artística de um modo mais concreto e limitado – decorar um quarto ou um escritório, decidir o que vestir. Gosto de me vestir bem, mas em geral me viro com o que os outros compraram para mim. Porque o verdadeiro problema nos dois casos é que não suporto fazer compras – em um shopping, há muitas *coisas* que me estimulam excessivamente e que me confundem; e além disso é uma situação na qual preciso tomar uma decisão final. Tudo isso – a estimulação sensorial, as questões práticas e as decisões – em geral é muito difícil para um intuitivo introvertido.

Por outro lado, alguns intuitivos são ótimos compradores. Eles conseguem ver as possibilidades em algo ignorado pelos outros e imaginar como isso ficará em um cenário em particular. É difícil fazer generalizações sobre os pontos fortes dos intuitivos. É melhor pensar em estilo. Matemática, culinária, leitura de mapas, a administração de um negócio – tudo isso pode ser feito de modo intuitivo ou segundo o manual de instruções.

Von Franz nota que os intuitivos costumam se deixar envolver completamente pelas experiências sensuais – música, comida, álcool ou drogas e sexo.[10] Perdem todo o bom senso em relação a essas coisas, mas também são muito intuitivos no que diz respeito a elas, enxergando o sentido além da superfície.

De fato, o problema quando se tenta entrar em contato com a função inferior, que nesse caso é a sensação, é que a função dominante costuma intervir. Von Franz dá o exemplo de um intuitivo que começa a trabalhar com argila (uma boa opção para desenvolver a sensação, por ser algo tão concreto), mas que se deixa levar pela ideia de como seria bom[11] se o trabalho com argila fosse ensinado em todas as escolas e em como o mundo inteiro poderia se transformar se todos criassem alguma coisa em argila a cada dia e como ali na argila era possível ver todo o universo em um microcosmo, o significado da vida!

Pode ser que tenhamos que trabalhar com nossa função inferior principalmente na imaginação ou como uma brincadeira muito particular. Mas, de acordo com Jung e von Franz, é um imperativo ético dedicar tempo a isso. Boa parte do comportamento irracional coletivo que vemos envolve pessoas que projetam suas funções inferiores nos outros ou se tornam vulneráveis aos apelos às suas funções inferiores – o que pode ser explorado pela mídia e por líderes manipuladores. Quando Hitler promovia o ódio aos judeus entre os alemães, ele apelava à função inferior daquele grupo específico ao qual se dirigia.[12] Quando falava aos intuitivos, aqueles com sensação inferior, ele descrevia os judeus como magnatas financeiros e perversos manipuladores dos mercados. Os intuitivos costumam ser pouco práticos, ruins quando se trata de ganhar dinheiro (inclusive os judeus intuitivos). Intuitivos podem se sentir facilmente inferiorizados e envergonhados de seu fraco senso para os negócios, o que os deixa a um passo de se sentirem vitimizados por qualquer um que seja melhor nisso. Como é bom poder culpar outra pessoa pela própria falha!

Para os tipos sentimentais com a função inferior de pensamento, Hitler retratava os judeus como intelectuais insensíveis. Para o grupo do pensamento com função inferior de sentimento, ele dizia que os judeus egoisticamente cuidavam dos interesses dos judeus, sem nenhuma ética universal, racional. E para os tipos fortes em sensação com intuição inferior, sugeria que os judeus possuíam conhecimentos secretos, mágicos e intuitivos, além de poderes especiais.

Quando conseguimos identificar as reações inferiores da nossa função inferior – seu "complexo de inferioridade" –, podemos dar fim a esse tipo de culpabilização. Assim, faz parte do nosso dever moral saber exatamente o que nos falta para a plenitude. Volto a repetir, as PAS podem ser excelentes nesse tipo de trabalho interior.

Sonhos, imaginação ativa e vozes interiores

A conquista da plenitude no sentido junguiano também é facilitada pelos sonhos e pela "imaginação ativa" com esses sonhos, que nos ajudam a estabelecer um diálogo com nossas vozes interiores e partes rejeitadas. Para mim, os sonhos têm sido mais do que simples informações do inconsciente. Alguns literalmente me resgataram em tempos de profunda dificuldade. Outros me deram informações que eu, meu ego, simplesmente não tinha como ter. Outros previram ou coincidiram com eventos de um modo incomum. Eu precisaria ser uma pessoa muito teimosa e cética para não saber (para mim e para mais ninguém) que alguma coisa me guia.

Os Naskapi são indígenas americanos espalhados pela região do Labrador em pequenas famílias.[13] Desse modo, não desenvolveram rituais coletivos. Em vez disso, acreditam em um Grande Amigo que entra em cada pessoa no momento do nascimento para fornecer sonhos úteis. Quanto mais virtuosa a pessoa (e a virtude inclui respeito pelos sonhos), mais ajuda ela receberá desse Amigo. Às vezes, quando me perguntam qual a religião que sigo, acho que deveria dizer "Naskapi".

Anjos e milagres, guias espirituais e sincronicidades

Até agora falei da espiritualidade das PAS em termos da sua liderança especial na busca humana por espaço ritual, compreensão religiosa, significado existencial e plenitude. Alguns de vocês estão se perguntando quando falarei de suas experiências espirituais mais significativas – das visões, vozes ou dos milagres e relacionamentos íntimos e pessoais com Deus, anjos, santos ou guias espirituais.

As PAS têm essas experiências em abundância. Parecemos especialmente receptivas a elas. A receptividade parece aumentar em determinadas ocasiões da vida também – por exemplo, quando se faz psicoterapia profunda. Jung chamava essas experiências de sincronicidades, possibilitadas por um "princípio de relação não causal".[14] O que ele queria dizer era que, além das relações que conhecemos – objeto A exerce força sobre objeto B –, algo mais (ainda) não mensurável também conecta as coisas. Assim, podem influenciar-se a distância. Ou estão próximas, mas de outras formas, não físicas.

Quando objetos, situações ou pessoas são ligados porque se pertencem mutuamente, isso sugere uma organização não visível – alguma inteligência, um plano ou talvez uma intervenção divina compassiva ocasional. Quando meus pacientes relatam um desses eventos, tento apontar delicadamente que algo muito significativo aconteceu (embora deixe que a pessoa decida o que isso quer dizer). Também insisto que tais experiências sejam escritas, para que seu número comece a demonstrar sua relevância. De outro modo, elas são enterradas pelos acontecimentos mundanos, ridicularizadas pelo cético interior, e viram órfãs pela falta de "explicações lógicas".

Como já disse, esses são momentos essenciais, momentos que as PAS estão especialmente aptas a desfrutar e defender. No luto e no processo de cura, que podem ser grandes aspectos da vida consciente, eles apontam para o que se encontra além do sofrimento pessoal ou para um significado intrínseco, que muitas vezes procuramos desesperadamente.

Os visitantes de Deborah

Para Deborah, uma série de sincronicidades começou com uma nevasca, algo raro nas montanhas Santa Cruz. Na nossa entrevista, ela se lembrou de que andava "deprimida, morta, presa em um casamento ruim". Por causa da neve, pela primeira vez no casamento seu marido não conseguiu chegar em casa para passar a noite. Em vez disso, um desconhecido apareceu na sua porta pedindo abrigo. Por algum motivo, ela não hesitou em deixá-lo entrar e os dois se sentaram diante da lareira conversando sobre assuntos esotéricos até tarde. Ela escreveu para mim o que aconteceu a seguir:

Senti um zumbido agudo nos ouvidos e um grande vazio na cabeça, e sabia que ele estava fazendo algo comigo, mas não tive medo. Depois de um intervalo de tempo indeterminado (provavelmente segundos? Minutos?), tudo voltou correndo à minha mente e o zumbido parou.

Ela não disse nada ao desconhecido e mais tarde um vizinho apareceu e convidou o homem a passar a noite na sua casa. O desconhecido aparentemente partiu no meio da noite – não havia sinal dele ao amanhecer.

Mas, depois que a nevasca acabou e liberaram a estrada, eu terminei meu casamento e comecei a seguir o caminho longo e inteiramente diferente que me levou ao lugar onde estou agora. A terrível depressão desapareceu naquela noite e toda a minha antiga energia e meu ânimo retornaram. Por isso, sempre pensei que ele devia ser um anjo.

ASSUMINDO A TAREFA DE CUIDAR DO REINO DA ALMA/DO ESPÍRITO

Convido você a manter um diário espiritual por apenas um mês, um testemunho de todos os seus pensamentos e experiências relacionados com o reino não material. Todos os dias escreva suas descobertas, estados de espírito, sonhos, orações e todos os pequenos milagres e "estranhas coincidências". Não precisa ser nada elaborado nem eloquente. É apenas o seu testemunho do sagrado – parte de uma longa tradição de escritores de diários, que inclui Viktor Frankl, Etty Hillesum, Rilke, Buber, Jung, von Franz e tantas outras PAS.

Dois anos depois, ela recebeu a visita de uma criatura mais peculiar.

Uma noite o gato *guinchou*, pulou das minhas pernas e saiu pela porta, por isso abri os olhos, alarmada, instantaneamente desperta.

Ali, aos pés da cama, encontrava-se uma "criatura", com mais ou menos 1,20 metro de altura, sem cabelos. Não estava nu mas vestia uma espécie de segunda pele. Tinha traços minimalistas: fendas no lugar dos olhos, buracos no nariz, sem orelhas, e em torno dele havia uma estranha luz que parecia composta de cores indecifráveis. Eu não senti medo algum. Ele transmitiu seus pensamentos para mim: "Não tenha medo. Só estou aqui para observá-la." E eu "respondi": "Pois bem, acho que não consigo lidar com isso e vou voltar a dormir." E, por incrível que pareça, foi o que fiz.

Pela manhã, Deborah ainda se sentia afetada e não falou da experiência com ninguém. Mas, depois disso, sua vida deu uma guinada profundamente espiritual e "uma série de eventos misteriosos e maravilhosos começou a acontecer e só foi interrompida anos depois".

Parte dessa fase mais espiritual conduziu-a a um envolvimento com um professor espiritual, carismático mas instável – um daqueles que descrevi no Capítulo 8 como tendo uma evolução desigual, de modo que ele quase reluzia "no andar de cima" mas era sombrio "no andar de baixo", onde o prático e o espiritual devem cooperar em decisões éticas da vida real. Ela orou pedindo orientação, sentindo claramente o poder dele e apenas vagamente o lado fraco do mestre e o perigo que corria: "Por favor, se realmente existirem anjos da guarda e se eu tiver um, poderia, por favor, me mostrar que está por perto?"

Deborah foi então para o trabalho, em uma livraria. Ao entrar na loja, viu no chão um livro, que havia caído de uma das mesas. Ao levantá-lo, ela sentiu um impulso de abri-lo. O que viu foi um poema intitulado "O anjo da guarda", que começava com: "Sim, você tem um anjo da guarda, ele..."

Contudo, ela permaneceu com o líder espiritual arrebatador por mais algum tempo, mesmo quando ele pediu que seus seguidores lhe entregassem todos os seus bens. Depois disso, Deborah costumava sentir vontade de ir embora, mas não tinha forças nem ânimo para recomeçar tudo financeiramente. O anjo da guarda, no entanto, parecia se lembrar dela. Um dia ela ficou sozinha por um momento e resmungou para si mesma: "Eu nem tenho mais um rádio-relógio!" No dia seguinte, enquanto o grupo fazia uma saída usando o carro que tinha pertencido a ela, Deborah olhou para um besouro que subia em um montinho de terra. Pensou com tristeza como aquele besouro era mais livre do que ela. Mas naquele momento, enquanto olhava para o inseto, ela percebeu que poderia ser igualmente livre. Acompanhou o movimento do besouro. Depois deixou-o para trás e foi para o carro *dela*, cujas chaves por acaso estavam com ela, pois tinha sido designada como motorista naquele dia.

Ao entrar no carro e "partir para a liberdade", ela olhou para trás e viu um rádio-relógio exatamente igual ao que ela havia entregado para o grupo. Assim que chegou à casa de uma amiga, Deborah percebeu que era seu relógio antigo, com as marcas que ela reconhecia. Não tinha a mínima ideia de como fora parar no carro. Parecia que aquilo, assim como o resto do dia, havia sido obra de seu anjo da guarda.

É fácil achar que você nunca se envolveria em uma situação como a de Deborah, mas isso acontece com frequência, especialmente com aqueles que têm fortes motivações espirituais. Procuramos respostas, certezas. E algumas pessoas possuem esse tipo de certeza, irradiam-na e acreditam que sua missão é compartilhá-la. Têm carisma, uma aura inegável. O problema é que *todo* ser humano é imperfeito, e mais ainda quando os outros acreditam que ele não é.

Deborah ficou tentada a voltar mais uma vez para aquele homem. Um amigo alertou que ela seria "louca" se fizesse isso. Então Deborah orou pedindo esclarecimentos. "Se estou pensando de uma forma louca neste momento, deixe que eu saiba disso." Aí ela ligou a televisão.

> A tela se iluminou, silenciosa – sem nenhum som mesmo – e apareceu o que era obviamente uma cena de um filme antigo, dos anos 1950, passado em um "manicômio", cheio de pacientes obviamente malucos! Eu gargalhei. Depois me deitei, pedi ajuda e adormeci. Quando acordei, eu "vi" ou me senti cercada por um círculo de rosas, cada uma protegendo uma parte diferente de mim, e senti a presença de Cristo, que acabara de partir. Foi uma felicidade tranquila...

Na época em que entrevistei Deborah, suas experiências espirituais ocorriam cada vez mais nos sonhos – talvez uma indicação de que seus visitantes tinham encontrado uma forma de alcançá-la sem se projetar em outras pessoas. Na minha experiência com sonhos, quanto mais trabalhamos com eles, menos estamos propensos a nos deparar com situações bizarras na vida ou nos sonhos.

Quando sua vida espiritual é como um maremoto

Falei algumas vezes da vida da alma/espírito como algo reconfortante e acho que é mesmo. Mas também pode ser intensamente hiperexcitante, pelo menos até aprendermos a manter os pés no chão. Isso é difícil quando ondas gigantes se debatem à nossa volta. E as PAS costumam estar no caminho das maiores ondas, talvez porque algumas de nós são muito difíceis de convencer. Lembra-se de Jonas, o profeta? Termino este capítulo e o livro com a história de uma PAS muito parecida com Jonas.

Na época do incidente em questão, Harper era uma PAS extremamente intelectual, cronicamente hiperexcitada. (Pensar era sua função dominante.) Tinha passado por quatro anos de psicoterapia junguiana e sabia mesmo como usar o jargão: "Sim, Deus é muito real – porque tudo que é psicológico é real. Deus é nossa projeção psicológica reconfortante da 'imago parental'." Harper tinha todas as respostas, mesmo que tivessem uma adequada pontinha de dúvida. Durante o dia.

De noite ele costumava despertar em profunda depressão, pronto para se matar. Não havia mais dúvidas. À luz do dia, ele desdenhava de noites assim como sendo "nada além do produto de um complexo maternal negativo", devido a uma infância muito dolorosa, sendo, portanto, "nenhuma ameaça" real. Mas aí vinha mais uma "daquelas noites", trazendo tamanho desespero que a morte era a única solução que a sua intuição e a sua lógica conseguiam vislumbrar. Alguma coisa nele tentava adiar o trágico desfecho até o amanhecer, quando o pior do desespero sempre o abandonava.

Certa noite, porém, Harper acordou em tamanha aflição que teve certeza de que não conseguiria chegar ao amanhecer. Enquanto permanecia deitado, teve um pensamento muito espontâneo de que a única saída para continuar vivendo seria se pudesse ter certeza de que Deus realmente existia e se importava com ele. Não como uma projeção; como alguém real. O que, naturalmente, era impossível. Era impossível acreditar, pois era impossível saber ao certo.

O que ele desejava era algum tipo de "sinal divino". O pensamento apareceu com tanta espontaneidade quanto o grito de alguém se afogando. Harper sabia que era algo estúpido. Mas na mesma hora, segundo ele, apareceu em sua mente uma imagem absolutamente espontânea de um acidente de automóvel sem nenhuma gravidade, com algumas pessoas à volta depois, sem ferimentos. Era o sinal e aconteceria no dia seguinte.

Harper ficou imediatamente desgostoso consigo mesmo por ter o desejo piegas de receber um sinal de Deus e de ter uma ideia tipicamente negativa do que deveria ser esse sinal. Como PAS, Harper temia problemas como batidas de trânsito, que hiperexcitavam o seu corpo e arruinavam o seu cronograma. Depois, semiadormecido e perdido em ruminações sombrias, ele se esqueceu do assunto.

No dia seguinte, o carro diante dele na rampa de acesso da autoestrada deu uma freada brusca e ele também. O veículo atrás dele vinha perto demais e bateu na sua traseira. Foi um acidente sobre o qual ele não poderia ter tido nenhum controle.

"Fui inundado por sentimentos intensos no mesmo momento. Não era por causa do acidente, mas porque havia me lembrado da noite anterior." Estava cheio de temor e assombro, como se estivesse "olhando diretamente para o rosto de Deus".

O acidente foi de pequena monta, ninguém se machucou. Ele teria apenas que substituir o escapamento e o amortecedor. Ele, o outro motorista e os passageiros ficaram ali em volta, recuperando-se e trocando as informações necessárias para acionar o seguro, exatamente como na imagem da noite anterior. Apesar de cético, Harper não acreditava que o mais inconsciente dos desejos inconscientes pudesse ter causado tudo aquilo. Ali estava algo que pertencia a uma categoria de experiências totalmente nova. Um novo mundo.

Mas ele queria mesmo um novo mundo? Como PAS, ele não tinha tanta certeza.

Durante uma semana, Harper ficou mais deprimido do que nunca. Só que agora não mais durante a noite, e sim durante o dia. À noite ele dormia bem. Então percebeu que, em um nível subconsciente, ele vinha pensando que teria que fazer algo por Deus, em retribuição. Talvez desistir da carreira e passar a se postar nas esquinas professando sua fé. Percebeu que, para ele, Deus sempre tinha sido alguém que esperava que a pessoa se humilhasse em seu nome, que pagasse um alto preço por qualquer conforto recebido, que exigia que se mudasse a vida inteira de imediato. De fato, tudo isso era exatamente o que Harper sempre tinha esperado de si mesmo. Raciocinou que a coerção e a culpa não pareciam ser a intenção de quem quer que tivesse feito aquilo. Vindo como resposta à noite tenebrosa de desespero, todo aquele incidente tinha a intenção de ser algo reconfortante. E foi assim que ele começou lentamente a considerá-lo. Um conforto.

Mas então Harper percebeu que, para ser consistente com a sua nova experiência, era preciso deixar de ser tão desesperado e cético. Isso poderia ser bem difícil para ele. Pois aí estava o tipo de tarefa que acompanhava a experiência, afinal de contas.

Àquela altura, totalmente confuso, ele tentou falar sobre o incidente com algumas pessoas, sendo que uma ficou tão tocada quanto ele. Mas os dois amigos que ele mais respeitava lhe disseram que tudo não passava de uma coincidência.

"Aquilo me deixou furioso. Em nome de *Deus*. Quero dizer, Deus me fez um favor e acham que eu deveria voltar e dizer 'Foi legal, mas da próxima vez quero um sinal que não possa ser uma coincidência'?"

Harper estava convencido de que encarar o acidente como coincidência seria um imenso erro. Por isso decidiu que teria que crescer a partir daquela experiência, mesmo que levasse o resto da vida. Teria que lembrar dela. Refletir. Valorizá-la o máximo que pudesse. E se espantar que ele, que recebera tão pouco conforto na vida, tivesse de repente recebido um sinal inconfundível de amor, maior do que aquele recebido pela maioria dos santos.

"Que coisa para acontecer a um sujeito como eu", concluiu, rindo de si mesmo. Então se lembrou do tema da minha pesquisa. "Que encrenca divina para um sujeito *sensível* como eu."

Nosso valor e parceria

Os reis guerreiros nos dizem com frequência que é um sinal de fraqueza a fé na realidade dos domínios da alma/espírito. Temem em si mesmos qualquer coisa que enfraqueceria seu tipo de coragem física e poder, e por isso só conseguem enxergar assim. Mas temos um tipo diferente de poder, talento e coragem. Chamar de fraqueza o nosso talento para a vida da alma/espírito, ou indicá-lo como algo nascido do medo ou da necessidade de ser reconfortado, é a mesma coisa que dizer que os peixes nadam porque são fracos demais para caminhar, têm a lamentável necessidade de ficar dentro da água e simplesmente morrem de medo de voar.

Ou talvez devêssemos virar a mesa. Os reis guerreiros têm medo da vida da alma/espírito pois são fracos demais para ela e não conseguem sobreviver sem o conforto da sua visão da realidade.

Mas não há necessidade alguma de distribuir insultos desde que saibamos o nosso valor. Sempre chega o dia em que os reis guerreiros ficam felizes porque nós temos uma vida interior vasta que pode ser compartilhada com eles, assim como há dias em que ficamos felizes pela especialidade deles. Saudemos nossa parceria.

Que a sua sensibilidade seja uma bênção para você e para os outros. Que você desfrute de tanta paz e prazer quanto possível neste mundo. E que mais e mais mundos diferentes se abram para você à medida que passam os dias da sua vida.

TRABALHE COM O QUE APRENDEU

*Fazer amizade ou pelo menos ficar em paz
com a sua função inferior*

Escolha fazer algo que exige a sua função inferior – de preferência, algo que você nunca experimentou antes e que não parece difícil demais. Se você for do tipo sentimental, pode ler um livro de filosofia ou ter aulas de matemática teórica ou de física que sejam apropriadas para o seu histórico.

Se for do tipo pensativo, você pode ir a um museu de arte e se obrigar, dessa vez, a ignorar o título da obra e o artista – ter apenas uma reação pessoal a cada pintura. Se for do tipo que usa a sensação, pode tentar imaginar as experiências interiores, a história e o futuro das pessoas que você observa na rua por meio da aparência delas. Se for intuitivo, pode planejar férias reunindo informações detalhadas sobre o seu destino e decidir com antecedência tudo que vai levar e fazer. Ou, se isso parecer fácil, compre um equipamento eletrônico mais sofisticado e utilize as instruções para configurá-lo e explorar *todas* as suas operações. Não chame ninguém para ajudá-lo a entender.

Enquanto você se prepara gradualmente para fazer a atividade, observe seus sentimentos, suas resistências, as imagens que surgem. Por mais tolo e humilhado que se sinta por essas "coisas simples que você não consegue fazer", prossiga na tarefa com muita seriedade. De acordo com von Franz, isso é o equivalente à disciplina monástica, mas individualizada para você. Você está sacrificando a função dominante e voltando-se para o caminho mais difícil.

Fique especialmente atento ao desejo de deixar que a função dominante assuma o controle. Para o intuitivo, assim que decidir o destino das férias, mantenha-se firme. Proteja sua decisão, frágil mas concreta, de ser minada por você imaginando todas as outras viagens que poderiam ser feitas. E, com o equipamento eletrônico, observe como é forte a sua vontade de pular as instruções e começar a fazer o "óbvio" com os botões e com os fios. Tudo isso é sinal da intuição trabalhando – mas você vai devagar para compreender cada detalhe antes de passar para o seguinte.

DICAS PARA PROFISSIONAIS DE SAÚDE QUE TRABALHAM COM PESSOAS ALTAMENTE SENSÍVEIS

- As PAS ampliam os estímulos, isto é, captam as sutilezas. Mas também experimentam mais excitação autônoma em situações que outros considerariam apenas moderadamente excitantes. Assim, em um contexto médico, elas podem parecer mais ansiosas ou mesmo "neuróticas".

- Apressar ou ficar impaciente apenas exacerbará a excitação fisiológica e, é claro, o estresse adicional não as ajuda a manter uma comunicação com você nem a sarar. As PAS são em geral muito conscienciosas e cooperarão se puderem.

- Pergunte às PAS o que precisam de você para manter a calma: silêncio, uma distração (como uma conversa), ouvir o que vai acontecer passo a passo ou alguma medicação.

- Lance mão do maior grau de intuição e consciência física das PAS – seu paciente pode ter informações importantes se você escutar.

- Sob excitação, ninguém ouve direito nem se comunica bem. Encoraje as PAS a trazer um acompanhante para ajudar com tais tarefas, a preparar-se para uma visita trazendo anotações com perguntas e sintomas, escrever as instruções e lê-las para você durante a visita, e telefonar caso se lembrem de perguntas ou de outros pontos mais tarde. (Poucos vão abusar desse recurso e a "segunda chance" removerá a pressão quando se encontrarem.)

- Não se surpreenda nem se aborreça pelo fato de as PAS terem baixo patamar de tolerância à dor, melhor resposta a dosagens "subclínicas" dos medicamentos ou mais efeitos colaterais. Tudo isso é parte de suas diferenças fisiológicas, e não psicológicas.

- Essa característica não exige necessariamente medicações. As PAS com uma infância problemática são mais acometidas por ansiedade e depressão. Não é o que acontece com PAS que trabalharam essas questões ou que tiveram uma boa infância.

DICAS PARA PROFESSORES QUE TRABALHAM COM ALUNOS ALTAMENTE SENSÍVEIS

- Ensinar a PAS exige estratégias diferentes daquelas usadas com outros alunos. As PAS ampliam os estímulos. Isso significa que elas captam sutilezas em uma situação de aprendizado, mas ficam facilmente hiperexcitadas do ponto de vista fisiológico.

- As PAS são, em geral, conscienciosas e se esforçam ao máximo. Muitas são superdotadas. Mas ninguém tem um bom desempenho quando está hiperexcitado, e as PAS ficam hiperexcitadas com mais facilidade do que os outros. Quanto mais se esforçam, quando observadas ou sob algum tipo de pressão, mais ficam propensas a fracassar, o que pode ser muito desanimador para elas.

- Altos níveis de estímulo (por exemplo, uma sala de aula barulhenta) irão perturbar e exaurir as PAS antes dos outros. Algumas delas se recolhem, mas um número significativo (de meninos, em especial) se mostra hiperativo.

- Não proteja excessivamente o aluno sensível, mas, ao insistir que ele experimente o que é difícil, cuide para que a experiência seja bem-sucedida.

- Leve em consideração o traço enquanto o aluno está ganhando habilidades sociais. Se uma apresentação deve ser feita, providencie um "ensaio geral" ou o uso de anotações ou de leitura em voz alta

– qualquer coisa que diminua a agitação e permita uma experiência bem-sucedida.

- Não presuma que um aluno que apenas observa é tímido ou medroso. Essa pode ser uma explicação equivocada, mas, ainda assim, o rótulo pode grudar.

- Esteja ciente do viés de sua cultura em relação à timidez, ao silêncio, à introversão e a elementos semelhantes. Observe suas ideias e as dos outros alunos.

- Ensine o respeito pelos diferentes temperamentos, como faria com outras diferenças.

- Preste atenção e encoraje a criatividade e a intuição típicas das PAS. Para desenvolver a tolerância à vida em grupo e o status social entre os pares, experimente atividades teatrais ou leituras dramáticas de obras que as sensibilizaram. Ou leia o trabalho delas em voz alta para a turma. Mas tenha cuidado para não as constranger.

DICAS PARA EMPREGADORES DE PESSOAS ALTAMENTE SENSÍVEIS

- Tipicamente, as PAS são extremamente escrupulosas, leais, vigilantes em relação à qualidade, boas com os detalhes, visionárias, intuitivas, com frequência superdotadas, sensíveis às necessidades dos clientes. Elas exercem boas influências no clima social do ambiente de trabalho. Em resumo, são os empregados *ideais*. Toda organização precisa de algumas PAS.

- As PAS ampliam os estímulos. Isso quer dizer que elas estão cientes das sutilezas, mas também é fácil ficarem excessivamente estimuladas. Assim, trabalham melhor com uma quantidade menor de estímulos exteriores. Devem contar com calma e tranquilidade.

- As PAS não têm um desempenho tão bom quando estão sendo observadas com o propósito de avaliação. Encontre outros modos de saber o que estão fazendo.

- As PAS socializam menos nos intervalos ou depois do expediente, pois precisam de tempo para processar suas experiências com privacidade. Isso pode fazer com que fiquem menos visíveis ou menos bem relacionadas na organização. É preciso levar isso em conta ao avaliar o desempenho delas.

- As PAS tendem a não gostar da autopromoção agressiva, esperando ser notadas por seu trabalho duro e honesto. Não deixe que isso o leve a ignorar um empregado valioso.

- As PAS podem ser as primeiras a se incomodar com uma situação insalubre no ambiente de trabalho, o que pode fazer com que pareçam ser uma fonte de problemas. Mas os demais serão afetados com o passar do tempo e a sensibilidade das PAS pode ajudar a evitar problemas mais tarde.

NOTA DA AUTORA

Este livro foi lançado pela primeira vez há 25 anos. Esse marco nos oferece muitas razões para comemorar. Uma delas, importantíssima, é o aumento significativo de pesquisas científicas sobre o traço da alta sensibilidade. Esta nota ficou tão extensa porque tentei reunir a essência desses estudos e traduzi-la de forma acessível. Ao tomar conhecimento desse vasto material, você poderá ampliar ainda mais a compreensão que tem sobre si mesmo e sobre tudo que aprendeu ao longo da leitura.

Em 1998, três anos depois de lançar a primeira edição deste livro, tive a chance de escrever um prefácio, que intitulei "Uma celebração". Era uma comemoração não só por tantas pessoas terem se beneficiado de seu conteúdo, mas também pelo fato de o assunto estar ganhando espaço no mundo científico. Agora podemos comemorar muito mais. *Pessoas altamente sensíveis* foi traduzido para mais de 30 idiomas (perdi a conta). Artigos sobre alta sensibilidade foram veiculados em diversos meios de comunicação ao redor do mundo. Foram produzidos o documentário *Sensitive: The Untold Story* (Sensível: a história não contada) e o longa-metragem *Sensitive and in Love* (Sensível e apaixonado). Nos Estados Unidos, há retiros para pessoas altamente sensíveis acontecendo duas vezes por ano. Com frequência há conferências internacionais de pesquisa, seminários e webinars, além de vídeos no YouTube, livros, revistas, boletins informativos, sites e todo tipo de serviço voltado exclusivamente para esse público – muitos são bons; alguns, nem tanto.

Atualmente minha newsletter conta com cerca de 60 mil inscritos. No site www.hsperson.com (em inglês) podem ser encontradas centenas de artigos e postagens de blog que escrevi ao longo dos anos, tudo arquivado para que você possa pesquisar sobre quase todos os aspectos da alta sensibilidade. Tudo isso acontece porque você descobriu esse seu traço de personalidade. Para muitas pessoas, essa descoberta representou uma verdadeira mudança de vida. Temos, portanto, diversos motivos para comemorar o crescimento ocorrido nos últimos 25 anos.

Uma festa surpresa

Deixe-me aprofundar um pouco da história de como esta obra surgiu. Em primeiro lugar, não pretendia escrever um livro de autoajuda. Algumas pessoas imaginaram que eu estava apenas procurando um tema novo que pudesse chamar a atenção do público. Mas não foi nada disso. Tudo começou com uma curiosidade pessoal sobre o termo "sensibilidade" depois que ele foi aplicado a mim por uma psicoterapeuta. Li tudo que encontrei – quase nada – sobre o assunto, embora a palavra fosse empregada com frequência nas descrições de casos. Era como se essa lacuna dissesse: "Claro que todos nós sabemos o que significa *sensível*."

Em seguida, fiz algumas entrevistas com cerca de 40 pessoas que podiam se considerar sensíveis. Depois meu marido e eu criamos um questionário de autoavaliação e começamos a nos aprofundar um pouco mais. Um jornal local ficou sabendo desse estudo e publicou um artigo intitulado "Born to Be Mild" (Nascido para ser suave) na seção Sunday Lifestyle, com uma foto nossa em destaque. A repercussão foi enorme. As pessoas me escreviam e telefonavam (isso foi antes da internet) querendo saber mais. Assim, acabei concordando em dar uma palestra na biblioteca local. A sala ficou lotada e muitos espectadores assistiram de pé. Outros tantos foram barrados. O que estava acontecendo?

Comecei a promover cursos na minha sala de estar, nos quais eu basicamente ouvia as pessoas trocando bons conselhos enquanto fazia anotações. Por ser introvertida, não quis levar essas aulas adiante, então alguém sugeriu que eu escrevesse um livro. Não foi fácil encontrar uma editora. Todas as grandes disseram "Todo mundo é sensível, não há nenhuma novidade nisso" ou "Não existe um número suficiente de pessoas altamente sensíveis, o mercado é pequeno demais para nós". Mas o livro encontrou um lar e, ao mesmo tempo, nossa pesquisa sobre o assunto progrediu – não somente para o livro, mas para entender essa grande coisa que eu tentava destrinchar.

Psicólogos me perguntaram (e tenho certeza que muitos chegaram a pensar nisso mas não se pronunciaram): "Como você conseguiu descobrir uma característica inteiramente nova?" A resposta é que a sensibilidade não é nada nova; é apenas difícil de registrar pela observação do modo como as pessoas se comportam – que é como a psicologia funciona habitualmente. Em consequência, psicólogos e as pessoas em geral inventaram nomes para essa característica, como *timidez*, *inibição* ou *introversão*. Essas palavras se aproximavam, mas não davam conta do significado. É especialmente difícil para os outros identificar esse traço porque, na verdade, trata-se de observar nosso "não comportamento", pelo menos no início. Portanto era mais fácil supor que somos ansiosos, que temos medo das pessoas ou até que não gostamos delas. Não é bem assim. Como digo no livro, 30% das pessoas com alto nível de sensibilidade são extrovertidas!

Além disso, somos tão receptivos ao ambiente que podemos ser um pouco como camaleões quando estamos perto de outras pessoas, fazendo o que for preciso para nos adaptar. A minha "descoberta" foi simplesmente arranjar um termo específico para essa característica – Pessoas Altamente Sensíveis (PAS). E isso significou ter uma melhor compreensão dela, porque sou uma cientista muito curiosa e, ao mesmo tempo, uma pessoa altamente sensível que conhece essa experiência por dentro. (Também ajudou o fato de meu marido ser um pesquisador abalizado.)

Portanto, em certo sentido, esta é uma festa surpresa: para mim, foi surpreendente ver como tudo isso aconteceu; e para todas as pessoas altamente sensíveis foi uma surpresa descobrir que possuem uma característica para a qual não havia um nome.

O que é novo e o que não é

Antes de abordar as pesquisas que surgiram após a publicação original deste livro, devo dizer que esta edição não é uma revisão completa dele. Por ter sido escrito há tanto tempo, no início de uma pequena revolução sobre o tema, pensei algumas vezes que deveria revisá-lo e reescrevê-lo. Mas, quando parei para examinar, vi que não havia muito que mudar. O livro cumpre bem sua função, com três exceções.

Em primeiro lugar, as pesquisas científicas foram imensamente ampliadas.

Em segundo lugar, existe agora uma descrição simples e abrangente do traço da alta sensibilidade – os quatro pilares –, que exprime muito bem suas facetas: "PEES" (DOES, na sigla em inglês). **P** é para processamento profundo. A característica fundamental das pessoas altamente sensíveis é observar e refletir antes de agir. Processamos tudo mais do que os outros, de forma consciente ou inconsciente. **E** é para o excesso de estímulo, sobre-estímulo, situação que acontece facilmente. Se você vai prestar mais atenção em tudo, é provável que se canse mais depressa. O segundo **E** se refere à ênfase em nossas reações emocionais e em uma grande empatia, uma das coisas que nos motiva a perceber e a aprender. **S** é para a sensibilidade às sutilezas ao redor. Falarei mais sobre esses quatro aspectos mais adiante, quando tratar da pesquisa.

E em terceiro lugar, por conta das contínuas pesquisas médicas, o Capítulo 9 precisou ser reescrito. Não faz mais sentido examinar a fundo as medicações usadas para o tratamento da ansiedade e da depressão, questões comuns para os mais sensíveis. Essas medicações proliferaram desde 1996, bem como a pesquisa sobre elas, tanto contra quanto a favor. Além do mais, novas descobertas são feitas a cada ano sobre o tratamento desses dois problemas, amplamente recorrentes nos nossos dias. Assim, decidi me ater à pesquisa na área que domino.

A pesquisa que fez tudo acontecer

Desde que teve início a pesquisa sobre alta sensibilidade, sob o termo científico de Sensibilidade de Processamento Sensorial (SPS, que não tem qualquer relação com o *Transtorno de Processamento Sensorial*), mais de 100 trabalhos sobre o assunto apareceram em periódicos científicos, a maioria deles sem minha participação. Muitos são excelentes estudos experimentais, e vou citar esses casos notáveis nesta apresentação. É provável que eu não volte a atualizar este resumo das pesquisas. Mas, a menos que haja mudanças drásticas, este texto deve ser uma boa representação do que está por vir. No futuro, continuaremos a atualizar uma lista com os melhores estudos em www.hsperson.com.

Tentei deixar os trechos a seguir concisos e interessantes para mostrar por que essas informações são importantes para você, ao mesmo tempo que incluo detalhes suficientes para satisfazer os mais curiosos. Aqueles com maior conhecimento científico ou interesse mais profundo podem encontrar a metodologia completa e seus resultados na leitura dos próprios artigos. As referências estão na seção de notas. Links para muitos dos artigos completos também se encontram disponíveis no meu site. Além disso, eu e meus colaboradores publicamos um bom resumo da teoria e da pesquisa sobre o tema em 2012[1] e outro em 2019.[2]

Devo acrescentar que conceitos muito semelhantes à alta sensibilidade estão sendo estudados por outros pesquisadores. Se estiver interessado nesse trabalho, você pode procurar termos como *sensibilidade biológica ao contexto* (os autores são Thomas Boyce, Bruce Ellis e outros) e *sensibilidade orientadora* (os autores principais são David Evans e Mary Rothbart).

Para medir sua sensibilidade

Os primeiros estudos publicados por mim e meu marido[3] geraram o teste que você encontrou neste livro e uma versão ligeiramente diferente, feita especialmente para a pesquisa, chamada de Escala da Pessoa Altamente Sensível. A pesquisa também tinha a intenção de demonstrar que alta sensibilidade não é o mesmo que introversão ou "neuroticismo" (jargão profissional para uma tendência à depressão ou ao excesso de ansiedade). Acertamos (lembre-se de que 30% das PAS são extrovertidas).[4] O traço apresentava uma associação moderada ao neuroticismo, em parte porque as questões que avaliam o neuroticismo podem ser aplicadas em algum grau à maioria das PAS ("Fico preocupado"; "Às vezes fico triste", etc.). A associação também se deve simplesmente ao fato de que a maioria dos itens na escala atual foi redigida de forma negativa, de modo que é bem provável que façamos uma revisão em um futuro não muito distante.

Medidas para crianças

Até que chegue o momento dessa revisão, utilizaremos a escala atual, que funciona muito bem. Mas existe também uma nova escala, destinada a crianças e adolescentes.[5] E talvez o mais empolgante: há uma medida comportamental, criada por Francesca Leonetti e outros estudiosos, que pode ser usada por profissionais para identificar alta sensibilidade em crianças que ainda não aprenderam a falar.⁶ Como já mencionei, em situações em que só é possível observar comportamentos não é fácil distinguir a sensibilidade da timidez, do medo ou de um desconforto passageiro. Mas sabíamos o que procurar, e funcionou!

Se você leu *The Highly Sensitive Child* (A criança altamente sensível), encontrou um teste voltado para os pais, a fim de ajudá-los a identificar a sensibilidade nos filhos. Esse teste foi bem-feito, mas não tinha sido validado ou publicado até 2018.⁷

O que tudo isso significa para você? Significa que você pode confiar na escala PAS. Ela é válida e segura.

Como outros pesquisadores empregam a escala

Evidentemente, outras pessoas começaram a usar a escala. Na verdade, um estudo analisou 29 usos dela em pesquisas e ficou clara a sua eficácia.⁸ Alguns pesquisadores encontraram na escala principal três fatores centrais. (Não vou entrar em detalhes porque pode ser confuso: basicamente tentaram usar esses fatores como medidas *separadas* – ou seja, para ser uma PAS, seria preciso ter níveis bem altos dos três fatores.) No entanto as coisas ficaram mais claras quando os pesquisadores concluíram que de fato existem três fatores dentro da medida, mas que há uma característica básica abrangente avaliada pela escala.⁹ Com itens tão variados – da sensibilidade à dor, à cafeína e à fome até a vida interior e a consciência –, sem dúvida haveria fatores que reuniriam pontos semelhantes.

Além disso, embora a medida sugira que a alta sensibilidade tem algumas semelhanças e associações com a introversão ou o neuroticismo, depois de considerar estas e uma série de outras variáveis de personalidade, os resultados de muitos estudos permitem concluir que essas outras medidas de personalidade não explicam mais de um terço da "variância" na escala PAS.¹⁰ Seu resultado não é muito afetado por sua pontuação em outros testes de personalidade. Ou seja, saber sobre sua sensibilidade presta uma contribuição única para conhecer mais sobre *si mesmo*.

Suscetibilidade diferencial

No entanto, havia aquela alta associação entre sensibilidade e neuroticismo, e eu tinha um palpite sobre o motivo. Outra série de estudos, publicada em 2005, constatou[11] que PAS com uma infância conturbada correm mais risco de se tornarem deprimidas, ansiosas e tímidas do que aqueles indivíduos com uma infância semelhante que não são altamente sensíveis. Mas as PAS com uma infância suficientemente boa não corriam riscos maiores do que as demais. No mesmo ano, mais um estudo – realizado por Miriam Liss e outros[12] – chegou ao mesmo resultado, principalmente em relação à depressão.

Essas descobertas sobre PAS com uma infância sofrível que se tornam mais deprimidas do que aquelas com infância semelhante sem o traço sensível parecem indicar vulnerabilidade. A notícia empolgante, no entanto, é que *vulnerabilidade* não é o termo correto nesse caso. Essas são diferenças de *suscetibilidade*, tanto para ambientes positivos quanto negativos. Isso agora é chamado de "suscetibilidade diferencial", estudada em profundidade inicialmente por Jay Belsky e Michael Pluess.[13] Ou seja, refere-se àqueles que têm altos níveis do que Michael Pluess chama de sensibilidade ambiental[14] (SA); ter um nível alto de SA é o mesmo que ser uma PAS, pois os estudos utilizam a mesma escala. Em muitas medidas (felicidade, sensibilidade a imagens positivas, habilidades sociais, número de doenças ou ferimentos, etc.), PAS que tiveram uma infância boa podem se dar melhor do que aquelas sem o traço. Se você é sensível ao ambiente, é razoável que tenha condições de captar mais do aspecto positivo que os outros. Por exemplo, no estudo mencionado anteriormente, que descrevia uma medida de alta sensibilidade em crianças pequenas demais para ler e responder a um questionário, havia também uma medida da qualidade da criação que a criança recebia. Voltaremos a encontrar essa medida. Considera-se em geral que o melhor modo de criar os filhos é "autoritativo", algo entre ser "autoritário" (rígido demais) e "permissivo" (pois bem, permissivo demais). Nesse estudo com crianças pequenas, a qualidade dos cuidados parentais que recebiam afetava mais aquelas que eram altamente sensíveis.

A suscetibilidade diferencial não se restringe apenas aos acontecimentos da infância, mas também às intervenções com a intenção de ajudar as crianças quando mais velhas. Um estudo descobriu que, entre meninas pré-adolescentes em um programa criado para evitar a depressão na adolescência, apenas aquelas que eram altamente sensíveis se beneficiaram, um ano depois.[15] Outro estudo com meninos, em uma intervenção desenvolvida para evitar o bullying, descobriu que apenas os altamente sensíveis tiraram proveito da experiência.[16]

O que a suscetibilidade diferencial significa para você? Se você tende a ter depressão ou ansiedade, isso talvez indique que foi mais afetado por uma infância difícil (problemas em casa ou na escola) do que outros adultos que passaram por experiências semelhantes. (Ou talvez você simplesmente esteja sob pressão demais ou passando por algo que o deixa deprimido ou ansioso.) Embora alguém possa lhe dizer que você está supervalorizando os problemas de infância, essa pesquisa indica provavelmente o contrário. Você foi realmente mais afetado e se beneficiaria – ou já se beneficiou – de ajuda caso a procurasse, mesmo que outras pessoas não sentissem a mesma necessidade. Mais importante: se receber ajuda, você talvez tenha mais a ganhar do que os outros. Entretanto, essa pesquisa também diz que, se você teve uma infância razoavelmente boa, pessoas que não o conhecem bem quase não perceberão sua sensibilidade. Ficarão ocupadas demais admirando sua criatividade, sua consciência, sua bondade e sua capacidade de se antecipar aos acontecimentos. É provável que você tenha aprendido a descansar quando preciso, o que é mais do que os outros costumam fazer, e a evitar ambientes excessivamente estimulantes – mas só as pessoas mais íntimas percebem esse seu lado.

Aprender com o passado para se preparar para o futuro

Um dos estudos mais fascinantes sobre suscetibilidade diferencial aconteceu em um campo de refugiados na Síria.[17] Por meio de autorrelatos, os pesquisadores avaliaram o nível de trauma de guerra de 579 crianças, seu nível de sensibilidade e o nível de funcionalidade de suas famílias antes da guerra. De forma surpreendente, crianças altamente sensíveis (CAS) com uma infância difícil ficaram *menos* traumatizadas pelas experiências em zonas de guerra do que aquelas que não eram CAS. E o mais incrível: CAS com uma infância ruim também ficaram menos abaladas do que CAS com uma infância *boa*.

Parece que a suscetibilidade diferencial talvez esteja relacionada com um melhor aprendizado a partir de experiências anteriores, como sugerido por simulações de computador sobre o modo como a alta sensibilidade evoluiu[18] (veremos mais sobre o assunto), e não simplesmente com a necessidade de se ter uma infância boa para obter sucesso. As PAS que tiveram uma boa infância estão preparadas para viver e trabalhar em um mundo suficientemente bom, entre a maioria das pessoas que não foi muito afetada pela experiência na infância ou que teve uma infância suficientemente boa. Talvez uma infância difícil faça uma PAS estar preparada para viver em um mundo muito negativo, entre pessoas que vivem tensas por causa dele.

Um estudo das reações de crianças em idade pré-escolar a mudanças positivas e negativas[19] na forma como estavam sendo educadas descobriu que as CAS foram mais afetadas, "para melhor e para pior", mais pelo fato de a atitude dos pais ter mudado do que pela adoção de uma estratégia parental melhor. A mesma medida de parentalidade foi usada nesse estudo e no estudo que desenvolveu a medida observacional com crianças mais novas. Nas CAS mais jovens, o estilo parental em si as afetou mais do que a outras. Talvez ficar mais velha signifique se acostumar mais com o estilo parental dos pais, e é por isso que a mudança é o maior problema para CAS nessa faixa etária. Isso sugere que a alta sensibilidade pode realmente envolver uma estratégia de usar o passado para "prever" o futuro. Por isso as mudanças que tornaram o comportamento futuro dos pais menos previsível pareciam ser mais problemáticas do que um desempenho ruim. Conclusão: uma boa infância pode ser menos importante do que uma infância *previsível*.

No entanto, nem todos os estudos encontraram suscetibilidade diferencial. Por exemplo, seria de esperar que, com uma boa infância, a satisfação com a vida fosse maior para PAS do que para aqueles que não eram PAS e também tiveram uma infância tranquila. Mas, inesperadamente, um estudo descobriu que ter uma boa infância não estava associado a um nível de maior satisfação com a vida para as PAS do que para aqueles sem a característica, pelo menos com as medidas empregadas.[20] Ou seja, as PAS nesse estudo não pareceram mostrar uma suscetibilidade especial a uma boa infância. Mas pesquisa é assim mesmo – nosso entendimento costuma dar dois passos à frente e um para trás.

Também existem estudos que indicam "sensibilidade de vantagem" para PAS, um novo conceito criado por Michael Pluess e Jay Belsky[21] para destacar o potencial específico das pessoas sensíveis para se beneficiarem de circunstâncias e intervenções positivas – como no estudo em que meninas altamente sensíveis tiraram proveito de uma intervenção, mas não ficariam em situação pior do que aquelas sem a característica se não recebessem a intervenção. Ou seja, em alguns estudos de determinadas situações, a alta sensibilidade produz apenas vantagens e nenhuma desvantagem.

Diversos estudos clínicos foram feitos sobre a relação entre ser altamente sensível e, por exemplo, ter mais dificuldade de lidar com emoções negativas, mais manifestações psicossomáticas, mais estresse no trabalho, diabetes tipo I e ansiedade.[22] Infelizmente, esses estudos não levaram em consideração o papel das experiências da infância, fazendo parecer que todas as PAS têm esses problemas, quando a suscetibilidade diferencial definitivamente prevê que isso seria verdadeiro para a maioria das pessoas que tiveram uma infância difícil. Além disso, é possível conjecturar se esses mesmos problemas teriam ocorrido se os sujeitos dos estudos soubessem de suas características e fossem capazes de ajustar sua vida pessoal e profissional de acordo com elas. Também esperamos que estudos futuros incluam intervenções para tratar ou para prevenir tais problemas, pois podemos voltar a ver que as PAS têm mais a ganhar com elas do que os outros.

A genética da característica

Existe um considerável volume de pesquisas que nos dá confiança de que a alta sensibilidade seja em grande medida uma característica determinada geneticamente – só uso a expressão "em grande medida" porque cientistas jamais dizem "sempre", "nunca" nem "comprovado". (Desconfie daqueles que utilizam essas palavras.) Os verdadeiros cientistas sabem que suas teorias e medidas estão sempre se aprimorando. Por exemplo, parecia bem certo, a partir de pesquisas feitas na Dinamarca por Cecilie Licht e outros,[23] que a alta sensibilidade está relacionada a uma variação na genética que determina a quantidade de serotonina disponível no cérebro. O baixo nível de serotonina é outro caso de suscetibilidade diferencial, por estar associado à depressão, mas também tem suas vantagens.[24] No entanto, depois do estudo de Licht, outro trabalho (ainda não publicado) investigou e não encontrou essa associação. Ainda suspeito que a relação exista, mas só o tempo dirá.

Chunhui Chen e seus associados,[25] trabalhando na China, adotaram uma abordagem diferente. Em vez de examinar um gene específico com propriedades conhecidas,[26] examinaram todas as variações genéticas que afetam a quantidade de dopamina no cérebro (98 ao todo). A dopamina é outra substância química necessária para a transmissão de informações em certas áreas cerebrais. Eles descobriram que a escala PAS está associada a dez variações em sete diferentes genes controladores de dopamina.

Afinal, quais são os genes envolvidos? É provável que sejam aqueles que afetam a serotonina e a dopamina, e muito mais. Há agora um movimento de afastamento do que é chamado de "estudos de gene candidato único" em prol de "estudos genômicos". Isso nos ajudará a compor um quadro melhor das variedades de gene envolvidas no traço e da atuação dessas variedades no cérebro – em você!

No entanto, estudos de suscetibilidade diferencial fornecem mais apoio para considerar que o traço seja determinado geneticamente, quaisquer que sejam os genes. Robert Keers e Michael Pluess[27] analisaram a qualidade da infância implícita em vários indicadores "materiais", como a classe social das famílias, dificuldades financeiras, situação de emprego dos pais, tipo de moradia e assim por diante. Sabe-se que más condições materiais estão associadas, em média, a uma criação mais precária e a uma saúde mental mais precária na idade adulta. Keers e Pluess analisaram nove genes que estariam associados a uma alta sensibilidade ambiental e descobriram que aqueles com mais desses genes e que tinham um ambiente material pobre na infância apresentavam mais problemas na idade adulta quando estavam sob estresse. Mas descobriram também que ter esses genes e um bom ambiente material na infância aumentava a resiliência, na idade adulta, em situações de estresse.

Por fim, Marinus van IJzendoorn e Marian Bakermans-Kranenburg[28] conduziram uma meta-análise de 22 experimentos que envolveram 3.257 participantes com a mensuração de diferentes problemas, diversas variações genéticas associadas à suscetibilidade diferencial sendo comparadas a outras que não eram e várias intervenções. Descobriram que havia uma diferença muito significativa no resultado dessas intervenções dependendo das variações genéticas estudadas – com os genes para a sensibilidade, as intervenções foram mais efetivas. Assim, sabemos que os genes que governam a alta sensibilidade são reais.

O que tudo isso significa para você? Essa característica é uma parte intrínseca sua e não é possível eliminá-la. No entanto, você pode melhorar a forma como convive com ela e tirar proveito desse traço ao conhecer sua natureza. Aliás, espero que a esta altura você já esteja percebendo que a alta sensibilidade é uma verdadeira vantagem.

Qual é a natureza dessa diferença?

Compreender por que evoluímos dessa forma nos diz muito mais sobre nós mesmos do que eu sabia quando escrevi este livro originalmente. Naquela época, achava que nossa sensibilidade havia evoluído porque o traço servia ao grupo maior, pois indivíduos sensíveis podem sentir um perigo ou uma oportunidade que os outros não percebem, enquanto estes atuam fazendo algo a respeito assim que são alertados. Isso ainda pode ser parcialmente verdadeiro, mas também pode ser apenas um efeito colateral da característica.

Muitas espécies – são mais de 100 contabilizadas até agora,[29] incluindo moscas-da-fruta e alguns peixes – apresentam uma minoria altamente sensível. Embora o traço leve a comportamentos diferentes – que dependem obviamente de você ser uma mosca-da-fruta, um peixe, um pássaro, um cachorro, um macaco ou um humano –, uma descrição geral dele diria que poucos entre aqueles que o herdaram adotaram uma estratégia de sobrevivência de pausar para verificações, observar, refletir ou processar o que foi percebido antes de escolher uma ação. A maioria presta menos atenção e é menos sensível a seus ambientes.

A profundidade do processamento é fundamental – mas é difícil de observar

A lentidão para agir, no entanto, não é a marca registrada desse traço de personalidade. Quando indivíduos sensíveis percebem de imediato que a situação se assemelha a uma experiência anterior, graças a tudo que aprenderam por pensarem muito na ocasião passada, eles podem reagir a um perigo ou a uma oportunidade mais depressa que os demais. Por esse motivo, o aspecto mais básico do traço – a profundidade do processamento – é difícil de observar. Sem saber desse aspecto, quando alguém parava antes de agir, os outros só podiam supor o que estava acontecendo dentro daquela pessoa. Como disse antes, muitas vezes considerava-se que as PAS eram inibidas, tímidas, medrosas ou introvertidas. Algumas delas aceitaram esses rótulos, na falta de outra explicação para sua hesitação. Na verdade, sentindo-se diferentes e imperfeitos, alguns de nós descobriram que o rótulo de "tímido" ou "com medo do julgamento social" era autorrealizável, como descrevo no Capítulo 5. Outros sabiam que eram diferentes, mas esconderam e se adaptaram, agindo na maior parte das vezes como a maioria menos sensível. É possível que isso seja especialmente verdadeiro no que diz respeito aos homens altamente sensíveis.

Encontrando-nos por meio de uma simulação de computador

A melhor explicação existente hoje para sua alta sensibilidade vem de um modelo de computador feito por biólogos nos Países Baixos. Max Wolf e seus colegas[30] estavam curiosos para saber como a alta sensibilidade poderia evoluir como traço. Criaram então uma situação usando um programa de computador para manter todos os outros fatores fora de cena. Depois fizeram apenas algumas poucas variações por vez e observaram o que acontecia quando esgotavam as várias situações e estratégias possíveis para verificar se ser altamente sensível poderia ser uma característica bem-sucedida o suficiente para permanecer em uma população (características que nos tornam ineficazes na vida não duram muito).

A estratégia sensível foi testada com a criação de um cenário em que variava quanto um indivíduo que aprendia com a Situação A – dependendo de quão sensível ele era a tudo que acontecia lá – tinha mais sucesso na Situação B por causa dessa informação. (Eles também tiveram que variar a quantidade de benefícios que vinham com o sucesso na Situação B.) O cenário alternativo era que as variações na sensibilidade não faziam diferença. Aprender com a Situação A não ajudava na Situação B, porque os eventos A e B não tinham qualquer relação. A questão era: sob que condições você verá a evolução de dois tipos de indivíduo, um usando a estratégia de aprender com a experiência e outro, não?

Descobriu-se que só era preciso haver um pequeno benefício para que as duas estratégias emergissem. Por que nem todo indivíduo desenvolvia uma estratégia de sensibilidade? Em parte porque, na vida real, lembrar-se da Situação A quando se está na Situação B nem sempre ajuda e envolve um esforço a mais, mas principalmente porque ser sensível só é uma vantagem quando aqueles que são sensíveis são uma minoria. Por quê? Se todos fossem sensíveis, não haveria vantagem, como acontece quando todos conhecem um atalho e o utilizam. Tantos estariam fazendo uso das mesmas informações que ninguém seria beneficiado (como costuma acontecer nos dias de hoje porque o GPS informa os atalhos a todos).

Prestar atenção tem seu preço

Em suma, alta sensibilidade ou *responsividade*, como esses biólogos também costumam chamar, envolve prestar mais atenção nos detalhes do que os outros e então usar esse conhecimento para fazer melhores previsões no futuro. Às vezes é bom fazer isso; outras vezes, é um desperdício de energia ou coisa pior. E se os eventos de agora não tiverem nada a ver com suas experiências anteriores? Suponha que você esteja no hipódromo e que as duas primeiras corridas foram vencidas por cavalos com jóqueis que usavam seda vermelha. Claro que você é um dos poucos a notar. Você apostaria na seda vermelha na terceira corrida ou, se isso fracassasse, na quarta? Sua estratégia sutil de seda vermelha pode ser um erro caro.

Além disso, quando uma experiência passada foi muito ruim, uma PAS pode supergeneralizar e evitar numerosas situações (ou sentir ansiedade ao se deparar com elas) apenas porque as novas situações se parecem ligeiramente com aquilo que foi negativo no passado.

O maior preço que pagamos pela alta sensibilidade, entretanto, é que nosso sistema nervoso tem um limite para o que consegue absorver. Todo mundo tem um limite quanto à quantidade de informações ou estímulos que pode ser absorvida antes de ficar sobrecarregado, superestimulado, superexcitado, esgotado. Simplesmente alcançamos esse ponto antes dos outros. Por sorte, assim que garantimos algum tempo de repouso, nos recuperamos bem.

Somos uma categoria distinta de pessoas?

Embora tenha dito neste livro que em geral você é ou não é altamente sensível, eu não tinha nenhuma evidência direta em relação a esse ponto. Presumi isso porque Jerome Kagan, de Harvard, descobriu que era verdade para o traço de inibição nas crianças e isso me pareceu uma designação equivocada de sensibilidade, considerando que o estudioso se baseou na observação de crianças que não invadiam às pressas um quarto cheio de brinquedos complicados e estranhos; elas primeiro paravam e olhavam. Mas muitos cientistas pensavam que a sensibilidade devia ser um traço mais parecido com a altura: na maioria das pessoas ela estaria em níveis medianos, não configurando uma categoria distinta, como maçãs e laranjas. Para uma tese de doutorado na Universidade de Bielefeld, na Alemanha, Franziska Borries fez um tipo particular de análise estatística[31] que permite distinguir entre categorias e dimensões. Em um estudo com mais de 900 pessoas que fizeram a escala PAS, ela descobriu que ser altamente sensível é de fato uma categoria, não uma dimensão. Basicamente, você é ou não é.

No entanto, a pesquisa sobre a questão prossegue. Outro estudo não encontrou dois grupos.[32] (Ah, a ciência!) Dois outros estudos, usando um método diferente, encontraram três grupos um tanto distintos[33] – aqueles que são altamente sensíveis, muito aproximadamente 20%-35%; um grupo com sensibilidade média, talvez 40%-47%; e um com baixa sensibilidade, 25%-35%. Mas é difícil saber a porcentagem exata de PAS em qualquer população, pois sempre existirão razões para haver mais ou menos na amostra particular estudada. Por exemplo, muitos estudos usam alunos do curso de psicologia como sujeitos, mas pode ser que haja entre eles um grande número com alta sensibilidade. Além disso, um teste não define a característica; é apenas uma medida aproximada dela. Há quem obtenha pontuação intermediária por motivos não relacionados a seu nível de sensibilidade real. Por exemplo, algumas pessoas apenas dão notas mais baixas ou mais altas do que as demais, outras podem ficar dispersas quando testadas e assim por diante. Além disso, os homens tendem a ter uma pontuação um pouco mais baixa na escala PAS, embora haja motivos para supor que exista o mesmo número de representantes com a característica entre homens e mulheres. De alguma forma, fazer o teste parece afetar os homens de maneira diferente, o que provavelmente depende da cultura em que vivem.

O que importa é que você faz parte de uma minoria especial – não está sozinho mas não se parece com a maioria das pessoas ao seu redor. Além disso, é uma diferença invisível e o afeta de muitas maneiras durante a interação com outras pessoas não muito sensíveis. Não se esqueça dessas vantagens: você percebe coisas que elas não percebem!

A sigla PEES fornece uma boa descrição

Quando escrevi *Psychotherapy and the Highly Sensitive Person* (Psicoterapia e pessoas altamente sensíveis) em 2011[34] (para ajudar os terapeutas a nos compreenderem mais e saberem inclusive que nosso traço de personalidade não é nem uma doença nem um defeito), criei a sigla PEES para contribuir para a avaliação dessa característica.

P de Profundidade de processamento

Na base do traço de alta sensibilidade, como acabei de explicar, encontra-se a tendência de processar informações com mais profundidade. Quando as pessoas recebem um número de telefone e não têm como registrá-lo na ocasião, provavelmente tentarão processá-lo de alguma forma para se lembrar dele, repetindo-o várias vezes, pensando em padrões ou em significados para os dígitos, ou percebendo a semelhança dos números com outra coisa. Se não fizer algum tipo de processamento, você sabe que vai esquecer. As PAS simplesmente tendem a processar mais, a processar tudo, relacionando e comparando o que percebemos com nossas experiências anteriores com algo semelhante. Fazemos isso conscientemente ou não. Quando tomamos uma decisão sem saber como chegamos a ela, chamamos isso de intuição, e as PAS têm boa intuição (mas não infalível!). Quando você toma uma decisão consciente, pode notar que demora mais do que os outros, porque pensa cuidadosamente em todas as opções. Isso também é a profundidade do processamento.

Estudos que apoiam o aspecto de profundidade de processamento do traço compararam a ativação do cérebro de pessoas sensíveis e não sensíveis ao realizar várias tarefas perceptivas. A pesquisa de Jadzia Jagiellowicz[35] e de seus colegas descobriu que os altamente sensíveis usam mais partes do cérebro associadas ao processamento "mais profundo" de informações, em especial nas tarefas que envolvem a percepção de sutilezas. Em outro estudo, realizado por nós e por outros pesquisadores,[36] tanto PAS quanto indivíduos sem o traço receberam tarefas perceptivas – aquelas que requerem mais ativação ou esforço cerebral – cuja dificuldade é conhecida por depender da cultura de origem da pessoa. O cérebro dos menos sensíveis demonstrou o esforço usual sendo feito, de acordo com a cultura a que pertenciam, mas o esforço feito pelo cérebro das pessoas altamente sensíveis aparentemente não se alterou, independentemente de sua cultura. Era como se elas achassem natural olhar para além das suas expectativas culturais sobre o modo como as coisas "realmente são".

A pesquisa de Bianca Acevedo e de seus associados[37] verificou as descobertas de Jagiellowicz de que o cérebro das pessoas altamente sensíveis tende a elaborar informações sensoriais de forma mais completa. A pesquisa de Acevedo também mostrou mais ativação cerebral nas PAS do que em outras em uma área chamada ínsula, uma parte do cérebro que integra o conhecimento momento a momento de estados e emoções interiores, posição corporal e eventos externos. Alguns a chamam de sede da consciência.[38] Se estivermos mais conscientes do que está acontecendo tanto por dentro quanto por fora, essa maior ativação da ínsula seria exatamente o resultado esperado. Todas essas descobertas sugerem um processamento mais profundo no cérebro dos altamente sensíveis.

E de Excesso de estímulo

Se você notar cada pequeno detalhe em uma situação e se a situação for complicada (muitas coisas para lembrar), intensa (barulhenta, desordenada, etc.) ou se prolongar demais (um trajeto de duas horas), parece óbvio que também terá que se desgastar mais depressa por ter tanto a processar. Outros, sem perceber muito ou nada desse seu processamento detalhado, não se cansarão tão rapidamente. Talvez considerem muito estranho que você ache demais fazer turismo durante o dia e ir a uma boate à noite.

Podem falar despreocupados em momentos em que você precisa de algum tempo de silêncio só para pensar ou podem desfrutar de um restaurante "animado" ou de uma festa quando você mal consegue suportar o barulho. Na verdade, esse costuma ser o comportamento que nós e os outros mais notamos – que as PAS ficam facilmente estressadas pelo excesso de estímulos (incluindo o estímulo social), ou que, por terem aprendido a lição, evitam situações intensas mais do que outras pessoas.

Um estudo de Friederike Gerstenberg[39] na Alemanha comparou pessoas altamente sensíveis e não tão sensíveis na tarefa de decidir se um T girado de várias maneiras estava ou não escondido entre muitos Ls virados de várias maneiras na tela do computador. As PAS foram mais rápidas e precisas, mas também ficaram mais estressadas do que outros após a realização da tarefa. Foi o esforço perceptivo ou o efeito emocional de estar no experimento? Seja lá qual for o motivo, elas ficaram estressadas. Assim como um pedaço de metal demonstra estresse quando está sobrecarregado, nós também demonstramos.

Um estudo com pais altamente sensíveis descobriu que eles eram mais afetados pelo nível de caos em suas casas[40] do que aqueles sem o mesmo grau de sensibilidade. Curiosamente, as avaliações dos observadores que visitaram cada casa concordaram com os pais sensíveis, enquanto os pais menos sensíveis aparentemente não estavam experimentando tanto o caos. Talvez fossem afortunados, mas também não tivessem a mesma capacidade para ver seu ambiente com objetividade.

Alta sensibilidade, no entanto, não se relaciona basicamente com a perturbação por altos níveis de estímulos, como alguns sugeriram, embora isso possa acontecer quando precisamos encarar coisas demais. Tenha cuidado para não confundir ser PAS com alguma condição problemática: o desconforto sensorial pode ser um sinal de algum transtorno devido a problemas com o processamento sensorial, e não necessariamente um indicativo de que a pessoa tem um processamento sensorial excepcionalmente bom. Por exemplo, às vezes indivíduos com transtornos do espectro autista[41] se queixam de sobrecarga sensorial, mas em outras ocasiões eles sub-reagem. O problema deles parece ser uma dificuldade em reconhecer onde focar a atenção e o que ignorar. Ao falar com alguém, podem achar que olhar para o rosto da pessoa não é mais importante que olhar para um desenho no chão ou para o tipo de lâmpada acima deles. É natural que reclamem intensamente de serem oprimidos pelo estímulo. Podem até estar mais atentos às sutilezas, mas nas situações sociais, em particular, com frequência reparam em algo irrelevante, ao passo que as PAS estariam prestando mais atenção nas expressões faciais sutis – pelo menos quando não estão hiperexcitadas. Aqueles com autismo de alto desempenho podem treinar para prestar atenção nas deixas sociais, mas aparentemente precisam fazer um grande esforço, enquanto as PAS notam deixas sociais sutis com facilidade e em geral se divertem, mesmo que se cansem depois de um tempo de fazer isso tão bem. No entanto, a compreensão do espectro do autismo sofre mudanças constantes, por isso pode haver mudanças na forma como ele é visto. Sabemos, porém, que o cérebro funciona de maneira diferente nas PAS e naqueles com transtornos do espectro do autismo. Ser altamente sensível e estar dentro do espectro são coisas diferentes. É claro que qualquer pessoa com um distúrbio ou outras condições cerebrais, como TDAH, esquizofrenia, transtorno de estresse pós-traumático ou mesmo síndrome de Down, também terá características de temperamento que possivelmente incluirão a alta sensibilidade. Mas a alta sensibilidade não é uma variação de nenhuma delas.

O que toda essa conversa sobre o excesso de estímulos significa para você? Ser facilmente sobrecarregado por estímulos é a única parte negativa do PEES, e é algo que pode ser resolvido com facilidade, mediante um tempo de inatividade maior do que aquele necessário para outras pessoas, para que você possa processar tudo que absorveu, e evitando ao máximo situações que envolvam altos níveis de estimulação. Este livro vai ajudá-lo nisso.

E (o segundo) de Emotividade

Dados de levantamentos e de experimentos[42] já mostraram algumas evidências de que as PAS apresentam mais reações tanto às experiências positivas quanto às negativas, mas uma série de estudos feitos por Jadzia Jagiellowicz[43] e colegas constatou que, quando se trata de imagens com "valência positiva", as PAS, particularmente, reagem mais do que aquelas sem o traço. Isso se mostrava ainda mais verdadeiro quando a infância delas tinha sido boa. Em estudos do cérebro feitos por Bianca Acevedo,[44] essa reação a imagens positivas não se dava apenas nas áreas associadas à experiência inicial de emoções fortes,[45] mas também em áreas "superiores" do pensamento e da percepção, algumas das quais encontradas nos estudos de profundidade de processamento do cérebro. O fato de essa reação mais forte a imagens positivas ser reforçada por uma boa infância se encaixa com a pesquisa sobre suscetibilidade diferencial e explica por que PAS em bons ambientes estão se beneficiando mais do que outros – elas percebem e reagem mais a momentos como um sorriso ou um aceno de cabeça de um pai ou de um professor (ou de um empregador ou de um amigo, quando adultos).

O "E" também é de empatia. No estudo de Bianca Acevedo e seus associados[46] que mencionei anteriormente, PAS e outras pessoas não tão sensíveis olharam fotos de desconhecidos e de entes queridos expressando felicidade, tristeza ou um sentimento neutro. Em todas as situações, quando havia emoção na foto, as PAS demonstraram maior ativação na ínsula, mas também mais atividade em seu sistema de neurônios-espelho, especialmente ao olhar para os rostos felizes de entes queridos.

Os neurônios-espelho do cérebro[47] só foram descobertos nos últimos vinte anos aproximadamente, a princípio em macacos. Quando nós, humanos, observamos alguém fazer ou sentir algo, esse aglomerado de neurônios se acende da mesma maneira que alguns dos neurônios da pessoa que observamos. Por exemplo, os mesmos neurônios disparam, em graus variados, quer estejamos chutando uma bola de futebol, vendo outra pessoa chutar uma bola de futebol, ouvindo o som de alguém que chuta uma bola de futebol, ouvindo ou dizendo a palavra *chute*. Esses incríveis neurônios não apenas nos ajudam a aprender por meio da imitação, mas, em conjunto com outras áreas do cérebro associadas à empatia que também apareceram nesse estudo como especialmente ativas para PAS, eles nos ajudam a conhecer as intenções dos outros e como se sentem. Em consequência, são considerados parcialmente responsáveis pela capacidade humana universal da empatia.

Em outras palavras, às vezes as PAS não apenas sabem como outra pessoa se sente, mas chegam, até certo ponto, a sentir o mesmo. Isso é muito comum em pessoas sensíveis. O rosto triste de *uma pessoa qualquer* tendia a gerar mais atividade nessas áreas de neurônios-espelho nas

PAS do que nos demais. Ao ver fotos de entes queridos infelizes, as PAS também apresentaram ativação em áreas que sugeriam que elas queriam fazer algo, agir, ainda maior do que naquelas áreas que envolvem empatia (talvez aprendamos a esfriar nossa empatia intensa para ajudar). Em geral, a ativação do cérebro indicando empatia foi mais forte em PAS do que naqueles sem o traço ao olhar para fotos do rosto de *uma pessoa qualquer* mostrando forte emoção de *qualquer* tipo (e maior ainda quando se tratava de pessoas próximas, e não de estranhos), reagindo mais para expressões felizes do que para as infelizes.

É um equívoco comum achar que as emoções nos levam a pensar de maneira ilógica. Mas a pesquisa, revisada pelo psicólogo Roy Baumeister e por seus colegas,[48] colocou a emoção no centro da sabedoria. Um dos motivos para isso é que a maior parte das emoções é sentida após um acontecimento, o que aparentemente serve para nos ajudar a lembrar o que houve e aprender. Quanto mais abalados nos sentimos por um erro, mais pensamos no assunto, sendo capazes de evitá-lo na próxima ocasião. Quanto mais satisfeitos ficamos com um sucesso, mais pensamos e falamos sobre o assunto, examinando como o conseguimos, tornando-nos mais propensos a repeti-lo.

Outros estudos abordados por Baumeister que exploram a contribuição da emoção para o pensamento claro descobriram que, a menos que as pessoas tenham alguma razão emocional para aprender algo, elas não aprendem muito bem ou não aprendem nada. É por isso que se aplicam provas – para motivar os alunos a sentir a emoção de uma boa nota ou a angústia de uma nota ruim; e descobrimos que as PAS são muito mais afetadas pelos resultados desses exames.[49] Essa é uma das razões pelas quais é mais fácil aprender uma língua estrangeira no país onde ela é falada – somos altamente motivados para nos virarmos, para responder quando falam conosco e, de modo geral, para não parecermos bobos.

A partir dessa perspectiva sobre as emoções, pareceria quase impossível para uma PAS processar as coisas profundamente sem ter reações emocionais mais fortes para motivá-las. E lembre-se: quando as PAS reagem mais, é tanto quanto ou mais às emoções positivas, como curiosidade, antecipação do sucesso (usando aquele atalho que os outros desconhecem), um desejo agradável por algo, satisfação, alegria e contentamento. Pode ser que todos reajam com intensidade a situações negativas, mas talvez as PAS tenham evoluído para saborear de maneira especial um bom resultado e compreender melhor do que os outros como fazer para que ele aconteça. Imagino que, ao visualizarmos a felicidade que nos trará uma bela festa de aniversário, consigamos planejá-la particularmente bem. Pense por um momento nas formas como suas emoções relativamente mais intensas o ajudaram. Sei de uma: reagir antes dos outros de forma apropriada à situação, como chorar em uma missa de sétimo dia, o transforma em um "líder emocional".

S de Sentir a sutileza

A maioria dos estudos já citados exigia a percepção de sutilezas. É com frequência aquilo que, pessoalmente, costumamos perceber melhor – aquelas coisinhas em que reparamos e que são ignoradas pelos outros. Por causa disso e devido ao fato de ter chamado essa característica de "alta sensibilidade", muitos pensaram que os *sentidos* estão no cerne do traço. (Para corrigir o equívoco e enfatizar o papel do processamento, usamos "sensibilidade de *processamento* sensorial" como uma designação científica, mais formal.) No entanto, esse traço não tem tanta relação com um uso extraordinário dos sentidos – existem, afinal de contas, pessoas sensíveis que veem mal ou que têm problemas de audição. Embora seja verdadeiro que algumas relatam ter um ou mais sentidos muito apurados, é possível que mesmo esses casos ocorram em função de um processamento sensorial das informações mais cuidadoso, e não por haver algo de excepcional nos olhos, no nariz, na pele ou nas papilas gustativas dessas pessoas. Mais uma vez, as áreas do cérebro mais ativas quando pessoas sensíveis usam a percepção são aquelas que fazem o processamento mais complexo da informação sensorial – nem tanto as áreas que reconhecem as letras do alfabeto pela forma, nem as áreas que fazem a leitura, mas, sim, aquelas que captam o significado sutil das palavras.

Nossa percepção das sutilezas é útil de infinitas formas, desde um simples prazer na vida até criar uma estratégia para uma reação baseada no que captamos das deixas não verbais dos outros (deixas que eles às vezes não fazem a mínima ideia de que estão deixando escapar) sobre seu estado de espírito ou sua confiabilidade. É claro que, quando estamos exaustos, podemos deixar de perceber qualquer coisa, sutil ou grosseira, além da nossa necessidade de fazer uma pausa.

Pesquisas recentes sobre assuntos importantes

Criatividade, deslumbramento, regulação de emoções intensas

Talvez você se interesse em saber que um estudo finalmente demonstrou que somos mais criativos[50] do que aqueles sem o nosso traço, pelo menos segundo alguns critérios. Há também evidências de que a criatividade (como a profundidade de processamento) é conduzida pelas emoções,[51] intensas e sutis, tanto negativas[52] quanto positivas. Além disso, há uma forte relação entre ser uma PAS e ter sentimentos de deslumbramento,[53] uma emoção muito intensa que pode aumentar o prazer e o significado na vida, mas que também pode ser opressiva.

Isso nos leva à regulação emocional – ter a emoção certa na hora certa na quantidade certa. (Isso não é a mesma coisa que aprender a ser insípido. A alegria, a energia criativa ou o deslumbramento com intensidade na hora certa e no lugar certo *podem ser* a quantidade certa.) Muitos estudos mostram as PAS com dificuldades para lidar com as emoções (com a ansiedade, em particular) – especialmente, como disse antes, as que tiveram uma infância difícil. No entanto, as emoções negativas são diminuídas em grande medida pelas qualidades ou habilidades da personalidade, que costumam ser rotuladas em conjunto como parte do traço de atenção plena:[54] não reatividade, não julgamento, aceitação, capacidade de descrever sentimentos e de agir com consciência. A ansiedade é menor em PAS com esse traço, principalmente quando temos a qualidade da aceitação.

O tema da aceitação do que você sente no momento nos leva a outro estudo sobre regulação emocional e PAS.[55] (Dois dos quatro autores foram também autores do estudo da característica da atenção plena mencionado anteriormente.) Mais uma vez, o estudo descobriu que tínhamos mais depressão, ansiedade e coisas do gênero, mas que o mais importante era como regulávamos essas emoções. Temos algumas habilidades importantes, como saber o que sentimos, mas precisamos melhorar outras. Assim como acontece com o traço de atenção plena, no topo da lista se encontra a aceitação de seus sentimentos. Outras características da lista incluem não sentir vergonha deles; acreditar que você consegue lidar com eles tão bem quanto os outros; confiar que seus sentimentos não durarão para sempre, como às vezes nos parece; e supor que há esperança.

Há uma emoção que muitas PAS parecem ter que não pode ser regulada pelo aprimoramento das atitudes que acabamos de mencionar. É a depressão que ocorre quando há menos sol, no inverno ou em áreas sujeitas a tempo nublado ou chuvoso. Descobri em uma pesquisa anterior – e agora isso também foi constatado por outros pesquisadores – que muitas PAS apresentam o Transtorno Afetivo Sazonal.[56] Isso não quer dizer que toda PAS tem o problema; é apenas um pouco mais comum entre nós. Mas, se você tem esse transtorno, não há motivos para se preocupar. Existem tratamentos, em geral uma terapia de luz com uma lâmpada, mas você precisa usar o tipo certo pelo tempo certo e ser consistente. Pode se informar mais sobre o assunto com um profissional experiente.

Pesquisa sobre PAS nos relacionamentos

Escrevi bastante sobre nossos relacionamentos neste livro e em *The Highly Sensitive Person in Love* (A pessoa altamente sensível apaixonada). Gostaria que houvesse mais pesquisas sobre o assunto, mas existem algumas. O primeiro estudo começa com a ideia de que você processa as informações com mais profundidade e por esse motivo pode preferir fazer isso em suas conversas com pessoas com quem tem intimidade. Em 2010, meu marido, eu e mais um grupo de pessoas investigamos se parceiros altamente sensíveis em um relacionamento ficariam de fato mais entediados[57] quando "desejavam que a conversa fosse mais profunda ou tivesse mais significado pessoal".[58] Isso foi especialmente verdadeiro se eles respondiam de forma afirmativa quando indagados se gostavam de "passar um tempo refletindo ou pensando sobre o significado da sua experiência". Os resultados foram mais fortes para mulheres altamente sensíveis, mas significativos para ambos os sexos. Curiosamente, não relataram menos satisfação com seu relacionamento do que aqueles sem essa característica (e sem esse problema), mesmo tendo indicado que se entediavam assim. Também foi interessante que, em geral, as pessoas ficam mais felizes quando têm mais conversas significativas. Portanto, vá em frente e busque o que deseja. O que é bom para as PAS geralmente é bom para todos.

Conduzi o segundo estudo ao escrever *The Highly Sensitive Person in Love*. Foi uma pesquisa anônima sobre "Temperamento e sexualidade", usando uma mala direta de um boletim informativo para cerca de 600 PAS. Elas foram convidadas a responder à pesquisa e devolvê-la no envelope fornecido, e também a pedir a alguém que considerassem não muito sensível que respondesse à pesquisa e a devolvesse separadamente. Recebemos de volta 308 questionários de mulheres e 135 de homens. Você pode ler todos os resultados naquele livro, mas aqui está uma amostra: as PAS se mostraram mais propensas a ver o sexo como tendo uma qualidade de mistério ou de poder; a ter dificuldades para retornar abruptamente às atividades normais após o sexo; e a se sentir menos excitadas do que outros por deixas sexuais fortes e explícitas. Os dois itens a seguir se aplicaram a todas as PAS, em especial aos homens: "Gostar de que as coisas sejam iguais todas as vezes em que faz sexo" e "Não apreciar particularmente grandes variações nas atividades sexuais".

Por outro lado, as PAS não eram diferentes quanto: ao número de parceiros sexuais com quem viviam; à duração do evento sexual mais recente; ao sexo como uma das partes mais satisfatórias da vida; à preferência por ser ativo e decidir o que o par fará; à frequência de orgasmos e masturbações. A sexualidade das PAS não foi afetada mais do que a dos demais por problemas físicos ou emocionais, ou por medicamentos. As PAS não relataram disfunção sexual nem abuso sexual com mais frequência do que os outros, e, se sofriam abusos, essas experiências afetavam sua vida sexual mais do que a dos outros.

Em comparação com outras mulheres, as altamente sensíveis eram menos propensas a associar sexo aos sentimentos de tristeza, medo ou temor e mais propensas a associá-lo ao sentimento de ser amada. Elas também consideravam mais o impacto de um relacionamento sexual sobre a outra pessoa; eram mais cautelosas em relação a doenças sexualmente transmissíveis ou gravidez; precisavam sentir amor por um parceiro para apreciar o sexo; e eram menos capazes de fazer sexo sem compromisso. Para mim, a primeira frase é explicada pela segunda e pela nossa escolha de fazer uma pausa para verificar antes de seguir em frente – na sexualidade bem como em outras áreas da vida.

PAS parecem gostar mais da sexualidade, mas se envolvem menos nela, talvez porque a sexualidade, como fonte de estimulação geral, seja em potencial uma fonte de hiperexcitação em uma vida já tão cheia de estímulos.

Espero que essas informações sejam úteis para alguns de vocês. Entender seu estilo nessa área talvez o ajude a expressar seus desejos para alguém que não seja muito sensível sem que você se sinta uma pessoa "esquisita".

Um terceiro estudo relevante, especificamente para relacionamentos, é a pesquisa que já descrevi e que descobriu que as PAS apresentam mais ativação em áreas do cérebro associadas a maiores níveis de empatia.

Parentalidade

Meu marido e eu estávamos interessados em saber como as PAS vivenciam a experiência da criação dos filhos.[59] Então, em uma pesquisa on-line, fizemos a mais de mil delas uma série de perguntas que abrangiam três áreas. A primeira tratava do relacionamento com sua contraparte (por exemplo, "Meu parceiro acha que sou uma boa mãe"; "Meu parceiro é um bom pai"; "Ter um filho criou dificuldades em nosso relacionamento".) A boa-nova aqui é que pais com alta sensibilidade não relataram mais dificuldades nos relacionamentos do que aqueles sem o traço.

A segunda área indagava sobre o grau de dificuldade sentido por eles na criação de filhos (por exemplo, "Os dias são cheios de aborrecimentos"; "Não tenho tempo suficiente para mim"; "Lamento ter tido um filho"). A terceira perguntava como se sentiam sintonizados com os filhos. ("Sei do que meu filho precisa antes mesmo que ele se manifeste"; "Fico calmo com meu filho, não importa o que aconteça"; "Um dos meus pontos fortes é a criatividade que emprego na criação dos filhos"). As mães altamente sensíveis relataram mais dificuldades parentais e mais sintonia com seus filhos, enquanto os pais altamente sensíveis tiveram uma pontuação significativamente mais alta apenas na sintonia com os filhos – talvez por passarem menos tempo com eles. (Esses resultados não foram afetados pelo nível de estresse dos pais fora de casa, sua educação, seu estado civil, sua idade ou a idade dos filhos.)

Parece óbvio que, para que os pais altamente sensíveis possam usar as vantagens de seu traço, como a sintonia, é preciso controlar a parte excessivamente estimulante da parentalidade, e meu livro *The Highly Sensitive Parent* (Pais altamente sensíveis)[60] visa ajudá-los nesse processo tanto quanto possível. Em particular, recomendo a esses pais que não tentem "seguir sozinhos", como alguns vêm fazendo. Eles precisam de alguma forma de ajuda para serem os melhores pais possíveis, em especial quando os filhos são pequenos.

As evidências de que os pais altamente sensíveis precisam de ajuda vão se acumular conforme aumentam as pesquisas sobre o esgotamento dos pais em geral. Pais altamente sensíveis são considerados particularmente suscetíveis. Um estudo, já mencionado, descobriu que esses pais são mais afetados pelo caos em suas casas. Ainda mais revelador é um estudo de estilos parentais de PAS a partir de autorrelatos,[61] que descobriu que, dos três estilos aferidos – autoritário, permissivo e autoritativo –, eles eram mais propensos a exibir os dois primeiros, que são considerados menos desejáveis do que o estilo autoritativo, firme mas gentil. Os autores do estudo chegaram à conclusão de que os pais altamente sensíveis provavelmente estavam tentando controlar a estimulação causada pelo comportamento dos filhos (em especial, o comportamento não controlado, como acessos de raiva ou ruído caótico, mas também conversas ou discussões constantes) usando um estilo autoritário ou rígido, ou então apenas deixando as crianças sem supervisão, usando um estilo permissivo. Um estudo feito a partir de entrevistas[62] com quatro mães altamente sensíveis pareceu confirmar esse padrão.

Por fim, em um estudo daqueles que criam filhos com transtornos do espectro autista,[63] pais altamente sensíveis não tiveram mais dificuldades do que os demais, exceto quando achavam que as decisões que tinham que tomar eram difíceis demais. Isso é interessante porque a dificuldade na tomada de decisões é resultado da profundidade de processamento, e os pais no estudo relataram que uma das grandes dificuldades que enfrentavam era o grande número de decisões a tomar relacionadas à criação dos filhos.

PAS e trabalho

Trabalho e carreira são temas abordados neste livro, mas aqui estão pesquisas publicadas sobre o assunto desde a sua publicação. Um estudo feito por Bhavini Shrivastava[64] com PAS em uma empresa de tecnologia da informação na Índia descobriu que elas se sentiam mais estressadas do que outros por conta do ambiente de trabalho, mas na verdade eram consideradas mais produtivas por seus gestores. Maike Andresen e seus colaboradores[65] do Departamento de Gestão de Recursos Humanos da Universidade de Bamberg, na Alemanha, estudaram como ser uma PAS afetava as "intenções de rotatividade" (seja dela de se demitir ou da empresa de "deixá-la ir") dos empregados que trabalhavam no exterior. Descobriram que as PAS eram enviadas com mais frequência ao exterior em tarefas importantes, mas pontuavam mais alto nas medidas de intenção de rotatividade, sendo o estresse o principal motivo. Como as organizações enviavam um número excepcionalmente alto de PAS para esses postos, parecia que achavam que as PAS eram especialmente adequadas para esse tipo de trabalho (com sua empatia, seus escrúpulos, etc.). Daí concluiu-se que mais preparação e apoio para ajudá-las a lidar com o estresse permitiriam que fossem retidas nessas funções.

A pesquisa sobre aqueles com a intenção e a percepção sobre a sua capacidade de abrir um negócio próprio (intenção empreendedora) tende a identificar um tipo "heroico", extrovertido e não muito sensível. No entanto, as PAS também demonstraram ter forte intenção empreendedora,[66] sendo hábeis em reconhecer oportunidades (profundidade de processamento, consciência de estímulos sutis, criatividade, etc.) e motivadas para trabalhar por conta própria e gerenciar sua energia e seus recursos – algo que abordo no capítulo sobre trabalho.

Por fim, John Hughes, CIO interino e autor de livros sobre práticas recomendadas para CEOs, escreveu sobre o que leva as PAS a serem líderes excepcionais.[67] Primeiro, elas percebem o que os outros não notam, tendo uma noção maior do que está acontecendo com sua equipe. Segundo, preferem analisar mais do que apenas agir, muitas vezes recuando para deixar que outros na equipe recebam os louros. Terceiro, e mais importante, elas desempenham o que costumamos chamar de "liderança ressonante", obtendo uma "sensação" do que está acontecendo, frequentemente não verbal, e exercendo a liderança com compreensão e empatia. Líderes assim tendem a "dizer e a fazer as coisas certas no momento certo. Não é por sorte nem por mágica; é sua capacidade inata de sentir em profundidade, de analisar amplamente e de ponderar com paciência sobre as palavras e os gestos certos para aquele momento".

Cada pessoa altamente sensível é diferente, e diferente em momentos diferentes

O uso da sigla PEES é uma forma maravilhosa de fixar os quatro pilares para entender a alta sensibilidade, assim como a pesquisa sobre como é a PAS típica em várias medidas ou em diferentes situações, ou mesmo os estudos sobre o funcionamento do cérebro. Mas você é único, não é idêntico a uma descrição geral nem se assemelha a uma pessoa dentro de uma média estatística – algo que na verdade é inexistente. (Já viu uma família com 2,12 filhos?) Você sabe que também se diferencia de um momento para outro. Por exemplo, dependendo de como está se sentindo, você pode não refletir antes de agir nem perceber as sutilezas tanto quanto aqueles ao seu redor que não têm o traço. As PAS também diferem enormemente umas das outras. Temos outras características, histórias diversas, somos simplesmente diferentes. Em nosso entusiasmo por nos identificarmos como um grupo – mesmo como uma minoria incompreendida (espero que nem tanto assim) –, não devemos nos esquecer de que não somos idênticos de forma alguma. Em particular, não somos todos, nem todo o tempo, pessoas conscientes, conscienciosas e maravilhosas!

Pegue a faceta E (excessivamente estimulada com facilidade). Dois tipos de pessoa sensível podem se comportar de maneira bem diferente quando incomodados por ruídos altos ou por pessoas grosseiras e desagradáveis. Um tipo talvez reclame em raras ocasiões ou não demonstre se sentir incomodado por essas coisas porque evita essas situações ou sai delas silenciosamente. Esses indivíduos, por exemplo, simplesmente não permaneceriam em um emprego se nele houvesse aborrecimentos constantes. Eles escapariam para outro local de trabalho, se tornariam autônomos ou tolerariam em silêncio os dissabores enquanto elaboravam estratégias para corrigi-los. Outro tipo de PAS, geralmente com um passado mais estressante, se sentirá mais vitimizado e contrariado e, ao mesmo tempo, será menos capaz de se colocar nos ambientes certos e evitar os errados. Talvez pessoas assim sintam que se deve agradar aos outros ou provar algo para eles. No local de trabalho, talvez não deixem um emprego até que aconteça uma crise que faça com que todos os colegas saibam do seu "excesso de sensibilidade". PAS assim costumam ser aquelas em quem os outros reparam, sem imaginar que tipos tranquilos, criativos e empáticos também são PAS.

Pensamentos finais

Estudar a alta sensibilidade tem sido uma jornada incrível para mim. Como disse no início desta nota, comecei apenas por interesse pessoal no assunto. Depois, por ter formação científica em psicologia, fiz algumas entrevistas, ainda curiosa a respeito. Então, como gosto de dizer, descobri que estava andando por uma rua e um desfile começou a se formar atrás de mim, um desfile de pessoas que eram altamente sensíveis e que nunca tinham ouvido o termo antes. Por enquanto, não somos apenas uma minoria; somos uma minoria invisível. Alguns de nós respondem "verdadeiro" a todas as perguntas do teste encontrado no início deste livro. Mas outros respondem "falso" a todas elas. São também invisíveis e vivemos entre eles.

É claro que não somos totalmente invisíveis. Para os outros, nosso "problema" mais óbvio é que "reagimos de forma exagerada" em comparação com os demais – o primeiro E, de excesso de estímulos, e o segundo E, de reações emocionais mais fortes. Mas, como somos uma minoria, é claro que não estamos reagindo como a maioria. Foram os dois Es, mais perceptíveis, que fizeram parecer a nós e aos outros que tínhamos um defeito. Além disso, como aprendemos com a suscetibilidade diferencial, as PAS com um passado conturbado têm menos controle sobre suas reações. Assim, o traço se torna associado a pessoas com dificuldades, parecendo ser até mesmo um transtorno nesses casos.

As poucas coisas observáveis que fazemos que indicariam P e S, profundidade de processamento e consciência das sutilezas, podem ser facilmente negligenciadas ou mal compreendidas. Por exemplo, se somos vistos demorando antes de entrar em uma situação ou de tomar uma decisão, isso pode parecer, de novo, algo diferente, um problema em potencial e, portanto, um defeito. É fácil ignorar como essas decisões podem ser boas quando finalmente são tomadas. Além disso, esse tipo de lentidão pode ser causado por muitas coisas além da sensibilidade, como o medo ou até mesmo por pouca inteligência. É o que está acontecendo por dentro, fora da vista, que separa com mais clareza a minoria altamente sensível dos outros. Temos que agradecer às pesquisas do cérebro que demonstram essas diferenças e aos estudos que encontraram vantagens na alta sensibilidade. Obrigada a todos vocês que deram um passo à frente e disseram: "Sim, é isso que acontece dentro de mim também. Mesmo que as outras pessoas não consigam enxergar."

Hoje em dia, depois de 25 anos, aqueles que não possuem esse traço de personalidade o compreendem melhor. Espero que este livro os ajude a saber ainda mais e a perceber que não queremos ser vistos como melhores do que os outros, mas com certeza não queremos ser considerados piores. Podemos fazer isso. Estamos fazendo isso. Vamos comemorar!

AGRADECIMENTOS

Desejo fazer um agradecimento especial a todas as pessoas altamente sensíveis que entrevistei. Foram as primeiras que se apresentaram e falaram sobre o que sabiam sobre si havia muito tempo, na intimidade, deixando de ser indivíduos isolados e se transformando em um grupo a ser respeitado. Agradeço também àqueles que frequentaram meus cursos ou que me procuraram para consultas ou psicoterapia. Cada palavra deste livro reflete o que me ensinaram.

Meus alunos assistentes de pesquisa – numerosos demais para serem mencionados pelos nomes – também merecem muitos agradecimentos, assim como Barbara Kouts, minha agente, e Bruce Shostak, meu editor na Carol, pelo esforço para garantir que este livro alcançasse a todos. Barbara encontrou um editor com visão. Bruce deixou o manuscrito redondo, controlando-me nos lugares certos, mas me deixando livre para levá-lo até onde queria chegar.

É difícil encontrar palavras para Art, meu marido. Mas aqui estão algumas: amigo, colega, apoiador, amado – obrigada, com todo o meu amor.

NOTAS

CAPÍTULO 1

1. STRELAU, J. "The concepts of arousal and arousability as used in temperament studies". In: BATES, J.; WACHS, T. (eds.). *Temperament: individual differences.* Washington, D.C.: American Psychological Association, 1994. pp. 117-41.

2. PLOMIN, R. *Development, genetics and psychology.* Hillsdale: Erlbaum, 1986.

3. EDMUND, G.; SCHALLING, D.; RISSLER, A. "Interaction effects of extraversion and neuroticism on direct thresholds". *Biological Psychology*, vol. 9, 1979.

4. STELMACK, R. "Biological bases of extraversion: Psychophysiological evidence". *Journal of Personality*, vol. 58, pp. 293-311, 1990.

5. Quando não há referências, trata-se de uma conclusão decorrente de meus estudos. Quando dou referências de estudos sobre introversão ou timidez, presume-se que a maioria dos sujeitos era de PAS.

6. KOELEGA, G. "Extraversion and vigilance performance: thirty years of inconsistencies". *Psychological Bulletin*, vol. 112, pp. 239-58, 1992.

7. KOCHANSKA, G. "Toward a synthesis of parental socialization and child temperament in early development of conscience". *Child Development*, vol. 64, pp. 325-47, 1993.

8. DAOUSSIS, L.; MCKELVIE, S. "Musical preferences and effects of music on a reading comprehension test for extraverts and introverts". *Perceptual and Motor Skills*, vol. 62, pp. 283-89, 1986.

9. MANGAN, G.; STURROCK, R. "Lability and recall". *Personality and Individual Differences*, vol. 9, pp. 519-23, 1988.

10. HOWARTH, E; EYSENCK, H. "Extraversion arousal and paired associate recall". *Journal of Experimental Research in Personality*, vol. 3, pp. 114-16, 1968.

11. DAVIS, L.; JOHNSON, P. "An assessment of conscious content as related to introversion-extraversion". *Imagination, Cognition and Personality*, vol. 3, pp. 149-68, 1983.

12. DEO, P.; SINGH, A. "Some personality correlates of learning without awareness". *Behaviorometric*, vol. 3, pp. 11-21, 1973.

13. OHRMAN, M.; OXFORD, R. "Adult language learning styles and strategies in an intensive training setting". *Modern Language Journal*, vol. 74, pp. 311-27, 1990.

14. PIVIK, R.; STELMACK, R.; BYLSMA, F. "Personality and individual differences in spinal motoneuronal excitability". *Psychophysiology*, vol. 25, pp. 16-23, 1988.

15. Ibid.

16. REVELLE, W.; HUMPHREYS, M.; SIMON, L.; GILLIAN, K. "The interactive effect of personality, time of day, and caffeine: A test of the arousal model". *Journal of Experimental Psychology General*, vol. 109, pp. 1-31, 1980.

17. SMITH, B.; WILSON, R.; DAVIDSON, R. "Electrodermal activity and extraversion: Caffeine, preparatory signal and stimulus intensity effects". *Personality and Individual Differences*, vol. 5, pp. 59-65, 1984.

18. CALKINS, S.; FOX, N. "Individual differences in the biological aspects of temperament". In: BATES, E.; WACHS, D. (eds.). *Temperament: individual differences at the interface of biology and behavior*. Washington, D.C.: American Psychological Association, 1994. pp. 199-217.

19. ARCUS, D. "Biological mechanisms and personality: evidence from shy children". *Advances: The Journal of Mind-Body Health*, vol. 10, pp. 40-50, 1994.

20. STELMACK. "Biological bases". pp. 293-311.

21. LARSEN, R.; KETELAAR, T. "Susceptibility to positive and negative emotional states". *Journal of Personality and Social Psychology*, vol. 61, pp. 132-40, 1991.

22. DANIELS, D.; PLOMIN, R. "Origins of individual differences in infant shyness". *Developmental Psychology*, vol. 21, pp. 118-21, 1985.

23. KAGAN, J.; REZNICK, J.; SNIDMAN, N. "Biological bases of childhood shyness". *Science*, vol. 240, pp. 167-71, 1988.

24. HIGLEY, J.; SUOMI, S. "Temperamental reactivity in non-human primates". In: KOHNSTAMM, G.; BATES, J.; ROTHBART, M. (eds.). *Temperament in childhood*. Nova Jersey: John Wiley & Sons, 1989. pp. 153-67.

25. WACHS, T.; KING, B. "Behavioral research in the brave new world of neuroscience and temperament". In: BATES, J.; WACHS, T. (eds.). *Temperament: individual differences*. Washington, D.C.: American Psychological Association, 1994. pp. 326-27.

26. MEAD, M. *Sexo e temperamento*. São Paulo: Perspectiva, 1969.

27. KOHNSTAMM, G. "Temperament in childhood: Cross-cultural and sex differences". In: KOHNSTAMM, G.; BATES, J. E.; ROTHBART, M. K. (eds.). *Temperament in childhood*. Nova Jersey: John Wiley & Sons, 1989. p. 483.

28. CHEN, X.; RUBIN, K. H.; SUN, Y. "Social reputation e peer relationships in Chinese and Canadian children: a cross-cultural study". *Child Development*, vol. 63, pp. 336-43, 1992.

29. ZUMBO, B.; TAYLOR, S. "The construct validity of the extraversion subscales of the Myers-Briggs type indicator". *Canadian Journal of Behavioral Science*, vol. 25, pp. 590-604, 1993.

30. NAGANE, M. "Development of psychological and physiological sensitivity indices to stress based on state anxiety and heart rate". *Perceptual and Motor Skills*, vol. 70, pp. 611-14, 1990.

31. NAKANO, K. "Role of personality characteristics in coping behaviors". *Psychological Reports*, vol. 71, pp. 687-90, 1992.

32. Ver EISLER, Riane. *O cálice e a espada: nossa história, nosso futuro*. Rio de Janeiro: Imago, 1989; EISLER, Riane. *O prazer sagrado: sexo, mito e a política do corpo*. Rio de Janeiro: Rocco, 1996.

CAPÍTULO 2

1. WEISSBLUTH, M. "Sleep-loss stress and temperamental difficultness: Psychobiological processes and practical considerations". In: KOHNSTAMM, G.; BATES, J. E.; ROTHBART, M. K. (eds.). *Temperament in childhood*. Nova Jersey: John Wiley & Sons, 1989. pp. 357-77.

2. Ibid., pp. 370-71.

3. MAIN, M.; KAPLAN, N.; CASSIDT, J. "Security in infancy, childhood, and adulthood: a move to the level of representation". In: BRETHERTON, I.; WATERS, E. (eds.). *Growing points of attachment theory and research. Monographs of the society for research in child development*. Chicago: University of Chicago Press, 1985. pp. 66-104.

4. KAGAN, J. *Galen's prophecy*. Nova York: Basic Books, 1994.

5. Ibid., pp. 170-207.

6. CALKINS, S.; FOX, N. "Individual differences in the biological aspects". In: BATES, E.; WACHS, D. (eds.). *Temperament: individual differences at the interface of biology and behavior*. Washington, D.C.: American Psychological Association, 1994. pp. 199-217.

7. NELSON, Charles A. In: BATES, E.; WACHS, D. (eds.). *Temperament: individual differences at the interface of biology and behavior*. Washington, D.C.: American Psychological Association, 1994. pp. 47-82.

8. METTETAL, G. "A Preliminary report on the IUSB parent project" (trabalho apresentado na reunião anual da Rede Internacional de Relacionamentos Pessoais, maio 1991).

9. ROTHBART, M.; DERRYBERRY, D.; POSNER, M. "A psychobiological approach to the development of temperament". In: BATES, E.; WACHS, D. (eds.). *Temperament: individual differences at the interface of biology and behavior*. Washington, D.C.: American Psychological Association, 1994. pp. 83-116.

10. GUNNAR, M. "Psychoendocrine studies of temperament and stress in early childhood". In: BATES, E.; WACHS, D. (eds.). *Temperament: individual differences at the interface of biology and behavior*. Washington, D.C.: American Psychological Association, 1994. pp. 175-98.

11. NACHMIAS, M. "Maternal personality relations with toddler's attachment classification, use of coping strategies, and adrenocortical stress response" (trabalho apresentado no 60º encontro anual da Sociedade para a Pesquisa do Desenvolvimento Infantil, Nova Orleans, março de 1993).

12. WEISSBLUTH. "Sleep-loss stress". p. 360.

13. Ibid., p. 367.

14. CANN, R.; DONDERI, D. C. "Jungian personality typology and the recall of everyday and archetypal dreams". *Journal of Personality and Social Psychology*, vol. 50, pp. 1.021-30, 1988.

15. JUNG, C. G. *Freud e a psicanálise*. Petrópolis: Vozes, 2007.

16. Ibid.

17. JUNG, C. G. *Tipos psicológicos. Obras completas de C. G. Jung*, vol. 6, Petrópolis: Vozes, 2013.

18. Ibid.

CAPÍTULO 3

1. STERN, D. *Diary of a baby*. Nova York: Basic Books, 1990. p. 31.
2. Ibid., p. 37.
3. Ibid., p. 18.
4. BELL, S.; AINSWORTH, M. "Infant crying and maternal responsiveness". *Children Development*, vol. 43, pp. 1.171-90, 1972.
5. BOWLBY, J. *Apego e perda*. São Paulo: Martins Fontes, 2004.
6. JOSSELSON, R. *The space between us: exploring the dimensions of human relationships*. São Francisco: Jossey-Bass, 1992. p. 35.
7. ADLER. T. "Speed of sleep's arrival signals sleep deprivation". *The American Psychological Association Monitor*, vol. 24, p. 20, 1993.
8. JEVNING, R.; WILSON, A.; DAVIDSON, J. "Adrenocortical activity during meditation". *Hormones and Behavior*, vol. 10, pp. 54-60, 1978.
9. SMITH, B. D.; WILSON, R. J.; DAVIDSON, R. *Electrodermal activity and extraversion*, vol. 5, n. 1, pp. 59-65, 1984.

CAPÍTULO 4

1. GOLDSMITH, H.; BRADSHAW, D.; RIESER-DANNER, L. "Temperament as a potential developmental influence". In: LERNER, J.; LERNER, R. (eds.). *Temperament and social interaction in infants and children*. São Francisco: Jossey-Bass, 1986. p. 14.
2. STERN, D. *Diary of a baby*. Nova York: Basic Books, 1990. pp. 59-60.
3. MAIN, M.; KAPLAN, N.; CASSIDT, J. "Security in infancy, childhood, and adulthood: A move to the level of representation". In: BRETHERTON, I.; WATERS, E. (eds.). *Growing points of attachment theory and research. Monographs of the society for research in child development*. Chicago: University of Chicago Press, 1985.
4. METTETAL, G. Conversa telefônica, 30 de maio de 1993.
5. LIEBERMAN, A. *The emotional life of the toddler*. Nova York: The Free Press, 1993. pp. 116-17.
6. GUNNAR, M. "Psychoendocrine studies". In: BATES, E.; WACHS, D. (eds.). *Temperament: individual differences at the interface of biology and behavior*. Washington, D.C.: American Psychological Association, 1994. p. 191.

7. WILL, J.; SELF, P.; DATAN, N. "Maternal behavior and perceived sex of infant". *American Journal*, vol. 46, 1976, pp. 135-39.

8. HINDE, R. A. "Temperament as an intervening variable". In: KOHNSTAMM, G.; BATES, J.; ROTHBART, M. (eds.). *Temperament in childhood*. Nova Jersey: John Wiley & Sons, 1989. p. 32.

9. Ibid.

10. CAMERON, J. "Parental treatment, children's temperament, and the risk of childhood behavioral problems". *American Journal of Orthopsychiatry*, vol. 47. pp. 568- 76, 1977.

11. Ibid.

12. LIEBERMAN, A. *The emotional life of the toddler*. Nova York: The Free Press, 1993. pp. 116-17.

13. ASENDORPF, J. "Abnormal shyness in children". *Journal of Child Psychology and Psychiatry*, vol. 34, pp. 1.069-81, 1993.

14. SILVERMAN, L. "Parenting young gifted children". *Journal of Children in Contemporary Society*, vol. 18, n. 3-4, pp. 73-87, 1986.

15. Ibid.

16. CASPI, A.; BEM, D.; ELDER, G. "Continuities and consequences of interactional styles across the life course". *Journal of Personality*, vol. 57, pp. 390-92, 1989.

17. Ibid., p. 393.

CAPÍTULO 5

1. SILVERMAN, L. "Parenting young gifted children". *Journal of Children in Contemporary Society*, vol. 18, n. 3-4, p. 82, 1986.

2. GOUGH, H.; THORNE, A. "Positive, negative, and balanced shyness: Self-definitions and the reactions of others". In: JONES, W.; CHEEK, J.; BRIGGS, S. (eds.). *Shyness: perspectives on research and treatment*. Nova York: Plenum, 1986. pp. 205-25.

3. Ibid.

4. BRODT, S.; ZIMBARDO, P. "Modifying shyness-related social behavior through symptom misattribution". *Journal of Personality and Society Psychology*, vol. 41, pp. 437-49, 1981.

5. ZIMBARDO, P. *Shyness: What it is, what to do about*. Reading: Addison-Wesley, 1977.

6. BRUCH, M.; GORSKY, J.; COLLINS, T.; BERGER, P. "Shyness and sociability reexamined: a multicomponent analysis". *Journal of Personality and Social Psychology*, vol. 57, pp. 1.904-15, 1989.

7. LORD, C.; ZIMBARDO, P. "Actor-observer differences in the perceived stability of shyness". *Social Cognition*, vol. 3, pp. 250-65, 1985.

8. HOTARD, S.; MCFATTER, R.; MCWHIRTER, R.; STEGALL, M. "Interactive effects of extraversion, neuroticism, and social relationships on subjective well-being". *Journal of Personality and Social Psychology*, vol. 57, p. 321-31, 1989.

9. THORNE, A. "The press of personality: A study of conversations between introverts and extraverts". *Journal of Personality and Social Psychology*, vol. 53, pp. 718-26, 1987.

10. JUNG, C. G. *Tipos psicológicos. A obra completa de C. G. Jung*, vol. 6, Petrópolis: Vozes, 2013.

11. Ibid., p. 373-407.

12. Ibid., p. 404-5.

13. SILVERMAN, L. "Parenting young gifted children". *Journal of Children in Contemporary Society*, vol. 18, n. 3-4, p. 82, 1986.

14. KINCEL, R. "Creativity in projection and the experience type". *British Journal of Projective Psychology and Personality Study*, vol. 28, p. 36, 1983.

15. HILL, G. J. "An unwillingness to act: behavioral appropriateness, situational constraint, and self-efficacy in shyness". *Journal of Personality*, vol. 57, pp. 870-90, 1989.

CAPÍTULO 6

1. CAMPBELL, J.; MOYERS, B. *O poder do mito*. São Paulo: Palas Athena, 1990.

2. WIESENFELD, A.; WHITMAN, P.; MALATASTA, C. "Individual differences among adult women in sensitivity to infants". *Journal of Personality and Social Psychology*, vol. 40, pp. 110-24, 1984.

3. LOVECKY, D. "Can you hear the flowers sing? Issues for gifted adults". *Journal of Counseling and Development*, vol. 64, pp. 572-75, 1986. Boa parte do resto dessa seção baseia-se nas discussões de Lovecky sobre adultos superdotados.

4. CHEEK, J. *Conquering shyness*. Nova York: Dell, 1989. pp. 168-69.

CAPÍTULO 7

1. ARON, A.; PARIS, M.; ARON, E. N. "Falling in love: Prospective studies of self-concept change". *Journal of Personality and Social Psychology*, 69(6), pp. 1102–1112, 1995.

2. HAZAN, C.; SHAVER, P. "Romantic love conceptualized as an attachment process". *Journal of Personality and Social Psychology*, vol. 52, pp. 511-24, 1987.

3. ARON, A.; DUTTON, D.; IVERSON, A. "Experiences of falling in love". *Journal of Social and Personal Relationships*, vol. 6, pp. 243-57, 1989.

4. DUTTON, D.; ARON, A. "Some evidence for heightened sexual attraction under conditions of high anxiety". *Journal of Personality and Social Psychology*, vol. 30, pp. 510-17, 1974.

5. WHITE, G.; FISHBEIN, S.; RUTSTEIN, J. "Passionate love and misattribution of arousal". *Journal of Personality and Social Psychology*, vol. 41, pp. 56-62, 1981.

6. WALSTER, E. "The effect of self-esteem on romantic liking". *Journal of Experimental Social Psychology*, vol. 1, pp. 184-97, 1965.

7. ARON et al. *Prospective studies*.

8. TAYLOR, D.; GOULD, R.; BROUNSTEIN, P. "Effects of personalistic self-disclosure". *Personality and Social Psychology*, vol. 7, pp. 487-92, 1981.

9. FORD, J. "The temperament/actualization concept". *Journal of Humanistic Psychology*, vol. 35, pp. 57-77, 1995.

10. GOTTMAN, J. *Marital interaction: experimental investigations*. Nova York: Academic Press, 1979.

11. ARON, A.; ARON, E. "The self-expansion model of motivation and cognition in close relationships". In: DUCK, S.; ICKES, W. (eds.). *The handbook of personal relationships*. 2. ed. Chichester: Wiley, 1996.

12. GLENN, N. "Quantitative research on marital quality in the 1980s: A critical review". *Journal of Marriage and the Family*, vol. 52, pp. 818-31, 1990.

13. MARKMAN, H.; FLOYD, F.; STANLEY, S.; STORAASLI, R. "Prevention of marital distress: A longitudinal investigation". *Journal of Consulting and Clinical Psychology*, vol. 56, pp. 210-17, 1988.

14. REISSMAN, C.; ARON, A.; BERGEN, M. "Shared activities and marital satisfaction". *Journal of Social and Personal Relationships*, vol. 10, pp. 243-54, 1993.

15. WIESENFELD et al. "Sensitivity to infants".

CAPÍTULO 8

1. BRAUNGART, J.; PLOMIN, R.; DEFRIES, J.; FULKER, D. "Genetic influence on tester-rated infant temperament as assessed by Bayley's Infant Behavior Record". *Development Psychology*, vol. 28, pp. 40-47, 1992.

2. PENNEBAKER, J. *Opening up: the healing power of confiding in others*. Nova York: Morrow, 1990.

3. "Update on mood disorders: part II". *The Harvard Mental Health Letter*, vol. 11, p. 1, jan. 1995.

CAPÍTULO 9

1. Um dos artigos seguintes está sendo examinado para publicação. O outro foi apresentado numa conferência. JAGIELLOWICZ, J.; ARON, E. N.; ARON, A., 2007. *Sensory processing sensitivity moderates health motivations and experiences.* Apresentado para a Society for Personality and Social Psychology, Memphis, TN (janeiro).

2. NIVENS, Catherine A.; GIJSBERS, Karel J. "Do low levels of labour pain reflect low sensitivity to noxious stimulation?". *Social Scientific Medicine*, vol. 29, pp. 585- 588, 1989.

3. SCHEFFLER, Michael; KORANYI, Susan; MEISSNER, Winfried et al. "Efficacy of non-pharmacological interventions for procedural pain relief in adults undergoing burn wound care: A systematic review and meta-analysis of randomized controlled trials". *Burns*, vol. 44, n. 7, pp. 1.709-1.720, 2018.

4. THOMPSON, Trevor; DEVIN, B.; TERHUNE, Charlotte Oram et al. "The effectiveness of hypnosis for pain relief: A systematic review and meta-analysis of 85 controlled experimental trials". *Neuroscience & Biobehavioral Reviews*, vol. 99, pp. 298-310, 2019.

5. JENSEN, Mark P.; GALER, Peter D.; JOHNSON, Linea L. et al. "The associations between pain-related beliefs, pain intensity, and patient functioning: Hypnotizability as a moderator". *The Clinical Journal of Pain*, vol. 32, n. 6, p. 506, 2016.

6. TRAVIS, Fred; SHEAR, Jonathan. "Focused attention, open monitoring and automatic self-transcending: Categories to organize meditations from Vedic, Buddhist and Chinese traditions". *Consciousness and Cognition*, vol. 19, n. 4, pp. 1.110-1.118, 2010.

7. SEDLMEIER, Peter; EBERTH, Juliane; SCHWARZ, Marcus et al. "The psychological effects of meditation: a meta-analysis". *Psychological Bulletin*, vol. 138, n. 6, p. 1.139, 2012.

8. SCHNEIDER, Robert H.; FIELDS, Jeremy Z.; SALERNO, John W. "Editorial commentary on AHA scientific statement on meditation and cardiovascular risk reduction". *Journal of the American Society of Hypertension*, vol. 12, n. 12, pp. e57-e58, 2018.

9. SOLOMON, Neil; LIPTON, Marc. *Sick and tired of being sick and tired*. Bonners Ferry: Wynwood Pr., 1989.

10. MONCRIEFF, Joanna; KIRSCH, Irving. "Empirically derived criteria cast doubt on the clinical significance of antidepressant-placebo differences". *Contemporary Clinical Trials*, vol. 43, pp. 60-62, 2015.

11. READ, John; WILLIAMS, James. "Adverse effects of antidepressants reported by a large international cohort: Emotional blunting, suicidality, and withdrawal effects". *Current Drug Safety*, vol. 13, n. 3, pp. 176-186, 2018.

12. KARYOTAKI, E.; SMIT, Y.; HOLDT HENNINGSEN, K. et al. "Combining pharmacotherapy and psychotherapy or monotherapy for major depression? A meta-analysis on the long- term effects". *Journal of Affective Disorders*, vol. 194, pp. 144-152, 2016.

13. LARRY JAMESON, J.; LONGO, Dan L. "Precision medicine – personalized, problematic, and promising". *Obstetrical & Gynecological Survey*, vol. 70, n. 10, pp. 612-614, 2015.

14. CHAPMAN, Benjamin P.; ROBERTS, Brent; DUBERSTEIN, Paul. "Personality and longevity: Knowns, unknowns, and implications for public health and personalized medicine". *Journal of Aging Research*, vol. 2011 (2011)

15. ISRAEL, Salomon; MOFFITT, Terrie E.; BELSKY, Daniel W. et al. "Translating personality psychology to help personalize preventive medicine for young adult patients". *Journal of Personality and Social Psychology*, vol. 106, n. 3, p. 484, 2014.

16. LIONETTI, Francesca; PASTORE, Massimiliano; MOSCARDINO, Ughetta et al. "Sensory processing sensitivity and its association with personality traits and affect: a meta-analysis". *Journal of Research in Personality*, vol. 81, pp. 138-152, 2019.

CAPÍTULO 10

1. MOORE, R. "Space and transformation in human experience". In: MOORE, R.; REYNOLDS, F. (eds.). *Anthropology and the study of religion*. Chicago: Center for the Scientific Study of Religion, 1984.

2. VON FRANZ, M; HILLMAN, J. *Lectures on Jung's typology*. Dallas: Spring, 1984. p. 33.

3. FRANKL, Viktor. *Em busca de sentido: Um psicólogo no campo de concentração*. Petrópolis: Vozes, 2017.

4. HILLESUM, E. *Uma vida interrompida*. Rio de Janeiro: Record, 1986.

5. Ibid.

6. SINETAR, M. *Ordinary people as monks and mystics*. Nova York: Paulist Press, 1986. p. 133.

7. FRANKL, Viktor. *Em busca de sentido: Um psicólogo no campo de concentração*. Petrópolis: Vozes, 2017.

8. JUNG, C. G. *Tipos psicológicos*. Obras completas de C. G. Jung. v. 6. Petrópolis: Vozes, 2013.

9. VON FRANZ, M.; HILLMAN, J. *Lectures on Jung's typology*. Dallas: Spring, 1984. p. 33.

10. Ibid., pp. 33-35.

11. Ibid., p. 13.

12. Ibid., p. 68.

13. JUNG, C. G. *O homem e seus símbolos*. Rio de Janeiro: Nova Fronteira, 1987.

14. JUNG, C. G. *Sincronicidade*. Obras completas de C. G. Jung. v. 8. Petrópolis: Vozes, 2014.

NOTA DA AUTORA

1. ARON, Elaine N.; ARON, Arthur; JAGIELLOWICZ, Jadzia. "Sensory processing sensitivity: a review in the light of the evolution of biological responsivity". *Personality and Social Psychology Review*, vol. 16, n. 3, pp. 262-282, 2012.

2. GREVEN, Corina U.; LIONETTI, Francesca; BOOTH, Charlotte et al. "Sensory processing sensitivity in the context of environmental sensitivity:

A critical review and development of research agenda". *Neuroscience & Biobehavioral Reviews*, vol. 98, pp. 287-305, 2019.

3. ARON, Elaine N.; ARON, Arthur. "Sensory-processing sensitivity and its relation to introversion and emotionality". *Journal of Personality and Social Psychology*, vol. 73, n. 2, pp. 345, 1997.

4. ARON; ARON, 1997, p. 345 (op. cit).

5. PLUESS, Michael; ASSARY, Elham; LIONETTI, Francesca et al. "Environmental sensitivity in children: Development of the highly sensitive child scale and identification of sensitivity groups". *Developmental Psychology*, vol. 54, n. 1, p. 51, 2018.

6. LIONETTI, Francesca; ARON, Elaine; ARON, Artur et al. "Observer-rated environmental sensitivity moderates children's response to parenting quality in early childhood". *Developmental Psychology*, vol. 55, n. 11, pp. 2.389-2.402, 2019.

7. BOTERBERG, Sofie; WARREYN, Petra. "Making sense of it all: The impact of sensory processing sensitivity on daily functioning of children". *Personality and Individual Differences*, vol. 92, pp. 80-86, 2016.

8. SMITH, Heather L.; SRIKEN, J.; ERFORD, Bradley T. "Clinical and research utility of the highly sensitive person scale". *Journal of Mental Health Counseling*, vol. 41, n. 3, 2019.

9. LIONETTI, Francesca; ARON, Arthur; ARON, Elaine et al. "Dandelions, tulips and orchids: evidence for the existence of low-sensitive, medium--sensitive and high-sensitive individuals". *Translational Psychiatry*, vol. 8, n. 1, p. 24, 2018.

10. ŞENGÜL-İNAL, Gülbin; SÜMER, Nebi. "Exploring the multidimensional structure of sensory processing sensitivity in Turkish samples". *Current Psychology*, vol. 39, pp. 194-206, 2020.

11. ARON, Elaine N.; ARON, Arthur; DAVIES, Kristin M. "Adult shyness: The interaction of temperamental sensitivity and an adverse childhood environment". *Personality and Social Psychology Bulletin*, vol. 31, n. 2, pp. 181-197, 2005.

12. LISS, Miriam; TIMMEL, Laura; BAXLEY, Kelin; KILLINGSWORTH, Patrick. "Sensory processing sensitivity and its relation to parental bonding, anxiety, and depression". *Personality and Individual Differences*, vol. 39, n. 8, pp. 1.429-1439, 2005.

13. BELSKY, Jay; PLUESS, Michael. "Beyond diathesis stress: Differential susceptibility to environmental influences". *Psychological Bulletin*, vol. 135, n. 6, p. 885, 2009.

14. PLUESS, Michael. "Individual differences in environmental sensitivity". *Child Development Perspectives*, vol. 9, n. 3, pp. 138-143, 2015.

15. PLUESS, Michael; BONIWELL, Ilona. "Sensory-processing sensitivity predicts treatment response to a school-based depression prevention program: Evidence of vantage sensitivity". *Personality and Individual Differences*, vol. 82, pp. 40-45, 2015.

16. NOCENTINI, Annalaura; MENESINI, Ersilia; PLUESS, Michael. "The personality trait of environmental sensitivity predicts children's positive response to school-based antibullying intervention". *Clinical Psychological Science*, vol. 6, n. 6, pp. 848-859, 2018.

17. KARAM, Elie G.; FAYYAD, John A.; FARHAT, Claudia et al. "Role of childhood adversities and environmental sensitivity in the development of post-traumatic stress disorder in war-exposed Syrian refugee children and adolescents". *The British Journal of Psychiatry*, vol. 214, n. 6, pp. 354-360, 2019.

18. WOLF, Max; VAN DOORN, G. Sander; WEISSING, Franz J. "Evolutionary emergence of responsive and unresponsive personalities". *Proceedings of the National Academy of Sciences*, vol. 105, n. 41, pp. 15.825-15.830, 2008.

19. SLAGT, Meike; DUBAS, Judith Semon; VAN AKEN, Marcel A. G. et al. "Sensory processing sensitivity as a marker of differential susceptibility to parenting". *Developmental Psychology*, vol. 54, n. 3, p. 543, 2018.

20. BOOTH, Charlotte; STANDAGE, Helen; FOX, Elaine. "Sensory-processing sensitivity moderates the association between childhood experiences and adult life satisfaction". *Personality and Individual Differences*, vol. 87, pp. 24-29, 2015.

21. PLUESS, Michael; BELSKY, Jay. "Vantage sensitivity: Genetic susceptibility to effects of positive experiences". *Genetics of Psychological Well-being*, pp. 193-210, 2015. Disponível em: https://www.researchgate.net/publication/299874210_Vantage_sensitivity_genetic_susceptibility_to_effects_of_positive_experiences. Acesso em: 29 mar. 2021.

22. BRINDLE, Kimberley; MOULDING, Richard; BAKKER, Kaitlyn; NEDELJKOVIC, Maja. "Is the relationship between sensory-processing

sensitivity and negative affect mediated by emotional regulation?". *Australian Journal of Psychology*, vol. 67, n. 4, pp. 214-221, 2015.

BENHAM, Grant. "The highly sensitive person: Stress and physical symptom reports". *Personality and individual differences*, vol. 40, n. 7, pp. 1.433-1.440, 2006.

EVERS, Arne; RASCHE, Jochem; SCHABRACQ, Marc J. "High sensory-processing sensitivity at work". *International Journal of Stress Management*, vol. 15, n. 2, p. 189, 2008.

REDFEARN, Robert Alan. *Sensory processing sensitivity: Is being highly sensitive associated with stress and burnout in nursing?* PhD diss., 2019.

GOLDBERG, Alon; EBRAHEEM, Zaheera; FREIBERG, Cynthia et al. "Sweet and sensitive: Sensory processing sensitivity and type 1 diabetes". *Journal of Pediatric Nursing*, vol. 38, pp. e35-e38, 2018.

HOFMANN, Stefan G.; BITRAN, Stella. "Sensory-processing sensitivity in social anxiety disorder: relationship to harm avoidance and diagnostic subtypes". *Journal of Anxiety Disorders*, vol. 21, n. 7, pp. 944-954, 2007.

23. LICHT, Cecilie L.; MORTENSEN, Erik L.; KNUDSEN, Gitte M. "Association between sensory processing sensitivity and the 5-HTTLPR short/short genotype". *Biological Psychiatry*, vol. 69, pp. 152S-153S, 2011.

24. HOMBERG, Judith R.; LESCH, Klaus-Peter. "Looking on the bright side of serotonin transporter gene variation". *Biological Psychiatry*, vol. 69, n. 6, pp. 513-519, 2011.

25. CHEN, Chunhui; CHEN, Chuansheng; MOYZIS, Robert et al. "Contributions of dopamine-related genes and environmental factors to highly sensitive personality: A multi-step neuronal system-level approach". *PloS One*, vol. 6, n. 7, p. e21636, 2011.

26. BORDER, Richard; JOHNSON, Emma C.; EVANS, Luke M. et al. "No support for historical candidate gene or candidate gene-by-interaction hypotheses for major depression across multiple large samples". *American Journal of Psychiatry*, vol. 176, n. 5, pp. 376-387, 2019.

27. KEERS, Robert; PLUESS, Michael. "Childhood quality influences genetic sensitivity to environmental influences across adulthood: A life-course gene × environment interaction study". *Development and Psychopathology*, vol. 29, n. 5, pp. 1.921-1.933, 2017.

28. VAN IJZENDOORN, Marinus H.; BAKERMANS-KRANENBURG, Marian J. "Genetic differential susceptibility on trial: Meta-analytic support from randomized controlled experiments". *Development and Psychopathology*, vol. 27, n. 1, pp. 151-162, 2015.

29. WOLF, Max; VAN DOORN, G. Sander; WEISSING, Franz J. "Evolutionary emergence of responsive and un-responsive personalities". *Proceedings of the National Academy of Sciences*, vol. 105, n. 41, pp. 15.825-15.830, 2008.

30. WOLF et al., 2008.

31. BORRIES, F. "Do the highly sensitive exist? A taxonometric investigation of the personality construct sensory processing sensivitity". Dissertação PhD, tese PhD, Univ. Bielefeld, Bielfeld, Alemanha, 2012.

32. KROENUNG, R. L. "The latent structure of sensitivity: A taxometric analysis of sensory – processing sensitivity". Dissertação de M. A., tese de M. A., Univ. Bielfeld, Bielfeld, Alemanha, 2015.

33. PLUESS, Michael; ASSARY, Elham; LIONETTI, Francesca et al. "Environmental sensitivity in children: Development of the highly sensitive child scale and identification of sensitivity groups". *Developmental Psychology*, vol. 54, n. 1, p. 51, 2018.

   LIONETTI, Francesca; ARON, Arthur; ARON, Elaine N. et al. "Dandelions, tulips and orchards: Evidence for the existence of low-sensitive, medium-sensitive and high-sensitive individuals. *Translational Psychiatry*, v. 8, n. 1, p. 24, 2018.

34. ARON, Elaine N. *Psychotherapy and the highly sensitive person: Improving outcomes for that minority of people who are the majority of clients*. Abingdon: Routledge, 2011.

35. JAGIELLOWICZ, Jadzia; XU, Xiaomeng; ARON, Arthur et al. "The trait of sensory processing sensitivity and neural responses to changes in visual scenes". *Social Cognitive and Affective Neuroscience*, vol. 6, n. 1, pp. 38-47, 2010.

36. ARON, Arthur; KETAY, Sarah; HEDDEN, Trey et al. "Temperament trait of sensory processing sensitivity moderates cultural differences in neural response". *Social Cognitive and Affective Neuroscience*, vol. 5, n. 2-3, pp. 219-226, 2010.

37. ACEVEDO, Bianca P.; ARON, Elaine N.; ARON, Arthur et al. "The highly sensitive brain: An fMRI study of sensory processing sensitivity and response to others' emotions". *Brain and Behavior*, vol. 4, n. 4, pp. 580-594, 2014.

38. CRAIG, Arthur D.; CRAIG, A. D. "How do you feel – now? The anterior insula and human awareness". *Nature Reviews Neuroscience*, vol. 10, n. 1, 2009.

39. GERSTENBERG, Friederike. "Sensory-processing sensitivity predicts performance on a visual search task followed by an increase in perceived stress". *Personality and Individual Differences*, vol. 53, n. 4, pp. 496-500, 2012.

40. EVANS, Gary W.; WACHS, Theodore D. *Chaos and its influence on children's development*. Washington, D.C.: American Psychological Association, 2010.

41. ACEVEDO, Bianca; ARON, Elaine; POSPOS, Sarah; JESSEN, Dana. "The functional highly sensitive brain: A review of the brain circuits underlying sensory processing sensitivity and seemingly related disorders". *Philosophical Transactions of the Royal Society B: Biological Sciences*, vol. 373, n. 1.744, 20170161, 2018.

42. ARON; ARON, 1997; ARON et al., 2005 (op. cit).

43. JAGIELLOWICZ, Jadzia; ARON, Arthur; ARON, Elaine N. "Relationship between the temperament trait of sensory processing sensitivity and emotional reactivity". *Social Behavior and Personality: an International Journal*, vol. 44, n. 2, pp. 185-199, 2016. Também JAGIELLOWICZ, Jadzia; ARON, Arthur; ARON, Elaine N. "Relationship between the temperament trait of sensory processing sensitivity and emotional reactivity". *Social Behavior and Personality: an International Journal*, v. 44, n. 2, p. 185-199, 2016.

44. JAGIELLOWICZ, Jadzia; XU, Xiaomeng; ARON, Arthur et al. "The trait of sensory processing sensitivity and neural responses to changes in visual scenes". *Social Cognitive and Affective Neuroscience*, vol. 6, n. 1, pp. 38-47, 2010.

45. ACEVEDO, Bianca P.; JAGIELLOWICZ, Jadzia; ARON, Elaine et al. "Sensory processing sensitivity and childhood quality's effects on neural responses to emotional stimuli". *Clinical Neuropsychiatry*, vol. 6, 2017.

46. Ver ACEVEDO, Bianca P. et al., 2014 (op. cit.).

47. Para melhor compreensão sobre os neurônios-espelho, ver IACOBONI, Marco. *Mirroring people: the new science of how we connect with others*. Nova York: Farrar, Straus and Giroux, 2009.

48. BAUMEISTER, Roy F.; VOHS, Kathleen D.; DEWALL, C. Nathan; ZHANG, Liqing. "How emotion shapes behavior: Feedback, anticipation, and reflection, rather than direct causation". *Personality and Social Psychology Review*, vol. 11, n. 2, pp. 167-203, 2007.

49. ARON, Elaine N.; ARON, Arthur; DAVIES, Kristin M. "Adult shyness: the interaction of temperamental sensitivity and an adverse childhood environment". *Personality and Social Psychology Bulletin*, vol. 31, n. 2, pp. 181-197, 2005.

50. BRIDGES, David; SCHENDAN, Haline E. "Sensitive individuals are more creative". *Personality and Individual Differences*, vol. 142, pp. 186-195, 2019.

51. DE DREU, Carsten K. W.; BAAS, Matthijs; NIJSTAD, Bernard A. "Hedonic tone and activation level in the mood-creativity link: toward a dual pathway to creativity model". *Journal of Personality and Social Psychology*, vol. 94, n. 5, p. 739, 2008.

52. AKINOLA, Modupe; MENDES, Wendy Berry. "The dark side of creativity: Biological vulnerability and negative emotions lead to greater artistic creativity". *Personality and Social Psychology Bulletin*, vol. 34, n. 12, pp. 1.677-1.686, 2008.

53. GREVEN, Corina U.; LIONETTI, Francesca; BOOTH, Charlotte et al. "Sensory processing sensitivity in the context of environmental sensitivity: A critical review and development of research agenda". *Neuroscience & Biobehavioral Reviews*, vol. 98, pp. 287-305, 2019.

54. BAKKER, Kaitlyn; MOULDING, Richard. "Sensory-processing sensitivity, dispositional mindfulness and negative psychological symptoms". *Personality and Individual Differences*, vol. 53, n. 3, pp. 341-346, 2012.

55. BRINDLE, Kimberley; MOULDING, Richard; BAKKER, Kaitlyn; NEDELJKOVIC, Maja. "Is the relationship between sensory-processing sensitivity and negative affect mediated by emotional regulation?". *Australian Journal of Psychology*, vol. 67, n. 4, pp. 214-221, 2015.

56. HJORDT, Liv V.; STENBÆK, Dea S. "Sensory processing sensitivity and its association with seasonal affective disorder". *Psychiatry Research*, vol. 272, pp. 359-364, 2019.

57. ARON, Elaine N.; ARON, Arthur; JAGIELLOWICZ, Jadzia; TOMLINSON, Jennifer. "Sensory processing sensitivity is associated with boredom in close relationships". Trabalho apresentado na Conferência da Associação Internacional de Pesquisas sobre Relacionamento, Herzliya, Israel, jul. 2010.

58. MEHL, Matthias R.; VAZIRE, Simine; HOLLERAN, Shannon E.; CLARK, C. Shelby. "Eavesdropping on happiness: Well-being is related to having less small talk and more substantive conversations". *Psychological Science*, vol. 21, n. 4, pp. 539-541, 2010.

59. ARON, Elaine N.; ARON, Arthur; NARDONE, Natalie; ZHOU, Shelly. "Sensory processing sensitivity and the subjective experience of parenting: an exploratory study. *Family Relations*, 2019.

60. ARON, Elaine. *The highly sensitive parent*. Nova York: Citadel, 2020.

61. BRANJERDPORN, Grace; MEREDITH, Pamela; STRONG, Jenny; GREEN, Mandy. "Sensory sensitivity and its relationship with adult attachment and parenting styles". *PloS One*, vol. 14, n. 1, e0209555, 2019.

62. TURNER, Karen A.; COHN, Ellen S.; KOOMAR, Jane. "Mothering when mothers and children both have sensory processing challenges". *British Journal of Occupational Therapy*, v. 75, n. 10, pp. 449-455, 2012.

63. SU, Xueyun; CAI, Ru Ying; ULJAREVIĆ, Mirko. "Predictors of mental health in Chinese parents of children with autism spectrum disorder (ASD)". *Journal of Autism and Developmental Disorders*, vol. 48, n. 4, pp. 1.159-1168, 2018.

64. SHRIVASTAVA, Bhavini. "Predictors of work performance for employees with sensory processing sensitivity". Dissertação de mestrado em Psicologia Organizacional, City University, Londres, 2011.

65. ANDRESEN, Maike; GOLDMANN, Paul; VOLODINA, Anna. "Do overwhelmed expatriates intend to leave? The effects of sensory processing sensitivity, stress, and social capital on expatriates' turnover intention". *European Management Review*, vol. 15, n. 3, pp. 315-328, 2018.

66. HARMS, Rainer; HATAK, Isabella; CHANG, Manling. "Sensory processing sensitivity and entrepreneurial intention: The strength of a weak trait". *Journal of Business Venturing Insights*, vol. 12, e00132, 2019.

67. https://linkedin.com/pulse/20140903182945-1552470-3-reasons-hsps--make-better-leaders.

CONHEÇA ALGUNS DESTAQUES DE NOSSO CATÁLOGO

- Augusto Cury: Você é insubstituível (2,8 milhões de livros vendidos), Nunca desista de seus sonhos (2,7 milhões de livros vendidos) e O médico da emoção
- Dale Carnegie: Como fazer amigos e influenciar pessoas (16 milhões de livros vendidos) e Como evitar preocupações e começar a viver
- Brené Brown: A coragem de ser imperfeito – Como aceitar a própria vulnerabilidade e vencer a vergonha (900 mil livros vendidos)
- T. Harv Eker: Os segredos da mente milionária (3 milhões de livros vendidos)
- Gustavo Cerbasi: Casais inteligentes enriquecem juntos (1,2 milhão de livros vendidos) e Como organizar sua vida financeira
- Greg McKeown: Essencialismo – A disciplinada busca por menos (700 mil livros vendidos) e Sem esforço – Torne mais fácil o que é mais importante
- Haemin Sunim: As coisas que você só vê quando desacelera (700 mil livros vendidos) e Amor pelas coisas imperfeitas
- Ana Claudia Quintana Arantes: A morte é um dia que vale a pena viver (650 mil livros vendidos) e Pra vida toda valer a pena viver
- Ichiro Kishimi e Fumitake Koga: A coragem de não agradar – Como se libertar da opinião dos outros (350 mil livros vendidos)
- Simon Sinek: Comece pelo porquê (350 mil livros vendidos) e O jogo infinito
- Robert B. Cialdini: As armas da persuasão (500 mil livros vendidos)
- Eckhart Tolle: O poder do agora (1,2 milhão de livros vendidos)
- Edith Eva Eger: A bailarina de Auschwitz (600 mil livros vendidos)
- Cristina Núñez Pereira e Rafael R. Valcárcel: Emocionário – Um guia lúdico para lidar com as emoções (800 mil livros vendidos)
- Nizan Guanaes e Arthur Guerra: Você aguenta ser feliz? – Como cuidar da saúde mental e física para ter qualidade de vida
- Suhas Kshirsagar: Mude seus horários, mude sua vida – Como usar o relógio biológico para perder peso, reduzir o estresse e ter mais saúde e energia

sextante.com.br